U0872048

企业合规建设
常见法律风险提示

楼红磊　陆黛霞　宓梦诗 —— 著

法律出版社
LAW PRESS · CHINA
—— 北京 ——

图书在版编目（CIP）数据

企业合规建设常见法律风险提示 / 楼红磊，陆黛霞，宓梦诗著. -- 北京 ：法律出版社，2024. -- ISBN 978-7-5197-9224-4

Ⅰ. D922.291.914

中国国家版本馆 CIP 数据核字第 2024JG0646 号

企业合规建设常见法律风险提示
QIYE HEGUI JIANSHE CHANGJIAN FALÜ FENGXIAN TISHI

楼红磊　陆黛霞　宓梦诗 著

责任编辑 李争春
装帧设计 李　瞻

出版发行 法律出版社
编辑统筹 法规出版分社
责任校对 张红蕊
责任印制 耿润瑜
经　　销 新华书店

开本 710 毫米×1000 毫米　1/16
印张 22　**字数** 290 千
版本 2024 年 7 月第 1 版
印次 2024 年 7 月第 1 次印刷
印刷 北京中科印刷有限公司

地址：北京市丰台区莲花池西里 7 号（100073）
网址：www.lawpress.com.cn
投稿邮箱：info@lawpress.com.cn
举报盗版邮箱：jbwq@lawpress.com.cn
销售电话：010-83938349
客服电话：010-83938350
咨询电话：010-63939796

版权所有・侵权必究

书号：ISBN 978-7-5197-9224-4　**定价**：68.00 元

凡购买本社图书，如有印装错误，我社负责退换。电话：010-83938349

前言 Foreword

企业合规建设是企业发展中的重要一环，具有重要意义。它不仅是企业遵守法律法规的要求，也是保证企业经营活动合法性、稳定性和可持续性的重要手段。企业作为市场中的一员，必须遵守相关法律法规、行业准则和道德规范，以建立良好的声誉。如果企业违反合规要求，不仅会影响企业信誉，还可能面临行政处罚和法律纠纷，给企业带来严重的经济和声誉损失。通过合规建设，企业可以规范企业内部的运作流程，增强企业管理效能，降低企业经营风险。合规建设不仅标志着企业具备了良好的管理和运作能力，还能够使企业获得合作伙伴和客户的认可。在竞争激烈的市场环境下，合规建设可以让企业脱颖而出，获得更大的市场份额和机会。

首先，企业合规建设有助于规范企业的经营行为。合规建设要求企业从制度、流程和企业文化等多个方面进行完善，强调以合规为导向的经营理念，并将其融入企业的日常运营之中。通过建立标准化的经营流程、完善内部控制措施，企业能够规避违法风险，避免由于违规行为而产生经济损失。

其次，企业合规建设有助于提升企业的声誉和信誉度。在当下全球竞争激烈的商业环境中，企业的声誉和信誉度是企业吸引投资者、合作伙伴和客户的重要因素。通过合规建设，企业能够树立起诚信、公正的形象，提升企业的声誉。这不仅会给企业带来更多的商机和市场份额，还能够吸引高素质的员工，提升企业的核心竞争力。

最后，企业合规建设有助于提高企业的安全性和稳定性。合规建设要求企业加强对法规的学习和理解，建立健全合规制度和管理体系。通过建设完善的风险管理机制和安全防控措施，企业能够及时发现、应对和化解潜在风险，保障企业的安全和稳定运营。这不仅对企业的发展具有重要保障作用，也能够为员工、客户和其他利益相关者提供更加安全、稳定的商业环境。

企业合规建设是企业可持续发展的重要保障，只有不断加强合规意识，并将合规观念融入企业的经营管理之中，才能在竞争激烈的市场中保持优势，迈向更加辉煌的未来。

企业应当开展合规建设的最直接原因在于，企业的运营在客观上面临诸多法律风险。例如，企业在商业合同的签订、履行和解除等阶段，均面临着大量的法律风险。又如，在知识产权保护方面，侵犯他人的商业机密、专利权或商标权，都可能导致严重的法律后果。再如，企业在雇用员工和管理劳动关系方面同样面临诸多法律风险，员工的工时、休假、工资、劳动合同的签订与解除等，皆可能使企业面临劳动纠纷。企业运营面临的法律风险是多样化的，这就需要企业增强法律意识，建立健全内部合规机制。

为了对企业的合规建设提供一定程度的帮助，本书对企业主体常见的法律风险进行了分章、分节的梳理和归纳，以对司法判例的整理和研读分析为引，对企业可能面临的法律风险作出提示，同时对相关的法律知识进行延伸扩展，以期增强本书的实践性与可读性。

本书第一章的主题是合规视角下的企业主体法律风险审查。企业，通常以公司形式存在，因此公司主体可能面临的法律纠纷，就自然地成为企业最为根本和必要的合规审查内容。如何对企业资本进行保护、如何对企业股东进行保护、如何处理企业与债权人之间的利益责任，以及如何对公司决议内容和对关联交易等内容进行审查，是建设企业合规制度的重中之重。

本书第二章的主题是合规视角下的企业商事合同法律风险审查。商事合同，作为最根本的商事活动开展载体，是企业经营的基础，其所面临的法律纠纷当然也应当成为企业合规制度建设的核心内容。为了更加清晰地梳理相关的常见法律风险，本书将商事合同法律纠纷划分为商事合同的订立、商事合同的履行以及商事合同的解除三个阶段，对与商事合同相关的常见法律风险作出提示并提出建议。

本书第三章的主题是合规视角下的企业人事法律风险审查。企业最大的法律风险在于人。若能充分发挥员工积极性，企业当然会随之受益；但若用人不当，与之相应的利益损失乃至法律纠纷，都将随之而来。企业人事相关纠纷，是所有企业都必然面临的法律风险。本书将企业人事相关纠纷划分为劳动关系建立、员工管理与员工离职三个阶段，对与企业人事相关的常见法律风险作出提示并提出建议。

本书第四章的主题是合规视角下的企业知识产权法律风险审查。当今时代背景下，随着公民权利意识的逐步增强，知识产权的重要程度也随之不断攀升。对知识产权的侵权行为，可能使企业面临难以估量的法律纠纷。本书将知识产权的侵权行为划分为专利侵权、商标权侵权、著作权侵权、商业秘密侵权四类，对常见的侵权行为进行列举，对与知识产权相关的常见法律风险作出提示并提出建议。

本书第五章介绍了其他常见企业法律风险。除前述章节内容外，企业还应当在合规建设中对环境影响评价、不正当竞争行为等进行重点审查，包括对环境影响评价的风险、垄断行为的认定、不正当竞争行为的认定等宏观层面的法律风险，以及招投标投资项目、个人信息保护失灵、错误资金结算方式等企业自身层面的法律风险，均可能产生极为严重的不良法律后果，企业同样应当在合规制度建设中给予高度重视。

目录 Contents

第一章 合规视角下的企业主体法律风险审查

第二章 合规视角下的企业商事合同法律风险审查

第三章 合规视角下的企业人事法律风险审查

第四章 合规视角下的企业知识产权法律风险审查

第五章 其他常见企业法律风险

第一章 合规视角下的企业主体法律风险审查

自公司资本制度由注册资本实缴制改为注册资本认缴制后，相对来说更为宽松的股东出资义务，在降低了公司成立的门槛与条件、极大地激发了市场投资热情、促使公司注册数量大幅增加的同时，大量基于公司主体权益产生的争议与纠纷随之涌现。公司主体可能面临的公司法律问题，是企业合规审查中不可或缺的重要内容。对于公司主体而言，重要的是如何在合理合法地生产运营以获取经济利益的同时，充分维护公司主体权益；对于股东而言，在充分履行应尽的包括出资义务在内的等法定义务的基础上，也需要学会如何合理合法地保障自身应有的各项民事权利。

本章从对企业资本的保护、对企业股东的保护、企业对债权人的利益责任以及其他企业主体应重点审查的内容出发，以典型司法判例为引，对企业合规审查中应对企业主体制度开展审查的重点内容，作出风险提示与防范建议。

一、对企业资本的保护

股东出资，即公司股东在公司设立或增加资本时，按照法律、公司章程的规定以及认股协议的约定，向公司交付财产或履行其他给付义务以取得股权的行为。出资是股东对公司的基本义务，也是形成公司财产的基础。作为资合法人，资本充实是公司正常存续及运营的经济基础。股东应当按照公司章程规定按期、足额缴纳其本人所认缴的出资额。

公司为扩大经营规模、拓宽业务、提高公司的资信程度等原因而依法增加注册资本金的行为，即为增资。出于发挥资本效能，减轻分红负担等目的，公司也可能会进行减资。基于公司资本的股权问题，在相当程度上贯穿着企业经营的各个重要环节，加强对企业合规的审查，对于保护企业资本意义重大。

（一）股东出资的充实

亿中制衣厂有限公司与惠州市乐生实业发展总公司南澳公司股东出资纠纷案①

关键词

股东出资义务　抽逃出资　董事会决议

案情简介

1993年11月29日，亿中制衣厂有限公司（以下简称亿中公司）、惠州市乐生实业发展总公司南澳公司（以下简称乐生南澳公司）、汕头市澄海区第二建筑工程公司（以下简称澄海二建公司），约定三方合资成立南澳亿湖厂房开发有限公司（以下简称亿湖公司）。1993年12月25日，亿中公司、乐生南澳公司、澄海二建公司签订《合资成立“南澳亿湖厂房开发有限公司”合同》，约定亿湖公司的注册资本为3100万港元，其中乐生南澳公司提供9.3亩土地使用权，折价1333万港元，占43%；亿中公司投入资金1240万港元，占40%；澄海二建公司投入资金527万港元，占17%及负责全部工程基建任务；乐生南澳公司应于领取工商营业执照之日起一个月内交付9.3亩土地使用权；亿中公司应在三个月内投入第一期资金500万港元；澄海二

① 最高人民法院民事判决书，（2016）最高法民再357号。

建公司投入资金 200 万港元，其余款项在一年内投完。同日，三方制定了《南澳亿湖厂房开发有限公司章程》。1993 年 12 月 27 日，广东省南澳县对外经济工作委员会批复同意三方合资成立亿湖公司。

1996 年 6 月 28 日，受亿湖公司委托，广东省南澳县审计师事务所出具南审所外验字〔96〕第 14 号《验资报告》，载明，经验证，亿湖公司截至 1995 年 12 月 31 日投入注册资本如下：（1）乐生南澳公司已交付海滨路北侧 5.65 亩土地使用权，根据合同约定（乐生南澳公司应提供 9.3 亩土地使用权，折价 1333 万港元）折 8098333 港元，同时，经董事会讨论决定 5.65 亩土地使用权折合人民币 8098333 元，占应缴注册资本 1333 万港元的 60.74%。（2）亿中公司已汇入 310 万港元，折合人民币 3415620 元，占应缴注册资本 1240 万港元的 25%。（3）澄海二建公司负责全部工程基建任务，并以工款 527 万港元作为投入注册资本，因工程未竣工，故尚未转入。

2012 年 3 月 30 日，亿湖公司召开董事会会议，对乐生南澳公司在亿湖公司的股东权利作出限制，亿中公司、澄海二建公司的 3 名代表参加会议并在会议纪要上签名。会议结束后，亿湖公司书面通知乐生南澳公司，主要内容是：因乐生南澳公司未履行出资义务，乐生南澳公司对亿湖公司不享有利润分配请求权、新股优先认购权、剩余财产分配请求权等股东权利。

2012 年 4 月 28 日，亿中公司以乐生南澳公司未履行对亿湖公司的出资义务为由，提起本案诉讼。

判例分析

最高人民法院认为，本案的争议焦点有二：一是乐生南澳公司是否履行了出资义务；二是乐生南澳公司是否应被限制相应的股东权利。

关于焦点一，最高人民法院认为，乐生南澳公司的出资义务是提供9.3亩土地使用权，折价1333万港元，占43%，并应于合资公司领取营业执照之日起一个月内交付。三方签署的《南澳亿湖厂房开发有限公司章程》对乐生南澳公司的出资义务亦有相同规定。1993年12月27日，南澳县对外经济工作委员会对上述合资合同、章程予以批准。可见，乐生南澳公司的出资义务是以土地使用权作为出资方式，而非以资金作为出资方式。根据查明的事实，1994年1月11日，合资企业亿湖公司取得了本案所涉5.65亩土地使用权。由于乐生南澳公司的出资义务是提供9.3亩土地使用权，而其仅提供了5.65亩土地使用权，因此，乐生南澳公司并未完全履行出资义务，应当认定其履行了部分出资义务。

关于焦点二，最高人民法院认为，依据《最高人民法院关于适用〈中华人民共和国公司法〉若干问题的规定（三）》（以下简称《公司法司法解释（三）》）第16条的规定："股东未履行或者未全面履行出资义务或者抽逃出资，公司根据公司章程或者股东会决议对其利润分配请求权、新股优先认购权、剩余财产分配请求权等股东权利作出相应的合理限制，该股东请求认定该限制无效的，人民法院不予支持。"根据该规定，限制股东利润分配请求权、新股优先认购权、剩余财产分配请求权等股东权利，应当同时具备以下条件：一是股东未履行或者未全面履行出资义务，或者有抽逃出资的行为；二是应当根据公司章程或者股东会决议作出限制。

具体到本案，首先，乐生南澳公司并非未履行出资义务，而是未全面履行出资义务。

其次，亿湖公司的章程中并未明确规定未全面履行出资义务的股东将被限制股东权利。

最后，由于我国外商投资企业法的立法早于公司法立法，《中外合资经营企业法》及其实施条例关于合资企业的治理结构中没有股东会的规定，股东会的相应职责实际是由董事会行使。根据亿湖公司章程第 25 条的规定，出席董事会会议的法定人数不得少于全体董事的 2/3，不够 2/3 人数时，其通过的决议无效。亿湖公司共有 5 名董事，而亿湖公司于 2012 年 3 月 30 日召开的关于限制乐生南澳公司股东权利的董事会仅有 3 名董事参加，显然不满足合资企业章程规定的条件，故当次董事会决议无效。已经生效的广东省高级人民法院（2013）粤高法民四终字第 49 号民事判决亦认为，2012 年 3 月 30 日亿湖公司董事会决议因未达到亿湖公司章程规定的通过比例而无效。

因此，亿中公司、亿湖公司根据亿湖公司董事会决议，请求限制乐生南澳公司相应的股东权利，不能得到支持。一、二审判决认定乐生南澳公司不享有亿湖公司的利润分配请求权、新股优先认购权、剩余财产分配请求权等股东权利，缺乏事实和法律依据，应予纠正。

风险提示

股东出资是指公司股东在公司设立或增加资本时，按照法律、公司章程的规定以及认股协议的约定，向公司交付财产或履行其他给付义务以取得股权的行为。出资是股东对公司的基本义务，也是形成公司财产的基础。如实出资是股东最基本的法律义务，同时是股东预防法律风险的必要前提。出资制度在整个公司制度中具有极其重要的意义。

司法实践中，基于股东出资而产生的民事纠纷大量出现，公司案件审理中常见的股东出资纠纷类型包括股东虚假出资、出资不足、逾期出资、抽逃出资，从而引发公司与股东、股东与股东、股东与债权人之间的出资纠纷和诉讼，股东可能因被起诉而依法承担继续履行、损害赔偿等违约责任。

建议在公司的设立过程中，公司的发起股东，尤其是准备以货币作为出资方式的股东，应当尽量掌握其他股东的真实资产状况和履约能力，确有必要的，建议聘请律师等专业人士，对相关主体进行尽职调查；对于以知识产权、土地使用权以及本案中涉及的探矿权等作为出资方式的股东，建议聘请专业的评估机构，对其进行作价评估，进行实质性的审查，从源头上避免虚假出资或出资不足等问题的产生。

由于认缴注册资本制的现实情况，发起股东通常会设置较长的出资履行期限。随着《公司法》的进一步调整，设置5年的出资期限限制，对于逾期出资情况的解决将提供较大的助力。为了避免逾期出资，笔者建议出资人在认缴出资时，应根据自身经济状况及企业发展状况合理安排，尽量避免出现高额认缴、低额实缴，以免出现企业高额负债被债权人申请破产、股东在认缴出资范围内承担连带责任的情况。同时，建议在公司章程中加入关于董事、监事以及高级管理人员对于股东出资的催缴义务的规定。

针对抽逃出资行为，公司主体应重视生产运营中的财会工作，对生产经营中涉及的，尤其是与公司股东相关的债权债务关系，进行实质性审查，而非简单的形式审查。同时，建议公司定期聘请外部的会计师事务所等专业机构对公司开展审计工作，通过“定期体检”的方式，及时预防和发现公司运行中可能出现的问题。

在发现股东出现抽逃出资行为时，应第一时间积极进行沟通要求其完成出资的补足。在沟通无果的情况下，应当着手准备提起民事诉讼，要求抽逃出资的股东补足出资。对于存在协助抽逃出资行为的其他股东、董事、高级管理人员或者实际控制人，均应当要求其承担相应的法律责任。

对于出资股东和接受股东以非货币财产出资的公司来说，在出资和认定出资的过程中应当全面核查出资的非货币财产的权利情况，并签订明确的出资协议。考虑到后续出资纠纷过程中举证的便利，对于股东以非货币出资的整个过程最好有专业人士进行风险把控，如公司法务人员或者外聘专业律师提前介入，由专业人员草拟和审核有关出资的协议并保存归档。要充分重视整个出资过程中股东以非货币出资的相关证据的搜集，高度重视书面协议的合规性审查。

公司发起人或者股东在以非货币等形态进行出资时，一定要在公司章程或者出资证明中进行明确约定，同时公司也要保存股东出资的各项书面材料，并重视书面协议的审查，以免事后遇到股东纠纷后因无法提供书面的证据而导致败诉。

法条链接

《中华人民共和国公司法》

第四十七条　有限责任公司的注册资本为在公司登记机关登记的全体股东认缴的出资额。全体股东认缴的出资额由股东按照公司章程的规定自公司成立之日起五年内缴足。

法律、行政法规以及国务院决定对有限责任公司注册资本实缴、注册资本最低限额、股东出资期限另有规定的，从其规定。

第五十四条　公司不能清偿到期债务的，公司或者已到期债权的债权人有权要求已认缴出资但未届出资期限的股东提前缴纳出资。

《最高人民法院关于适用〈中华人民共和国公司法〉若干问题的规定（三）》

第十六条　股东未履行或者未全面履行出资义务或者抽逃出资，公司根据公司章程或者股东会决议对其利润分配请求权、新股优先认购权、剩余财产分配请求权等股东权利作出相应的合理限制，该股东请求认定该限制无效的，人民法院不予支持。

第十七条　有限责任公司的股东未履行出资义务或者抽逃全部出资，经公司催告缴纳或者返还，其在合理期间内仍未缴纳或者返还出资，公司以股东会决议解除该股东的股东资格，该股东请求确认该解除行为无效的，人民法院不予支持。

在前款规定的情形下，人民法院在判决时应当释明，公司应当及时办理法定减资程序或者由其他股东或者第三人缴纳相应的出资。在办理法定减资程序或者其他股东或者第三人缴纳相应的出资之前，公司债权人依照本规定第十三条或者第十四条请求相关当事人承担相应责任的，人民法院应予支持。

知识拓展

公司案件审理中常见的股东出资纠纷类型包括股东虚假出资、出资不足、逾期出资、抽逃出资。

虚假出资，是指股东在获取股权的过程中，认购出资而未实际出资，如以虚假的实物出资手续骗取验资报告，以实物、知识产权等出资却并未办理产权转移手续等，在司法实践中屡见不鲜。

出资不足，是指股东在章程规定的出资期限内，未完全履行出资义务的情形，如作为出资的实物、知识产权，包括本案中涉及的探矿权，其实际价额显著低于所认缴的出资额等。

逾期出资，是指股东没有按期缴足出资的情形。实践中，经常发生的纠纷是股东首次出资符合法律规定及合同约定，但未按照规定的时间履行首期出资之后的分期出资义务。

抽逃出资，是指不存在合法真实的债权债务关系，公司股东将出资转出的行为。根据公司法司法解释的规定，抽逃出资的表现形式通常为制作虚假财务会计报表虚增利润进行分配、通过虚构债权债务关系将其出资转出、利用关联交易将出资转出以及其他未经法定程序将出资抽回的行为。

（二）对股东股权转让的限制

思佰益（中国）投资有限公司与上海新证财经信息咨询有限公司请求变更公司登记纠纷案①

关键词

请求变更公司登记纠纷 股权转让 强制性规定

案情简介

被告上海新证财经信息咨询有限公司（以下简称上海 A 公司）成立于 2010 年 11 月 30 日，注册类型为有限责任公司（中外合资），登记股东为原告思佰益（中国）投资有限公司（以下简称思佰益投资公司）（持股比例 15%）、第三人中国 B 公司（持股比例 40%）及第三人远洋控股集团公司（持股比例 45%）。第三人摩尔数字科技公司于 2014 年 2 月 19 日在香港特别行政区注册成立，原名玖富普惠金融信息服务有限公司，于 2020 年 7 月 29 日变更为现名称。

2018 年 10 月 19 日，原告思佰益投资公司、第三人中国 B 公司及第三人远洋控股集团公司共同签订《上海 A 公司章程》，对公司股东、组织形式、股权的转让、董事会等内容进行了明确规定。

《上海 A 公司章程》规定，董事会是公司的最高权力机构，讨论

---

① 上海市浦东新区人民法院民事判决书，（2020）沪 0115 民初 81228 号。

并决定公司所有重大事宜，其中涉及（1）公司章程的修改；（2）公司的中止、终止和解散；（3）公司的投资总额或注册资金的增加或减少，或任何一方转让其持有的公司股权权益；（4）公司与其他经济组织的合并，或公司的分立、清算或变更公司形式的决议须经全部在职董事一致同意方能通过。

2018 年 12 月 31 日，原告思佰益投资公司与案外人北京 C 有限公司及本案第三人摩尔数字科技公司签订《补充协议》，约定北京 C 有限公司在 2018 年 9 月 14 日签署的《股权转让协议》中的权利和义务由第三人摩尔数字科技公司继承。

2019 年 2 月，第三人中国 B 公司和第三人远洋控股集团公司均向原告思佰益投资公司出具《放弃优先购买权、出售跟随权的承诺函》，均承诺同意思佰益投资公司将某 1 所持上海 A 公司 15% 的股权转让给玖富普惠金融信息服务有限公司，并同意放弃行使优先购买权、出售跟随权。

2019 年 5 月 14 日，被告上海 A 公司召开第五届董事会第二次会议，审议《关于公司外资股东变更后续工作相关议案》等五个议案，《关于公司外资股东变更后续工作相关议案》内容为："各位董事：思佰益（中国）投资有限公司拟将持有本公司 15% 股权转让给 JIUFU-Financial Information Service Limited（玖富普惠金融信息服务有限公司）。春节前后已取得远洋控股集团（中国）有限公司和中国 D 有限公司放弃优先购买权、出售跟随权的承诺函。根据上述事项，我们调整了公司合资合同、章程（具体请详见附件），此次调整内容无实质性变化，仅就外方股东信息进行了修正，前后版本对比文件附后……"董事会对该议案进行了审议，七位董事中两位董事未投赞成票。

后由于被告上海 A 公司未为原告与第三人摩尔数字科技公司办理股权变更手续，原告遂诉至法院。

判例分析

上海市浦东新区人民法院认为，本案的主要法律争点有二。

一是原告思佰益投资公司与第三人摩尔数字科技公司签署《股权转让协议》转让原告思佰益投资公司所有的被告的股权，是否侵害了第三人中国B公司的“出售跟随权”？

首先，我国法律并未明确规定股东的“出售跟随权”或者“跟随出售权”，亦即出售跟随权并非法律规定的股东权利。从诉争约定来看，“出售跟随权”系被告全体股东协商一致的结果，内容不违反法律的强制性规定，应属有效。其次，“出售跟随权”是公司股东基于有限公司人合性而约定的权利，与股东的优先购买权存在共性之处，因此法院认为可以参照《公司法》中关于优先购买权的规定进行处理。最后，原告对外转让股权是否侵害了第三人中国B公司的“出售跟随权”应根据《公司法》的规定和公司章程的约定进行审查，法院认为，原告在股权转让协议中明确了转让股权的数量、股权转让价格、受让方价格的支付方式等关键条款，在第三人摩尔数字科技公司承继北京C有限公司的权利义务后亦告知了第三人中国B公司，该事实在第三人中国B公司出具的承诺函中可以得到佐证。第三人中国B公司在承诺放弃行使优先购买权和出售跟随权以后，又以出售跟随权受侵害为由不同意原告转让股权，该意见无事实和法律依据，法院不予采纳。

二是被告《上海A公司章程》约定任何一方转让公司股权需经全体在职董事一致同意方能转让，是否因违反公司法的强制性规定而无效？

首先，本案被告的公司章程约定股东转让股权必须经董事会一致同意方能转让，该约定明显比《公司法》规定的经其他股东过半数同意的规定苛刻。同时，在董事反对股权转让时，被告公司章程未约定转让股东的救济程序，使转让股东的股权转让目的落空，实质上无法通过转让股权退出公司经营，显然有违《公司法》的规定。其次，被告成立于2010年，公司章程对董事会决议事项的规定理应符合当时的《中外合资经营企业法实施条例》的规定，中外合资企业虽然存在一定的特殊性，但也应符合《公司法》的相关规定，不得与《公司法》的规定相违背。最后，第三人中国B公司在同意原告将某2转让给第三人摩尔数字科技公司，并书面承诺放弃优先购买权和“出售跟随权”后，又通过自己选任的两名董事在董事会会议中不同意《关于公司外资股东变更后续工作相关议案》，引发本案诉争，显然有违诚信原则。

最终，法院认为被告公司章程约定任何一方转让公司股权需经全体在职董事一致同意方能转让的规定违反公司法的强制性规定，应属无效。原告主张被告将登记在原告名下的被告股权变更登记至第三人名下的诉讼请求，应当予以支持。

风险提示

公司章程作为股东意志的集合，可以对股权转让作出比一般性规定更为严格的限制性约定，但公司章程不得与《公司法》的强制性规范及公司法的基本精神、原则相冲突。公司章程的此类条款不得违反强制性法律规范，同时还应受到社会公共利益、诚实信用、公序良俗、平等公平等一般性法律原则的限制，以实现股东之间的利益平衡，防止股东滥用章程自治权利。最高人民法院在第96号指导案例中指出：“国有企业改制为有限责任公司，其初始章程对股权转让进行限制，明确约定公司回购条款，只要不违反公司法等法律强制性规定，可认定为有效。”由此观之，判断公司章程对股权转让作出的另外规定是否有效，应审查该另外规定是否违反《公司法》的强制性规定，不违反则有效，反之则无效。本案即是依此思路作出裁判。

有限责任公司的股东对外转让股权并非完全自由的行为。在公司治理实践中，公司章程是股东实现特定目的的重要工具。但若章程条款设置不当，则很难实现其预期目的。商业实践中，出于各方面的考虑和需求，部分公司的公司章程，特别是外商投资公司的章程，会存在类似“股权对外转让须经全体股东/董事一致同意”的严苛规定。公司股东为实现公司稳定经营的目的，在章程中约定了诸如前述的“公司股权对外转让须经全体股东同意”的条款，但因为该条款变相限制了股权对外转让，违背了公司法的立法本意，无法对公司股东产生约束力。建议公司在制定公司章程时，避免设置“需全体股东一致同意”等导致股权实质上不能转让的条款。为实现公司的健康稳定发展，公司章程可以通过设置股权不能对外转让的合理期限或者细化股东对外转让股权时的程序要求等方法实现限制股权对外转让的目的。无论公司采取何种方法对股权对外转让作出限制，都必须注意该限制必须是合理的，不得过度限制或绝对禁止。

法条链接

《中华人民共和国公司法》

第八十四条 有限责任公司的股东之间可以相互转让其全部或者部分股权。

股东向股东以外的人转让股权的，应当将股权转让的数量、价格、支付方式和期限等事项书面通知其他股东，其他股东在同等条件下有优先购买权。股东自接到书面通知之日起三十日内未答复的，视为放弃优先购买权。两个以上股东行使优先购买权的，协商确定各自的购买比例；协商不成的，按照转让时各自的出资比例行使优先购买权。

公司章程对股权转让另有规定的，从其规定。

知识拓展

在民商事诉讼领域，围绕股权争夺发生的公司诉讼案件成为数量最多的民事纠纷类型之一。公司制是现代商事活动的重要基础，股权制度是保障公司制能够平稳运行的核心和关键。随着市场经济的不断发展，公司中的股权交易日益频繁，股权纠纷案件也日益增多。股权问题，影响着一个企业的生存和发展，也是我国企业创始人、投资人最关心的问题之一。从公司的创立、运营直至解散、清算，股权问题几乎贯穿企业经营的每个环节，由此衍生出的争议纠纷也牵扯各方股东的权益。

在股东之间转让股权以及股东与非股东之间转让股权的过程中，经常发生各类法律纠纷。这类问题在实践中往往表现为转让双方之间的股权转让合同纠纷案件，涉及保护公司内部其他股东优先购买权的诉讼纠纷案件，因转让瑕疵出资股权引起的纠纷案件，因隐名、显名股东转让股权引起的诉讼案件等。常见的诉讼请求有：请求履行转让合同，请求支付股权转让款并赔偿损失（或支付违约金），或者请求解除转让合同，请求认定转让合同无效；股权转让合同履行完毕，因出让股东未履行向公司其他股东的告知义务，公司其他股东主张合同无效并请求行使优先购买权；公司股权被无权转让后，受让方主张善意取得公司股权，等等。

（三）企业增资中的优先认购权

苏某慈与章某鸣、王某新增资本认购纠纷案①

关键词

新增资本认购纠纷 优先认购权 认缴出资

案情简介

百岳泰公司于1998年7月6日成立，原有股东苏某慈和章某鸣，苏某为苏某慈女儿，是百岳泰公司董事。苏某与章某鸣原为夫妻，双方于2006年9月14日离婚。

章某鸣与王某于2014年11月5日登记结婚，于2015年6月12日协议离婚，于2015年6月18日因离婚后财产分割诉至深圳市南山区人民法院，经法院调解，于2015年8月10日达成协议如下：章某鸣于2015年8月4日前将其名下百岳泰公司的90%股份过户给王某，该股份价值5万元。2017年3月31日，章某鸣与王某复婚。

百岳泰公司2016年5月13日股东会决议：（1）将公司的注册资本由1000万元增加至1010万元，本次新增加的10万元注册资本，由新投资者王某认缴出资，认缴出资方式为现金，认缴出资时间为2036年4月12日。（2）本次增资前，各股东的出资情况如下：章某鸣出

① 广东省深圳市中级人民法院民事判决书，（2018）粤0303民初11643号。

资额900万元，出资比例90%；苏某慈出资额100万元，出资比例10%。本次增资后，各股东的出资情况如下：章某鸣出资额900万元，出资比例89.1089%；苏某慈出资额100万元，出资比例9.901%；王某出资额10万元，出资比例0.9901%。（3）各股东按所认缴的出资额对公司承担法律责任。（4）同意就上述变更事项修改公司章程的相关条款，附同意通过的公司新章程，章某鸣在该决议上签字。

2016年5月16日，百岳泰公司变更了工商登记信息，变更前股东为苏某慈100（万元）10%，章某鸣900（万元）90%；变更后股东为王某10（万元）0.9901%，苏某慈100（万元）9.901%，章某鸣900（万元）89.1089%；变更前注册资本1000万元，变更后注册资本1010万元。

2016年6月16日，章某鸣（甲方）与王某（乙方）签订了《股权转让协议书》，约定：甲方占有公司89.1089%的股权，根据原有公司章程规定，甲方实际投资900万元。现甲、乙方根据《离婚协议书》财产分配协议，甲方愿将其占有的公司89.1089%的股权转让给乙方，乙方愿意受让。乙方应于本协议签订之日起三个月内按前款规定的币种和金额将股权转让款以现金（或银行转账）的方式一次性支付给甲方。同日，百岳泰公司变更了工商登记信息，变更后股东为苏某慈100（万元）9.901%，王某910（万元）90.099%。

苏某慈向法院提出诉讼请求：（1）确认第三人公司2016年5月16日的增资行为无效；（2）确认被告王某不具备第三人公司的股东资格；（3）确认被告章某鸣与王某之间关于第三人股权转让的行为无效；（4）判令被告章某鸣与王某将第三人的工商登记信息恢复至2016年5月16日之前的状态。

判例分析

法院认为，百岳泰公司2016年5月16日的增资行为实质上由

2016年5月13日股东会决议所实施，该决议包含了增资10万元和由王某认缴新增出资两方面内容。苏某慈主张股东会决议无效的理由是该股东会的召开未通知其参会，程序违法，且决议内容存在恶意串通损害其股东权利的情形。

法院认为，百岳泰公司称章某鸣已口头通知苏某转告苏某慈股东会事宜并已到苏某慈登记的地址当面通知，未提供充足证据证明因而召集程序存在轻微瑕疵，但是苏某慈仅有10%的表决权而章某鸣有90%的表决权，苏某慈是否出席会议对决议未产生实质影响，因此对该股东会决议不予撤销。股东会决议包含增资10万元与王某认缴新增出资两方面实体内容，其中增资10万元的决议未违反法律、行政法规的规定。关于王某认缴新增出资的问题，《公司法》仅规定有限责任公司新增资本时，股东在同等条件下有权优先按照实缴的出资比例认缴出资，而未规定公司其他股东对于股东所放弃的认购增资有优先认购权。优先购买权作为一种排斥第三人竞争效力的权利，必须基于法律的明确规定才能享有，故在法无明文规定或公司股东另无约定的情形下，股东对其他股东放弃的优先认缴额不享有优先购买权。

百岳泰公司增资10万元，章某鸣与苏某慈有权分别优先认缴该增资10万元中的9万元与1万元，《公司法》与百岳泰公司章程均未规定百岳泰公司其他股东苏某慈对于章某鸣放弃认购的增资9万元有优先认购权，故王某有权认购章某鸣放弃认购的增资9万元。而且苏某慈作为公司股东仅主张王某认缴新增资本无效及王某股权登记无效，而不主张对新增资本的优先认缴权利，其对王某认缴新增资本效力或股权登记变动的诉讼并无实际价值，反而是浪费司法资源。而且自2016年5月16日股权变更登记之日起至本案起诉时间2018年4月已接近两年，已超过了合理期间，股权变更登记是公司对外公示行为，苏某慈作为公司股东应当知晓股权变更事项，苏某慈未在合理期间内提出异议并主张对1万元新增资本的优先认缴权利，不利后果应当由苏某慈承担。

最终，法院对于苏某慈关于将百岳泰公司的工商信息恢复至 2016 年 5 月 16 日之前状态的请求予以驳回。

风险提示

公司为扩大经营规模、拓宽业务、提高公司的资信程度等而依法增加注册资本金的行为，即为增资。而公司新增资本的优先购买权是指公司新增资本或发行股份时，原有股东享有的优先于非股东认购的权利。有限责任公司新增资本认购、股份有限公司发行新股认购而产生的纠纷即为新增资本认购纠纷。在此类纠纷中，权利主体是股东或者新投资人，而责任主体往往是公司。这类问题在实践中往往发生在投资人已经缴纳投资款即已经履行出资义务的情况下，基于履行出资义务以外的其他请求权，如请求返还出资款等引发的纠纷。

有限责任公司新增资本时，股东在同等条件下有权优先按照实缴的出资比例认缴出资。从权利性质上来看，股东对于新增资本的优先认缴权应属形成权。现行法律并未明确规定该项权利的行使期限，但从维护交易安全和稳定经济秩序的角度出发，结合商事行为的规则和特点，人民法院在处理相关案件时限定了该项权利行使的合理期间，对于超出合理期间行使优先认缴权的主张一般不予支持。

企业主体应当明晰、合理安排各项权利行使期限，避免产生纠纷。公司增资一般先要由公司作出增资方案并由股东会表决通过，同时在此过程中应征询股东对优先认缴权的行使意愿，如股东愿意行使优先认缴权，则由股东与公司签署相应的增资协议，缴纳新增资本，并办理工商变更手续。

建议企业在为扩大经营规模、拓宽业务、提高公司的资信程度等原因而依法增加注册资本金时，应当尽量及时、准确地发布召开股东会的通知，清楚掌握具有新增资本认购资格的权利人，如原始股东、新增股东或已获得股东会允许的权利人等。同时，由于股东比较固定，股东之间具有相互信赖、比较紧密的关系，因此，在公司需要增资、发行新股时，股东会应当对向原有股东发行新股的种类及数额作出决定。公司应当向股东告知增资方案：公司如要新增资本，则一般情况下是由董事会作出增资方案，在该增资方案中，具体说明增资的目的、增资金额、认缴价格、认缴实际出资期限以及拟引进的投资者、优先认缴权行使的方式与期限等，并将该增资方案提交股东会审议通过。

法条链接

《中华人民共和国公司法》

第八十四条 有限责任公司的股东之间可以相互转让其全部或者部分股权。

股东向股东以外的人转让股权的，应当将股权转让的数量、价格、支付方式和期限等事项书面通知其他股东，其他股东在同等条件下有优先购买权。股东自接到书面通知之日起三十日内未答复的，视为放弃优先购买权。两个以上股东行使优先购买权的，协商确定各自的购买比例；协商不成的，按照转让时各自的出资比例行使优先购买权。

公司章程对股权转让另有规定的，从其规定。

第八十五条 人民法院依照法律规定的强制执行程序转让股东的股权时，应当通知公司及全体股东，其他股东在同等条件下有优先购买权。其他股东自人民法院通知之日起满二十日不行使优先购买权的，视为放弃优先购买权。

《最高人民法院关于适用〈中华人民共和国公司法〉若干问题的规定（四）》

第四条 股东请求撤销股东会或者股东大会、董事会决议，符合民法典第八十五条、公司法第二十二条第二款规定的，人民法院应当予以支持，但会议召集程序或者表决方式仅有轻微瑕疵，且对决议未产生实质影响的，人民法院不予支持。

知识拓展

股东优先购买权作为一项民事权利，我国理论界对该权利持肯定态度，《最高人民法院关于适用〈中华人民共和国公司法〉若干问题的规定（四）》明确了转让股东的“反悔权”，即“法律赋予欲转让股权股东对已经发出的转让股权意思表示反悔、收回的权利”。关于优先购买权的不同定性会直接影响行使优先购买权所产生的法律效果，进而对“后悔权”产生连带影响。

各级法院对于反悔权的适用问题观点不一。有法院认为，只有在股权转让合同未成立时，转让股东才享有反悔权，若股权转让合同已经按照要约承诺的方式设立合同，则该合同已经成立并生效。也有法院认为，即使在其他股东主张行使优先购买权之后，有限责任公司的股权转让股东仍享有反悔权。总之，对于转让股东行使反悔权是否存在前提条件，其实并没有明确的法律依据予以适用，从而导致在实践中由于不同法院对于既有法条的理解不同，因此在反悔权的行使前提下存在较大的自由裁量空间。

二、对企业股东的保护

股东是公司成立的基础，对于股东利益的保护不仅关系到股东个人的切身利益，而且关系到公司制度本身。强化对股东利益的保护对整个公司制度至关重要。公司作为企业法人，拥有独立的法人财产，享有法人财产权。股东作为对公司享有权利和承担义务的人，亦拥有其个人的财产，公司法对于股东权利与公司权利进行了严格的区分。

股东权益系股东基于公司法的规定和公司章程的约定所享有的基本权益，依据权利行使的目的，可分为自益权和共益权。法律充分尊重股东基于其股东身份所享有的各项权利，但由于公司内部各股东持股比例的不同，实践中出现大量控股股东利用自身优势侵害中小股东利益的情况，与之相关的基于股东权益产生的纠纷随之大量出现。对股东利益的保护，是公司制度设计与合规审查中的重点内容。

（一）股东资格的确认

上海奕晶金属科技有限公司与高某林股东资格确认纠纷案①

关键词

股东资格确认纠纷　实际出资人　股权代持

案情简介

2013年4月28日，高某林（含上海××厂）作为乙方与作为甲方的昕泰公司签订合伙框架协议书，双方决定进行合作经营。双方决定建立有限公司开展相关工作，股东分别为昕泰公司和周某（为乙方的代表），公司注册资本金为200万元，其中甲方出资150万元，占75%的股份，周某出资50万元，占25%的股份。公司名字暂定为上海××有限公司，最终以工商局审核批准名字为准。该协议尾部有昕泰公司盖章及其法定代表人陈某签字、上海××厂盖章及高某林签字。

之后，双方于2013年8月21日成立上海奕晶金属科技有限公司（以下简称奕晶公司），注册资本为500万元。工商登记的股东为周某和昕泰公司。

2014年4月28日，奕晶公司、昕泰公司、上海××厂、高某林签署“上海奕晶金属科技有限公司股东间协议”，其中第5条约定：

① 上海市第一中级人民法院民事判决书，（2019）沪01民终13146号。

至此，完成奕晶公司资本、设备、知识产权的完整组成。昕泰公司以150万元的现金出资占奕晶公司75%的股份，高某林以上海××厂及高某林现有的设备和超细丝加工技术出资占奕晶公司25%的股份，实际由其儿媳周某代持。双方按比例享有奕晶公司的权利和承担相应的义务。协议尾部有奕晶公司盖章及法定代表人潘某斐签字、昕泰公司盖章及法定代表人陈某签字、上海××厂盖章及法定代表人高某林签字。

2018年6月4日，周某作为原告起诉奕晶公司、高某林、上海××厂、昕泰公司股东资格确认纠纷［案号为（2018）沪0112民初18296号］一案，周某诉请要求确认其不是奕晶公司的实际股东。该案经过二审及再审，最终驳回周某的诉讼请求。二审（2018）沪01民终12875号民事判决书中，法院认为："周某作为奕晶公司工商登记的股东，在不存在其股东身份系他人伪造或者冒名的情形下，其直接提起本案诉讼要求确认不是公司的实际股东于法无据，应不予支持。况且，我国公司法和相关司法解释也赋予了公司的实际股东通过诉讼的方式确认股东资格的救济途径。"

判例分析

一审法院认为，首先，奕晶公司设立筹备阶段及设立之后，昕泰公司均知晓高某林与周某之间的代持股关系，仍同意与高某林共同设立奕晶公司，符合有限责任公司的人合性特征。依据禁反言原则，昕泰公司不能反对高某林成为奕晶公司股东之请求。其次，奕晶公司在股东间协议上盖章，表明奕晶公司亦知晓高某林与周某之间的代持股关系，高某林的隐名股东身份是经奕晶公司所确认的，实际上高某林是对内显名、对外隐名的状态。再次，上海××厂在股东间协议中亦明确了系争25%股权为高某林所有，系对合伙框架协议书中所约定的股权持有情况进行了变更，一审法院予以确认。最后，代持股人周某同意由其代持的25%股权归高某林所有。

一审法院认为，高某林要求确认系争股权归其所有，于法有据，予以支持。

二审法院则认为，首先，在本案中，高某林主张要求确认周某名下的股权为其所有，而非对投资权益的归属发生争议，高某林应当举证证明该请求已经公司其他股东半数以上同意，且（2018）沪01民终12875号生效民事判决已经认定周某为奕晶公司在工商机关登记的股东。其次，本案中，昕泰公司知晓高某林与周某之间的代持关系，但代持关系与隐名股东要求显名系两个不同的法律关系，在一审、二审中，昕泰公司明确反对高某林的主张，高某林亦未提供证明半数以上股东明示同意将其登记为公司股东的证据。因此，二审法院认为应着重审查是否存在默示的同意，即高某林是否在奕晶公司实际上以股东身份行使股东权利。再次，高某林应当举证证明自己行使股东权利的状态一直在持续，如正常地从公司分配利润、指派的人员仍在参与经营管理、仍参与公司的重大决策等。奕晶公司召开过董事会，参加人员中有周某和周某的丈夫，会议记录上也有周某的签名。最后，高某林未举证证明其要求显名的主张已经奕晶公司其他股东半数以上同意，亦未举证证明其以股东身份行使过权利，如以实际出资人的名义担任或指派人员担任公司董事、法定代表人、财务负责人等超过一定的合理期限，因此，现有证据不足以证明高某林的诉讼请求具有事实依据，高某林应承担举证责任的不利后果。

二审法院最终撤销一审判决，驳回了高某林的一审诉讼请求。

风险提示

股东资格系股东依法享有股东权利、行使股东义务的一种法律资格。股东资格既可以在公司设立时通过出资或在公司增资时通过认购的方式原始取得，亦可以通过股权转让、继承、赠与等方式继受取得。股东资格的认定，是股东享有股权的前提，具有十分重要的意义。

本案中，公司设立时，发起股东明知实际出资人与名义股东之间存在股权代持关系，实际出资人可无须经其他股东半数以上同意而要求显名，但应对其实际行使股东权利承担举证责任。

从司法解释的表述来看，其并未要求实际出资人与名义出资人之间必须签订书面合同，但从保护双方当事人权益、明确双方当事人权利义务、避免不必要的纠纷等角度出发，建议有委托他人代持股权需求的投资人，尽可能签署书面的股权代持协议，建议聘请专业人士参与股权代持协议的拟制工作。

在拟制股权代持协议时，需明确实际出资人与名义股东的权利义务关系。股权代持协议最首要的是涉及实际出资人与名义出资人之间的合同关系。双方需在合同中明确股权代持的合意，实际出资人应与名义股东对股东表决、利润分配、公司人员选任、剩余财产分配等权利作出明确约定，注重股东权利的实际行使。

股权代持关系下，实际出资人和名义股东都面临着不同程度的风险，故建议在股权代持协议中设定专门的违约责任条款，提高违约的成本。名义股东对外具有公司股东的权利外观，承担一定的公司法上的股东义务，尤其是股东的出资义务，当实际出资人未按约足额履行出资义务时，名义股东将面临承担出资责任的风险。同样，基于名义股东所具有的权利外观，实际投资人可能面临名义股东对外处置股权，第三人依据善意取得制度受让股权，名义股东违背实际出资人意愿和利益实施其他各种行为等情形，因此，设置专门的违约责任条款可以在一定程度上达到约束各方行为的效果。

为避免后续显名时发生不必要的纠纷，建议双方在签署股权代持协议时，可邀请公司其他股东对协议内容进行确认。股权代持协议受合同相对性原则的约束，仅约束实际出资人与名义股东。当实际出资人要求显名、从公司外部进入公司内部关系时，将会涉及实际出资人与公司、公司其他股东的权利义务，发生类似于股权对外转让的效果。正是基于此，公司法要求实际出资人在显名时，需经公司其他股东半数以上同意。而公司其他股东在协议上签字确认可以表明其已知悉股权代持情况，并认可实际出资人的公司股东身份，减少显名时的纠纷。

法条链接

《最高人民法院关于适用〈中华人民共和国公司法〉若干问题的规定（三）》

第二十四条 有限责任公司的实际出资人与名义出资人订立合同，约定由实际出资人出资并享有投资权益，以名义出资人为名义股东，实际出资人与名义股东对该合同效力发生争议的，如无法律规定的无效情形，人民法院应当认定该合同有效。

前款规定的实际出资人与名义股东因投资权益的归属发生争议，实际出资人以其实际履行了出资义务为由向名义股东主张权利的，人民法院应予支持。名义股东以公司股东名册记载、公司登记机关登记为由否认实际出资人权利的，人民法院不予支持。

实际出资人未经公司其他股东半数以上同意，请求公司变更股东、签发出资证明书、记载于股东名册、记载于公司章程并办理公司登记机关登记的，人民法院不予支持。

第二十五条 名义股东将登记于其名下的股权转让、质押或者以其他方式处分，实际出资人以其对于股权享有实际权利为由，请求认定处分股权行为无效的，人民法院可以参照民法典第三百一十一条的规定处理。

名义股东处分股权造成实际出资人损失，实际出资人请求名义股东承担赔偿责任的，人民法院应予支持。

知识拓展

股东资格确认纠纷，是指股东与股东之间或者股东与公司之间就股东资格是否存在或者具体的股权份额等发生争议而引起的纠纷。引起股东资格确认纠纷的原因有很多，主要是因为名义上的股东权属登记与实际情况不相符，即股东资格“名实不符”，一方起诉要求确认恢复到实际状态。股东权属登记恢复到实际状态不仅涉及公司内部的经营与管理，还涉及外部公司债权人、名义股东债权人等第三人的利益。在股东资格“名实不符”的案件中，以股权代持与冒名为主要表现形式。司法实践中，股东资格确认纠纷可以分为以下几种类型：

（1）股东与公司之间的股东资格确认纠纷。股东与他人之间不存在股权归属争议，但公司却不承认股东享有股东资格，如公司拒绝隐名出资的股东行使股权，或者股权转让后公司拒绝受让人行使股权等。

（2）股东与股东之间因出资而产生的股东资格确认纠纷。隐名股东与名义股东签订出资协议，隐名股东以他人名义出资，由他人作为名义股东，但实际出资资金来源于该隐名股东，名义股东不享有实际权利，一切权利归隐名股东所有。

（二）股东知情权的保障

北京大学附属中学、北京北大依林公司与北京北大附中教育投资有限公司股东知情权纠纷案①

关键词

股东知情权纠纷　正当目的　举证责任

案情简介

1999年9月27日，北京北大附中教育投资有限公司（以下简称北教投公司）注册设立。2000年6月6日，北京大学附属中学（以下简称北大附中）、北京北大依林公司（以下简称依林公司）、道勤教育公司共同签署一份北教投公司章程。根据该公司章程记载，股东有权查阅股东会会议记录和公司财务会计报告。

2011年7月14日，北大附中与依林公司共同向北教投公司出具一份关于要求查阅、复制公司相关文件的函，其记载内容包括：北大附中及依林公司完全不了解也无法了解北教投公司的经营情况、对外投资以及收益情况。北大附中及依林公司多次提出要求行使股东权利、召开公司董事会、变更董事长、派驻财务人员和行政管理人员，查阅公司财务账簿、股东会和董事会会议记录及决议等相关公司资

① 北京市第一中级人民法院民事判决书，（2012）一中民终字第5887号。

料，但都被北教投公司和该公司实际控制人林某以种种理由拖延、拒绝。北大附中及依林公司现依据《公司法》的相关规定，要求北教投公司提供自2008年4月20日至今的股东会会议记录、2000年5月20日至今的董事会会议决议以及自成立至今的财务会计报告，以便北大附中及依林公司查阅、复印，并提供北教投公司自成立至今的会计账簿以便北大附中及依林公司查阅。请北教投公司自收到该函之日起15日内提供上述文件。

2011年7月27日，北京市方圆公证处出具一份（2011）京方圆内经证字第16852号公证书。根据该公证书记载，同年7月26日下午，北大附中与依林公司的委托代理人韩某婷来到北京市东城区朝内邮政所，将关于要求查阅、复制公司相关文件的函（原件一份）用特快专递的方式发送给北教投公司负责人，现场取得了《京城特快专递邮件详情单》及《北京市邮电通信业、金融保险业专用发票》各一张，韩某婷在交寄人处签名。

2011年8月5日，北教投公司向北大附中邮寄一份关于查阅、复制公司相关文件的回复函，其记载内容包括：为保障股东权益，本着互利共赢、友好合作的原则，对于北大附中及依林公司书面致函该公司查阅该公司股东会会议记录、董事会会议决议、财务会计报告及会计账簿的要求，该公司予以认可。但负责上述资料管理的人员休假未在北京，故公司已通知其返京，在其返京后3日内提供上述文件供股东方查阅。

判例分析

二原告认为，北教投公司自设立以来一直由股东道勤投资公司及实际控制人林某控制。北大附中和依林公司完全不了解也无法了解北教投公司的经营情况及其对外投资和收益情况。为了解北教投公司的运营以及财务情况，北大附中和依林公司曾多次要求北教投公司及该公司实际控制人林某提供股东会会议记录、董事会会议决议、财务会计报告以供查阅和复制，并提供会计账簿以供查阅，并且二者于2011年7月26日已向北教投公司及该公司实际控制人林某发函要求其提供上述资料和文件，但是北教投公司及林某一直未向北大附中和依林公司提供。北大附中和依林公司认为，北教投公司对于股东的上述请求不予回复已构成对股东知情权的侵害。

被告北教投公司则认为，第一，北教投公司从未拒绝北大附中和依林公司查阅、复制公司财务会计报告、股东会会议记录和董事会会议决议，且北大附中和依林公司并无必要查阅、复制上述文件。北大附中和依林公司是北教投公司的控股股东，所有的股东会决议和董事会决议必须有两股东参与才可能形成。北教投公司的法定代表人系北大附中的校长，自2000年开始每年北教投公司办理年检时均会向相关部门提供财务会计报告，而且该财务会计报告上必须有公司法定代表人的签字，且北教投公司的会计人员均由北大附中派驻，所以北大附中对财务会计报告的内容应属知晓。第二，北教投公司认为两股东要求查阅会计账簿的目的存在不正当性。北大附中和依林公司属于关联公司，依林公司系由北大附中注册成立。北教投公司在全国设立有数家分校，其主要业务具有排他性和竞争性，且北大附中也表示过要终止与北教投公司合作的意向。因此，北教投公司认为，如果允许北大附中和依林公司查看该公司会计账簿，会对北教投公司的利益有所损害，北大附中和依林公司要求查阅会计账簿的目的不正当。

最终法院生效裁判认为：根据《公司法》的相关规定，股东享有查阅、复制公司章程、股东会会议记录、董事会会议决议、监事会会议决议和财务会计报告的权利。北教投公司以北大附中、依林公司对公司财务状况已有所了解为由，排除其对股东知情权的行使，于法无据。股东可以要求查阅公司会计账簿，股东要求查阅公司会计账簿的，应当向公司提出书面请求，说明目的。公司有合理根据认为股东查阅会计账簿有不正当目的，可能损害公司合法利益的，可以拒绝提供查阅。关于查阅会计账簿的请求，北教投公司在本案中未能提供有效的证据证明北大附中、依林公司具有不正当目的，因此应当支持原告的诉讼请求。

风险提示

民事主体欲提起股东知情权纠纷诉讼，首先应确保自身具有原告主体资格。原告主体资格的确认，原则上要求其具有股东资格。提起股东知情权诉讼的往往系公司的中小股东，因为中小股东不直接参与公司的经营管理，在公司经营状况、财务状况等方面具有信息不对称性而处于弱势地位，故而起诉要求查阅或者复制公司的相关材料，了解公司的实际经营和财务状况。

需要特别注意的是，股东在向法院提起诉讼，要求法院判令允许其查阅公司会计账簿前，需履行一定的前置程序。根据《公司法》的相关规定，股东需向公司提出书面请求，并说明目的。如果公司在15日内未予书面答复或者拒绝提供查阅的，股东才可以提起知情权诉讼。

关于举证责任的分配，股东仅需初步提供证据，证明其已提出过书面请求，并说明了理由，前置程序已经履行完毕即可，由公司举证证明股东查阅会计账簿具有不正当目的。虽然法律仅规定了查阅会计账簿需要履行前置程序，查阅、复制其他公司文件材料无须履行前置程序，但是从诉讼举证的角度，笔者建议股东在向公司提出书面请求时，一并列出公司章程、财务会计报告、股东会会议记录等需要查阅、复制的材料。

实践中，公司拒绝股东进行查阅会计账簿、认为其具有不正当目的的理由各有不同，但《公司法司法解释（三）》对于股东行使知情权的“不正当目的”进行细化后，“股东自营或者为他人经营与公司主营业务有实质性竞争关系业务”成为最常见的公司拒绝股东行使会计账簿查阅权的理由。公司在适用该项理由时，需明确以下几点：

第一，注意区分主营业务与经营范围。公司在认定股东有不正当目的时，不能简单地比较经营范围是否存在交叉、重合，经营范围的一致仅系认定具有竞争关系的条件之一，但并不是构成竞争关系的充分必要条件，公司仅根据经营范围存在重叠为由拒绝股东行使会计账簿的查阅权，在法院审理过程中，将面临较大的败诉风险。

第二，不能依据股东的身份关系直接认定其具有不正当目的。股东在投资设立目标公司的同时，亦可以投资其他与目标公司经营范围存在重叠的公司，这属于股东正常的商业投资行为，不能因为股东兼具多家公司的股东身份即认为其具有不正当目的。即使股东参与了其他公司的经营或在其他公司中担任了某些职务，亦不能据此直接认定股东具有不正当目的，而是应当进行实质性判断。

第三，实质性竞争关系是指股东和公司之间存在利益冲突，其情形需要根据案件事实进行综合认定。公司在认定股东与公司之间的实质性竞争关系时，还可以考虑股东自营或者为他人经营业务与公司主营业务之间的可替代性、市场地位，业务的功能是否相同或者存在高度重合，业务所针对的客户范围是否重叠等因素，综合判定是否存在利益冲突。

另外，值得注意的是，2023 年修订后的《公司法》明确将会计凭证纳入了股东行使知情权的范围。

法条链接

《中华人民共和国公司法》

第五十七条 股东有权查阅、复制公司章程、股东名册、股东会会议记录、董事会会议决议、监事会会议决议和财务会计报告。

股东可以要求查阅公司会计账簿、会计凭证。股东要求查阅公司会计账簿、会计凭证的，应当向公司提出书面请求，说明目的。公司有合理根据认为股东查阅会计账簿、会计凭证有不正当目的，可能损害公司合法利益的，可以拒绝提供查阅，并应当自股东提出书面请求之日起十五日内书面答复股东并说明理由。公司拒绝提供查阅的，股东可以向人民法院提起诉讼。

股东查阅前款规定的材料，可以委托会计师事务所、律师事务所等中介机构进行。

股东及其委托的会计师事务所、律师事务所等中介机构查阅、复制有关材料，应当遵守有关保护国家秘密、商业秘密、个人隐私、个人信息等法律、行政法规的规定。

股东要求查阅、复制公司全资子公司相关材料的，适用前四款的规定。

知识拓展

中小股东在起诉要求行使知情权时，若想尽可能地扩大股东知情权的行使范围，可以加强对公司内部有关知情权约定的举证，并同时加强对公司治理经营不规范的举证。设立股东知情权的目的系加强股东对于公司经营状况、财务状况的了解，确有证据可以证明公司治理经营侵犯中小股东权利、会计账簿确有问题时，有关查阅公司会计凭证的诉请更能获得法院的支持。2023 年修订的《公司法》直接将会计凭证纳入了股东查询范围，更有利于股东知情权的行使。

需要注意的是，股东起诉行使知情权时，往往需要在诉讼请求中尽可能地细化、明确所要查询的公司材料名称。例如，查阅会计账簿时是否需要包括总账、明细账、日记账和其他辅助性账簿；查阅财务会计报告时是否需要包含会计报表、会计报表附注、财务情况说明书等。股东起诉行使知情权时一定要检验核对诉讼请求中的专业会计术语是否正确，注意区分“报告”“报表”等细微字眼的差异，必要时可以结合《会计法》中的有关规定进行检验核实。

另外，股东行使知情权后要注意对于公司商业秘密的保护。对于股东行使知情权后泄露公司商业秘密导致公司利益受损的，公司法赋予了公司损害赔偿请求权，要求股东赔偿相关损失。但是对于辅助股东查阅公司文件材料的会计师、律师等人员泄露公司商业秘密导致公司利益受损的，股东并不需要与辅助人员承担连带责任。股东和辅助人员依各自的过错独立对公司承担赔偿责任。

（三）对损害股东利益行为的救济

徐某发与北京华盛景科技有限公司等损害股东利益纠纷案[①]

关键词

损害股东利益纠纷　伪造签名　股东权利

案情简介

北京华盛景科技有限公司（以下简称华盛景公司）成立于2002年1月23日，成立时注册资本为100万元，股东及其出资情况为黄某出资50万元、徐某发出资50万元。2007年3月13日，华盛景公司的注册资本由100万元增加至600万元，新增加的500万元由华多利公司出资。2007年10月15日，华盛景公司注册资本由600万元增加至1000万元，华多利公司将500万元出资转让给徐某发，新增资的400万元由徐某发出资，股东及其出资情况为徐某发出资950万元、黄某出资50万元。2008年5月14日，华盛景公司的注册资本由1000万元增加至4000万元，黄某名下的50万元出资变更至徐某发名下，新股东华多利公司出资1000万元、中诚信评估公司出资2000万元，股东及其出资情况为徐某发出资1000万元、华多利公司出资1000万元、中诚信评估公司出资2000万元。2012年5月14日，中诚信评估

① 最高人民法院民事裁定书，（2018）京民申4724号。

公司将在华盛景公司的出资2000万元转让给中诚信投资公司，华盛景公司股东及其出资情况为徐某发出资1000万元、华多利公司出资1000万元、中诚信投资公司出资2000万元。华盛景公司自成立后，法定代表人均为徐某发。

华多利公司成立于2002年3月12日，成立时注册资本为100万元，股东及其出资为黄某出资25万元，徐某发出资25万元，屠某出资5万元，朱某根出资20万元，钱某坤出资25万元。2007年1月18日，屠某、朱某根、钱某坤将其在华多利公司的出资全部转让给徐某发，黄某将其在华多利公司的出资5万元也转让给徐某发，华多利公司股东及其出资情况变更为黄某出资20万元，徐某发出资80万元。2007年3月26日，华多利公司的注册资本变更为500万元，新增资的400万元由华盛景公司出资，股东及其出资情况变更为黄某出资20万元，徐某发出资80万元，华盛景公司出资400万元。2007年10月24日，华盛景公司将其在华多利公司的出资400万元转让给徐某发，华多利公司的股东及其出资情况变更为黄某出资20万元，徐某发出资480万元。2008年1月17日，黄某将其在华多利公司的出资20万元转让给侯某，徐某发将其在华多利公司的出资105万元转让给侯某，华多利公司的股东及其出资情况变更为徐某发出资375万元，侯某出资125万元。华多利公司自成立后，法定代表人均为徐某发。

黄某曾针对华盛景公司历次股权变更所涉及的出资转让协议和股东会决议提起诉讼，主张上述出资转让协议和股东会决议上黄某的签名系伪造，或侵犯黄某的股东权利，请求法院确认无效。

判例分析

一审法院认为，黄某原为华盛景公司股东，但其在华盛景公司的股权被徐某发通过虚假的股东会决议和出资转让协议，先被稀释，后被转让，直至其失去股东资格，徐某发构成了对黄某股东权益的侵犯，徐某发应当赔偿因此给黄某造成的损失。黄某因失去华盛景公司股东资格，不能享有通过持股华盛景公司获得北内科研楼带来的利益，应认定是黄某的损失。关于这部分损失的认定，综合考虑全案情况，黄某要求徐某发赔偿经济损失 80092100 元，属于合理范围，法院予以支持。关于对北内科研楼进行价值评估以 2016 年 5 月 11 日为时点的问题，因黄某通过持股华盛景公司对北内科研楼享有权益，对北内科研楼的升值部分，黄某也享有权利，在本案中，也应当认定是黄某的损失，故法院对价值评估以 2016 年 5 月 11 日为时点予以确认。黄某主张华盛景公司与徐某发共同实施了侵权行为，理由并不充分，黄某要求华盛景公司赔偿损失的诉讼请求，法院不予支持。

一审判决后，徐某发提起上诉，二审法院未予支持，驳回上诉。

二审判决后，徐某发进一步提起再审申请。

再审法院认为，黄某原为华盛景公司股东，其出资 50 万元，占华盛景公司 50% 的股权。华盛景公司自 2007 年 3 月 12 日起的一系列增资股东会决议和 2008 年 5 月 14 日将黄某在华盛景公司的出资 50 万元转让给徐某发的出资转让协议书均为无效。徐某发采用伪造签字的方式增资扩股、转让黄某股权的行为，已经构成对黄某股东权利的侵犯，并给黄某造成损失，徐某发对此应承担相应赔偿责任。

关于赔偿范围，徐某发的侵权行为造成黄某的实际损失应包括黄某原有股份被违法转让的损失，及黄某因丧失对公司增资机会、丧失参与重大决策而导致的获取股权对应利益的损失。

关于损失的计算，北内科研楼属于华盛景公司固定资产，其对应的市场价值应列入损失计算的范围。一审法院委托评估公司出具的《房地产估价报告》显示，分别按照建筑面积 10001 平方米及相应分摊、建筑面积 11386 平方米及相应分摊进行市场价值计算，在 2016 年 5 月 11 日北内科研楼的市场价值分别为 29629.02 万元、30843.98

万元。在二审诉讼中，为保护徐某发、华盛景公司的合法权益，法院也已委托会计师事务所对华盛景公司的财务状况进行了审计。

黄某原为华盛景公司股东，但其在华盛景公司的股权被徐某发通过虚假的股东会决议和出资转让协议，先被稀释，后被转让，直至其失去股东资格，对侵权造成的损失赔偿并非正常情况下股东对公司利益的分配。一、二审法院主要考虑华盛景公司截至一审诉讼时的资产状况，并无不当。

再审法院最终驳回了徐某发的再审申请。

风险提示

股东是公司成立的基础，对于股东利益的保护不仅关系到股东个人的切身利益，更关系到公司制度本身。强化对股东利益的保护在整个公司制度中具有至关重要的地位。公司作为企业法人，拥有独立的法人财产，享有法人财产权。股东作为对公司享有权利和承担义务的人，亦拥有其个人的财产，公司法对于股东权利与公司权利进行了严格的区分。司法实践中，股东往往会因为公司利益直接受损、自身利益间接受损而向法院提起损害股东利益责任纠纷之诉。

以滥用股东权利的其他股东为被告提起的损害股东利益责任纠纷之诉系股东直接诉讼，应当与董事会或执行董事、监事会或监事收到股东的书面请求后拒绝或者在法定期限内未提起诉讼时股东以自己名义提起的损害公司利益责任纠纷之诉进行严格的区分。

二者的共同之处在于起诉的主体均系公司股东，但是无论在诉讼程序、侵权责任主体方面还是在诉讼利益的归属方面，都存在明显的差别。

关于股东滥用股东权利行为的认定。实践中，股东违反公司章程的约定或公司法的规定，由公司为其个人债务提供担保；股东行使查阅权后侵害公司商业秘密等行为均会被认定为滥用股东权利。

同时，如前所述，损害股东利益责任纠纷应以股东利益受到直接损害为限，故在起诉时，股东应当举证证明其他股东滥用股东权利的行为与其自己利益遭受损失的后果之间存在直接因果关系，其并非因为公司利益受损而间接受到损害。

最后，解决损害股东利益责任纠纷，应当首先考虑在公司内部有效化解。公司章程中应当对股东会、董事会、经理等相关人员的权限范围作出明确的约定，尤其是当公司股东身份与董事、监事等身份重叠时，极容易出现股东滥用股东权利，损害公司利益、损害公司其他股东利益的情形。股东权利的行使应做到有章可循、有规可依、有据可查，对于违反约定的权利行使行为，应当约定明确具体的惩戒措施。股东提起诉讼对于公司的生产经营活动难免造成一定程度的影响，对公司而言，形成在公司内部化解矛盾的运行机制至关重要。

法条链接

《中华人民共和国公司法》

第二十一条 公司股东应当遵守法律、行政法规和公司章程，依法行使股东权利，不得滥用股东权利损害公司或者其他股东的利益。

公司股东滥用股东权利给公司或者其他股东造成损失的，应当承担赔偿责任。

第二十二条 公司的控股股东、实际控制人、董事、监事、高级管理人员不得利用关联关系损害公司利益。

违反前款规定，给公司造成损失的，应当承担赔偿责任。

第一百九十条 董事、高级管理人员违反法律、行政法规或者公司章程的规定，损害股东利益的，股东可以向人民法院提起诉讼。

知识拓展

有关损害股东利益责任纠纷之诉的管辖问题，实践中一直存在争议。产生管辖争议的原因在于对损害股东利益责任纠纷的性质存在不同的理解。

有观点认为，损害股东利益责任纠纷属于侵权法律关系在公司法领域的体现，故可以适用侵权纠纷中有关法院管辖的规定。也有观点认为，公司法是组织法与行为法的结合，只有关于或者涉及公司的组织法性质的诉讼才可以适用公司住所地管辖。最高人民法院在（2014）民二终字第177号民事裁定书中认为，损害股东利益责任纠纷是“与公司有关的纠纷”，应当由公司住所地人民法院管辖。

笔者认为，公司住所地、侵权行为实施地、侵权结果发生地、被告住所地均能作为确定管辖法院的依据，各管辖地之间是并列关系，并非排斥关系，原告在提起诉讼时可以从方便自身、有利于查明案件真实情况、有利于纠纷更好解决的角度出发选择恰当的管辖法院。

但在实践中，不排除各地方法院对因损害股东利益责任纠纷提起的诉讼的性质存在其自身的理解，认为该纠纷仅为与公司有关纠纷，或仅认定为侵权纠纷，因此利益受损股东在起诉前仍有必要事先了解当地的审判实践，以免浪费不必要的时间和精力，增加维权成本。

另外，基于公司利益与股东利益既有联系又存在差异的特点，实践中常有股东错误地选择请求权，造成其诉讼请求被法院驳回的情形，这不仅增加了其自身的维权成本，更造成了司法资源的浪费。笔者认为，首先，利益受损股东可以选择以《公司法》第190条作为提起损害股东利益责任纠纷之诉的请求权基础。需要注意的是，该条仅适用于公司董事、高级管理人员的侵权行为。

其次，利益受损股东还可以选择以《公司法》第21条作为提起损害股东利益责任纠纷之诉的请求权基础。适用本条时，被告严格需限定为公司的其他股东，并且该法条对于请求权的规定并不完备，需要结合《民法典》侵权责任编中的一般规定一并适用。

再次，无论是选择哪一个请求权基础提起诉讼，均要求股东的利益受到直接损害。股东享有股权派生出来的各类自益权和共益权，如表决权、查阅权、分红权等，只有当股东的利益受到直接损害，公司董事、高级管理人员、其他股东的侵权行为与股东实际遭受的损害之间有直接因果关系时，才可以提起损害股东利益责任纠纷之诉。

最后，并不是所有股东利益受损的情况均需以此案由起诉，此案由仅关于股东利益受损的一般性规定，从现有司法实践来看，在损害股东利益责任纠纷这一案由之下，法院对于原告的举证责任和证明标准要求较高。

三、企业对债权人的利益责任

在企业运营中，企业的发起人，即为设立公司而签署公司章程、向公司认购出资或者股份并履行公司设立职责的人，包括有限责任公司设立时的出资人和股份有限公司的发起人；有限责任公司的股东；股份有限公司的控股股东、高级管理人员及实际控制人，出资存在瑕疵，或者滥用公司法人独立地位或股东权利，逃避债务，损害公司债权人利益的，债权人可以提起诉讼，要求股东、董事等承担连带清偿责任或补充清偿责任。

司法实践中，债权人利益遭受损害的情形多种多样，包括股东滥用公司法人独立地位和股东有限责任逃避债务，股东未出资或者抽逃出资，董事怠于履行信义义务，以及股东在公司解散后恶意处置公司财产，或者清算义务人怠于履行清算义务或虚假清算导致公司财产减损等。企业合规审查中应当注重对企业与债权人之间利益责任相关的制度设计，控制诉讼风险。

（一）发起人对债权人的赔偿责任

温州君融鞋材有限公司、王某文等追收未缴出资纠纷案①

关键词

发起人　股权转让　资本充实责任

案情简介

温州君融鞋材有限公司（以下简称君融公司）成立于2016年11月17日，系有限责任公司，由王某文和冷某军发起设立，公司注册资本为200万元，其中王某文认缴出资100万元，持股50%；冷某军认缴出资100万元，持股50%。根据《温州君融鞋材有限公司章程》规定，两人认缴的资金应在2046年12月31日前足额缴纳。

2017年6月5日，冷某军分别与王某文、吴某香签订《股权转让协议书》，约定：冷某军持有君融公司50%的股权，认缴100万元，实缴0元，现将其中10%的股权，认缴20万元，实缴0元，以实缴0元转让给王某文；将其中40%的股权，认缴80万元，实缴0元，以实缴0元转让给吴某香。未到位资金按章程于2046年12月31日前缴足。同日，君融公司召开股东会，王某文、吴某香表决通过《温州君融鞋材有限公司股东会决议》。此次股权变更后，君融公司股东变更

① 浙江省温州市中级人民法院民事判决书，（2021）浙03民终4499号。

为王某文（持股60%）、吴某香（持股40%）。

2020年10月30日，温州市中级人民法院根据债权人通凯公司的申请，依法作出（2020）浙03破申76号民事裁定书，受理对君融公司进行破产清算，并指定浙江震瓯律师事务所担任管理人。管理人在破产清算工作过程中发现，君融公司的股东均未向公司缴纳各自认缴的出资。

在破产清算程序中，经债权人申报、管理人审核并经债权人会议核查，因无人对申报的债权提出异议，温州市中级人民法院根据管理人的申请，于2021年3月15日作出（2020）浙03破55号民事裁定书，裁定确认债权人通凯公司的普通债权为1313989元。根据债权人通凯公司申报债权所依据的（2019）浙0382民初3089号及（2019）浙03民终4342号民事判决书认定，该债权因君融公司向通凯公司购买鞋底而发生，买卖双方于2018年8月间进行结算，并在当月又发生部分业务交易。

君融公司向法院起诉请求：（1）判令冷某军向君融公司补缴出资款100万元；（2）判令王某文对第一项诉讼请求承担连带责任；（3）判令王某文向君融公司补缴出资款100万元；（4）判令冷建军对第三项诉讼请求承担连带责任；（5）判令吴某香对第一项诉讼请求承担连带责任。

庭审过程中，君融公司明确其以《公司法司法解释（三）》第18条的规定作为本案的请求权基础。

判例分析

本案的核心争议焦点在于，冷某军作为公司发起人，是否应对君融公司承担未缴出资责任。

一审法院认为，本案中，虽然王某文、吴某香在受让冷某军转让的股权时，明知其未向君融公司缴纳认缴的出资，但冷某军系在其对君融公司的认缴出资期限届满之前转让股权，而君融公司的债务又形成于2018年间，即均在冷某军转让其股权之后发生。在君融公司未举证证明冷某军存在恶意逃避债务的情况下，冷某军对君融公司的出资义务，已随其股权转让而灭失，故其无须再对君融公司承担出资义务。吴某香作为受让冷某军转让的部分股权的君融公司现股东，虽亦未履行出资义务，但君融公司在本案中并未向其主张履行其自己认缴的出资义务，而是仅要求其对冷某军的出资义务承担连带责任，在冷某军的出资义务已灭失的情况下，也不存在吴某香需为冷某军的出资义务承担连带责任的问题，同理，王某文亦无须对冷某军的出资义务承担连带责任。根据本案查明的事实，王某文在受让冷某军向其转让的君融公司10%的股权后，实际持有君融公司60%的股权，对君融公司负有120万元的出资义务。冷某军虽系君融公司的发起人，但根据《温州君融鞋材有限公司章程》的规定，君融公司设立时其各股东的出资义务期限均未届至，故君融公司诉请冷某军对破产程序中其股东王某文加速到期的出资义务承担连带责任，与法不符，不予支持。

二审法院则认为，公司法赋予了资本充实责任作为发起人的法定责任，该责任因公司设立行为而产生，发起人因设立公司的合伙契约关系产生了相互间的责任牵连，形成出资担保责任。在出资期限加速到期的情况下，发起人未履行公司设立时所确定的股东出资义务即其在公司设立时认缴的出资，其他发起人对此负有连带责任。发起人转让股权后，其身份并不因股权的转让而消除或因受让人受让股权而继受其发起人身份，发起人的资本充实责任犹在，且公司注册资本亦来自发起人设立公司时的契约或初始章程，因此，发起人应对其所设定的资本负有充实责任和相互连带责任。

本案中，君融公司设立时的股东为冷某军、王某文，冷某军在认缴期限届满之前将股权零对价转让给王某文、吴某香，当时冷某军、王某文均无任何出资，此后王某文、吴某香亦无出资。发起人冷某军应当对王某文应缴纳的出资款 100 万元承担连带责任。冷某军承担责任后，可依法向王某文追偿。

风险提示

在现有的司法实践中，关于公司发起股东转让股权后是否应对公司主体债务承担补充赔偿责任这一问题，尚存在较大的争议，由此产生的同案不同判的情况客观存在，关于这一问题的理论争议同样较为尖锐。

根据《公司法司法解释（三）》第 13 条第 2 款之规定，“公司债权人请求未履行或者未全面履行出资义务的股东在未出资本息范围内对公司债务不能清偿的部分承担补充赔偿责任的，人民法院应予支持”；该条第 3 款则规定：“股东在公司设立时未履行或者未全面履行出资义务，依照本条第一款或者第二款提起诉讼的原告，请求公司的发起人与被告股东承担连带责任的，人民法院应予支持。”而根据《公司法司法解释（三）》第 18 条的规定，在“有限责任公司的股东未履行或者未全面履行出资义务即转让股权”的情况下，债权人可以要求相应股东承担该规定第 13 条第 2 款中的补充赔偿责任。

从上述规定出发，对条文表述进行理解，公司的发起人在设立时如果未履行或者未全面履行出资义务，则即使在发生股权转让行为后，公司债权人仍可以此为请求权基础，请求其在未出资本息范围内对公司债务不能清偿的部分承担补充赔偿责任。司法实践中对上述条文的不同适用，造成了案件判决的客观差异。

有观点认为，被告股东在进行股权转让时，出资期限尚未届满，在该次股权变更后，其不再是公司股东，不存在法律规定的未履行或未全面履行出资义务即转让股权的情形。另有观点认为，股权转让时出资期限未届满，被告尚不负有出资缴付义务，不构成未履行或未全面履行出资义务即转让股权。股东基于正常交易转让股权的，在股权转让后不再承担出资义务，但是股东恶意转让股权损害债权人利益的除外。

也有如本案一般，法院认为，发起人转让股权后，其发起人身份并不因股权转让而消除或因受让股权人承继其发起人身份，发起人的资本充实责任犹在，且公司注册资本亦来自发起人设立公司时的契约或初始章程。发起人应对其设定的资本负有充实责任和相互连带责任。

由于公司发起股东在股权转让之后，其股东身份的承继，包括资本充实责任的承担等问题尚未统一，由此产生的判决结果随之产生差异。

对于企业主体而言，在注册资本认缴制环境下，关于公司发起股东应否承担本文所述的债务补充赔偿责任这一问题的认定情况如下：公司发起股东在出资期限届满后转让股权的，一般应当承担基于违反出资义务的法律责任。而公司发起股东在出资期限届满前转让股权的，则应当综合考量债务发生时间、股权转让方有无主观恶意等要素进行判断。公司发起股东在公司债务产生后恶意转让股权的，其主观恶意的存在，使其出资期限利益无法对抗对债权人的利益保护，应要求其承担相应的补充赔偿责任。而在其他情形下，在股东出资期限利益与对债权人的利益保护的平衡之间，应当充分尊重股东的出资期限利益，在股东的权利义务发生转移的情况下，不应要求发起股东承担补充赔偿责任。

因此，企业股东应当在充分考量企业债务发生时间、主观恶意等因素后进行股权转让，建议聘请专业律师、会计师等，拟定股权转让条款并对公司债务情况等进行审计以规避未来可能产生的发起人资本充实责任。

法条链接

《最高人民法院关于适用〈中华人民共和国公司法〉若干问题的规定（三）》

第十三条 股东未履行或者未全面履行出资义务，公司或者其他股东请求其向公司依法全面履行出资义务的，人民法院应予支持。

公司债权人请求未履行或者未全面履行出资义务的股东在未出资本息范围内对公司债务不能清偿的部分承担补充赔偿责任的，人民法院应予支持；未履行或者未全面履行出资义务的股东已经承担上述责任，其他债权人提出相同请求的，人民法院不予支持。

股东在公司设立时未履行或者未全面履行出资义务，依照本条第一款或者第二款提起诉讼的原告，请求公司的发起人与被告股东承担连带责任的，人民法院应予支持；公司的发起人承担责任后，可以向被告股东追偿。

股东在公司增资时未履行或者未全面履行出资义务，依照本条第一款或者第二款提起诉讼的原告，请求未尽公司法第一百四十七条第一款规定的义务而使出资未缴足的董事、高级管理人员承担相应责任的，人民法院应予支持；董事、高级管理人员承担责任后，可以向被告股东追偿。

第十八条 有限责任公司的股东未履行或者未全面履行出资义务即转让股权，受让人对此知道或者应当知道，公司请求该股东履行出资义务、受让人对此承担连带责任的，人民法院应予支持；公司债权人依照本规定第十三条第二款向该股东提起诉讼，同时请求前述受让人对此承担连带责任的，人民法院应予支持。

受让人根据前款规定承担责任后，向该未履行或者未全面履行出资义务的股东追偿的，人民法院应予支持。但是，当事人另有约定的除外。

知识拓展

司法实践中，判令有限责任公司发起股东对公司债权人承担补充赔偿责任的极为关键的法律条文，即《公司法司法解释（三）》第13条、第17条。然而，公司设立认缴登记制，是在2013年《公司法》的修改后作出的重要调整。而《公司法司法解释（三）》则是在2010年12月6日由最高人民法院通过，自2011年2月16日正式施行。2020年12月29日公布了修正后的新《公司法司法解释（三）》第13条、第17条亦沿用了2010年《公司法司法解释（三）》第13条、第18条的相关规定。换言之，《公司法司法解释（三）》针对有限公司发起股东对公司债权人承担补充赔偿责任适用规则的出台，是以当时的注册资本实缴制的公司设立制度为基础。

在注册资本实缴制的背景下，有限责任公司的注册资本即全体股东认缴的出资额，法律对股东的首次出资额，以及出资期限进行了明确的限制。因此，有限责任公司的发起股东，在公司设立之初即负有一定比例的强制出资义务，股东的出资期限利益被较大限制。在此前提下，《公司法司法解释（三）》第13条中的条文规定与之相对，对未履行或未完全履行出资义务的股东的责任判定相较严格。该条第3款中规定的“股东在公司设立时未履行或者未全面履行出资义务”的责任承担，符合注册资本实缴制模式下对股东出资的要求。

但是，随着注册资本认缴制的确立，有限责任公司股东被赋予更全面的出资期限利益。根据新《公司法》第47条第1款规定，全体股东认缴的出资额由股东按照公司章程的规定自公司成立之日起5年内缴足。在注册资本认缴制下，股东应当按期足额缴纳公司章程规定的认缴出资额，股东对于认缴的出资享有期限利益，在出资期限届满前无实际出资的义务。《公司法司法解释（三）》出台于公司认缴制改革之前的实缴制背景下，其所规制的对象即为抽逃出资、出资不实等瑕疵出资情形。因此，该司法解释在认缴制模式下的公司纠纷的适用，应当慎之又慎。笔者认为，司法实践中不应当直接适用《公司法司法解释（三）》第13条的规定，判令有限责任公司发起股东承担对公司债权人的补充赔偿责任。

（二）股东对债权人的赔偿责任

文华盛典（北京）投资有限公司与北京全视角影视文化传媒有限公司股东损害公司债权人利益责任纠纷案[①]

关键词

股东损害公司债权人利益责任纠纷　加速到期　赔偿责任

案情简介

华语圈公司系自然人投资或控股的有限责任公司，成立于2015年12月3日，注册资本为5600万元，法定代表人为姜某臣，营业期限自2015年12月3日至2035年12月3日。该公司工商登记的股东为：文华盛典（北京）投资有限公司（以下简称文华盛典公司）（持股比例20%）、刘某龙（持股比例60%）、王某斌（持股比例20%）。该公司2020年企业年报显示：文华盛典公司认缴出资1120万元，认缴出资时间为2035年12月1日，实缴出资300万元，实缴出资时间为2016年7月22日；刘某龙认缴出资3360万元，认缴出资时间为2035年12月1日，实缴出资150万元，实缴出资时间为2016年7月22日；王某斌认缴出资1120万元，认缴出资时间为2035年12月1日，实缴出资0元。

① 北京市第二中级人民法院民事判决书，（2023）京02民终341号。

2021 年 5 月 19 日，北京市西城区人民法院（以下简称西城法院）作出（2020）京 0102 民初 6126 号民事判决书，判决：（1）确认北京全视角影视文化传媒有限公司（以下简称全视角公司）与华语圈公司签署的《电影〈危险局势〉（暂定名）联合投资及制作合作协议》于判决生效之日解除；（2）华语圈公司于判决生效之日起 15 日内偿还全视角公司投资款 1800 万元并支付利息、违约金；（3）华语圈公司于判决生效之日起 15 日内支付全视角公司设备运输费 143876.4 元；（4）驳回全视角公司的其他诉讼请求。后华语圈公司提起上诉，北京市第二中级人民法院于 2021 年 9 月 29 日作出（2021）京 02 民终 11604 号民事判决书，判决驳回上诉，维持原判。

后华语圈公司未履行生效判决确定的义务，全视角公司向西城法院申请强制执行，西城法院于 2022 年 1 月 5 日作出（2021）京 0102 执 17042 号执行裁定书，以未发现被执行人名下有直接可供执行的财产为由终结了本次执行程序。

后全视角公司申请追加文华盛典公司为其与华语圈公司执行案件的被执行人，西城法院于 2022 年 1 月 13 日作出（2021）京 0102 执异 1029 号执行裁定书，以无法与文华盛典公司取得联系并已送达相关材料为由终结了审查程序。全视角公司同时申请了追加王某斌及刘某龙为被执行人，西城法院作出相应裁定准予追加王某斌、刘某龙为（2021）京 0102 执 17042 号执行案件的被执行人，各自在未出资范围内承担连带责任。

判例分析

一审法院认为，本案系债权人以公司不能清偿到期债务为由，请求未届出资期限的股东在未出资范围内对公司不能清偿的债务承担补充赔偿责任的纠纷争议，本案的争议焦点为：文华盛典公司的出资是否应当加速到期。

在注册资本认缴制下，股东依法享有期限利益。债权人以公司不能清偿到期债务为由，请求未届出资期限的股东在未出资范围内对公司不能清偿的债务承担补充赔偿责任的，人民法院不予支持。但是，下列情形除外：（1）公司作为被执行人的案件，人民法院穷尽执行措施无财产可供执行，已具备破产原因，但不申请破产的；（2）在公司债务产生后，公司股东（大）会决议以其他方式延长股东出资期限的。此处所述的“已具备破产原因”是指符合《企业破产法》第2条第1款的规定，即“企业法人不能清偿到期债务，并且资产不足以清偿全部债务或者明显缺乏清偿能力”。

本案中，华语圈公司作为被执行人的四起案件中，人民法院穷尽执行措施无财产可供执行，均已作出终结执行程序的裁定，该公司未履行债务金额合计2061.34万元。现文华盛典公司仅举证证明华语圈公司对案外人享有134200元的债权，未能举证证明华语圈公司的资产能够偿付全部负债。因此，现有证据显示华语圈公司不能清偿到期债务，且资产不足以清偿全部债务或者明显缺乏清偿能力，已具备破产原因，但未申请破产，此时股东的出资应当加速到期，债权人有权要求股东在未出资范围内对华语圈公司不能清偿的债务承担补充赔偿责任。文华盛典公司辩称华语圈公司不具备破产原因的意见，缺乏充分证据证实，一审法院不予采信。

据此，一审法院判决文华盛典公司在未出资670万元范围内对（2020）京0102民初6126号民事判决书及（2021）京02民终11604号民事判决书所确定的华语圈公司所负债务未能清偿的部分承担补充赔偿责任。

二审法院认为，一审判决认定事实清楚，适用法律正确，驳回了文华盛典公司的上诉请求。

风险提示

股东损害公司债权人利益责任纠纷，是指有限责任公司的股东，股份有限公司的控股股东、高级管理人员及实际控制人滥用公司法人独立地位或股东权利，逃避债务，严重损害公司债权人利益，债权人因此而提起诉讼，要求股东承担连带清偿责任或补充赔偿责任的纠纷。

实践中，股东损害公司债权人利益的情形多种多样，主要包括股东滥用公司法人独立地位和股东有限责任逃避债务，股东未出资或者抽逃出资，以及股东在公司解散后恶意处置公司财产，或者清算义务人怠于履行清算义务或虚假清算导致公司财产减损，损害公司债权人利益等。

司法实践中，因股东出资存在瑕疵而引起的股东损害公司债权人利益责任纠纷最为常见。如在本案中，只要具备破产原因，即使公司未被申请破产，未届出资期限的股东也应当缴纳所认缴的出资。债权人可以主张股东出资期限加速到期，起诉要求未出资完全的股东承担赔偿责任。

另一类常见的因股东出资问题造成的股东损害公司债权人利益的情形是股东的抽逃出资，即股东在公司验资注册后，将所缴出资暗中撤回，却仍保留股东身份和原有出资数额的一种欺诈性违法行为。

对于股东来说，应注意减少或者避免无偿使用公司的借款，以及从公司借的款项要尽快偿还，不然款项有被认定为抽逃出资的风险。股东应注意程序的合法性：股东与公司发生资金往来时，包括关联交易、减资、分红、借款等情形，应满足合规性要求，依公司法、公司章程或公司基本制度、规章等规定的决策审批程序，按照有关要求履行公司内部的审批决策程序，避免落入“其他未经法定程序将出资抽回的行为”的范围。在股东和公司之间频繁调度资金危险大，特别是应减少或者避免使用“往来款”的名义在公司和股东之间频繁地调度资金。股东应尽可能地遵守公司合规性要求，减少或者避免在未经决策程序、未完善减资手续或未完善相关借款合同的前提下随意动用公司的资金。无论是出于提高资金利用率的目的，还是其他商业目的，从公司任意支取资金的行为都极有可能被认定为抽逃出资。

对公司主体来说，因为股东抽逃出资是公司内部走账，对外一般也会有验资报告，具有很高的隐蔽性，所以，公司债权人一般很难从形式上发现公司股东的抽逃行为，而需要从验资账户、财务会计账簿、明细等入手，进行详细的调查后才能发现端倪。故公司主体应当在日常生活中加强对验资账户、财务会计账簿、明细的关注和调查。为避免股东对“股东抽逃部分出资，经催缴而未补缴，解除其相应部分股权”的决议效力产生争议，同时督促股东及时足额出资，公司应注明补缴期限，将抽逃责任等内容写入公司章程，以避免诉讼风险。在签订出资协议时，公司应为股东及时实缴出资设置违约条款，通过由违约股东向守约股东支付违约金的方式督促全体履行出资义务，增强对信守出资义务股东利益的保护。在发现股东存在抽逃出资的情形时，应及时保留证据，更好地维护企业主体权益。

法条链接

《中华人民共和国企业破产法》

第二条　企业法人不能清偿到期债务，并且资产不足以清偿全部债务或者明显缺乏清偿能力的，依照本法规定清理债务。

企业法人有前款规定情形，或者有明显丧失清偿能力可能的，可以依照本法规定进行重整。

《最高人民法院关于适用〈中华人民共和国企业破产法〉若干问题的规定（一）》

第二条　下列情形同时存在的，人民法院应当认定债务人不能清偿到期债务：

（一）债权债务关系依法成立；

（二）债务履行期限已经届满；

（三）债务人未完全清偿债务。

第三条 债务人的资产负债表，或者审计报告、资产评估报告等显示其全部资产不足以偿付全部负债的，人民法院应当认定债务人资产不足以清偿全部债务，但有相反证据足以证明债务人资产能够偿付全部负债的除外。

第四条 债务人账面资产虽大于负债，但存在下列情形之一的，人民法院应当认定其明显缺乏清偿能力：

（一）因资金严重不足或者财产不能变现等原因，无法清偿债务；

（二）法定代表人下落不明且无其他人员负责管理财产，无法清偿债务；

（三）经人民法院强制执行，无法清偿债务；

（四）长期亏损且经营扭亏困难，无法清偿债务；

（五）导致债务人丧失清偿能力的其他情形。

知识拓展

对于企业主体和出资义务履行完全的股东来说，还应当避免因人格混同造成的对债权人的赔偿责任。

人格混同，是指公司与股东或其他公司的人格完全混为一体，以至于形成股东即公司或公司即股东或无法实质区分两家公司的情形。

为规避因人格混同导致股东或关联公司对公司债务承担连带责任的风险，笔者从人事、业务、财务等方面提出以下建议：

在人事方面，对于法定代表人、总经理、财务负责人、会计、出纳、项目负责人等应由各关联公司自行聘任，在股东方面也不要完全重合。不同公司尽量聘用不同的人员，若没有相应条件，需聘用相同的人员，则应尽量在对外签订协议时保持人员区分。

在业务方面，公司应该通过公司章程或其他组织文件完善公司治理机构设置；明确股东会、董事会、总经理在经营管理方面的职权分工，并明确董事、总经理等的选任和免职程序。各关联公司需要相互配合，特别是营业执照上的经营范围不要重合，经营的业务领域和目标客户等也要互相独立。各关联通公司对外做到独立宣传，特色明显，不同公司尽量根据经营范围、经营区域划分业务，做到泾渭分明。公司的公章、其他业务章分别保管，业务文件的制定采用不同版本，避免混淆。

在财务方面，公司应该独立进行财务管理，防止资金混同，区分股东的收益与公司的收益；区分股东的个人债务和公司的债务；区分各自的营业场地、主要设备和办公设施。公司应避免出现股东随意挪用公司资金，转移公司资产，或无偿使用公司资产等情形。各公司应建立独立的账户与账簿，资金来往需有合同依据，资金审批避免同一人经手，财务印章不可混合使用，各类债权债务、营业收入、业绩、账务均独立核算。在对外经营过程中，公司应明确记录出资情况和相关经办人员，经办人员与出资事务一一对应，若出现不能对应的情形，则应提前准备“情况说明”等文件，避免混淆。公司股东或关联公司切勿随意支取公司款项，或无偿占用公司财产不作记载。当公司债务出现后，股东切勿0元转让股权，避免产生恶意逃避债务之嫌。

（三）董事对债权人的赔偿责任

斯曼特微显示科技（深圳）有限公司与胡某生等损害公司利益责任纠纷案[①]

关键词

出资催缴义务　董事勤勉义务　连带赔偿责任

案情简介

斯曼特微显示科技（深圳）有限公司（以下简称深圳斯曼特公司）成立于2005年1月11日，系外国法人独资的有限责任公司，股东为SOUTHMOUNTAINTECHNOLOGIES，LTD.（中文译名为斯曼特微显示科技有限公司，以下简称开曼斯曼特公司），认缴注册资本额为1600万美元。2005年1月5日，股东开曼斯曼特公司签署深圳斯曼特公司章程。深圳斯曼特公司原名称为“深圳斯曼特微显示科技有限公司”，2005年4月5日变更为“斯曼特微显示（深圳）有限公司”。2005年1月11日至2006年12月29日，胡某生、薄某明、史某文担任深圳斯曼特公司董事，其中胡某生为董事长、法定代表人。2006年12月30日起，贺某明、王某波、李某滨担任深圳斯曼特公司董事，其中贺某明为董事长、法定代表人。

① 最高人民法院民事判决书，（2018）最高法民再366号。

深圳斯曼特公司章程规定，公司成立后 90 日内股东应缴付出资 300 万美元，第一次出资后一年内应缴付出资 1300 万美元；公司成立之日即为董事会生效日，董事会由 6 名成员组成，均为股东公司的董事，以反映股东董事会的意愿；董事会是公司最高权力机关，拥有法律赋予的最终决定权，并承担制订对公司决定有关经营管理和事务之总体政策的责任；董事会拥有和行使所有属于公司或与公司有关的事项的最终决定权，并且决定所有与公司有关的重大事项；每次董事会会议的法定出席人数不得少于 5 人，法定出席人数不足的董事会会议通过的决议无效。

股东开曼斯曼特公司于 2005 年 3 月 16 日至 2005 年 11 月 3 日分多次出资后，仍欠缴出资 5000020 美元。2011 年 8 月 31 日，一审法院作出（2010）深中法民四初字第 54 号民事裁定书，裁定追加开曼斯曼特公司为被执行人，在 5000020 美元范围内对深圳斯曼特公司债权人捷普电子（苏州）有限公司承担清偿责任。经强制执行，深圳斯曼特公司股东开曼斯曼特公司仍欠缴出资 4912376.06 美元。因开曼斯曼特公司没有其他可供执行的财产，一审法院于 2012 年 3 月 21 日裁定终结该次执行程序。

深圳斯曼特公司在《关于（2015）深中法初字第 8 号案件诉讼请求的说明》中明确，深圳斯曼特公司所遭受的损失金额即为深圳斯曼特公司股东所欠缴的出资 4912376.06 美元，其将诉讼请求第一项修改为：胡某生等 6 名董事对深圳斯曼特公司股东欠缴出资所造成的深圳斯曼特公司的损失 4912376.06 美元（以深圳斯曼特公司破产案件受理日 2013 年 6 月 3 日当日美元兑人民币汇率中间价折算，折合人民币 30118760.10 元）承担连带责任。

判例分析

最高人民法院认为，本案系损害公司利益责任纠纷，争议焦点是胡某生等6名董事是否应对深圳斯曼特公司股东所欠出资承担赔偿责任。

《公司法》虽然没有列举董事勤勉义务的具体情形，但是董事负有向未履行或未全面履行出资义务的股东催缴出资的义务，这是由董事的职能定位和公司资本的重要作用决定的。根据董事会的职能定位，董事会负责公司业务经营和事务管理，董事会由董事组成，董事是公司的业务执行者和事务管理者。股东全面履行出资是公司正常经营的基础，董事监督股东履行出资是保障公司正常经营的需要。

在公司注册资本认缴制下，公司设立时认缴出资的股东负有的出资义务与公司增资时是相同的，董事、高级管理人员负有的督促股东出资的义务也不应有所差别。本案深圳斯曼特公司是外商独资企业，实行注册资本认缴制。在公司注册资本认缴制下，股东未履行或未全面履行出资义务，董事、高级管理人员负有向股东催缴出资的义务。根据《公司法》第188条的规定，董事、监事、高级管理人员执行职务违反法律、行政法规或者公司章程的规定，给公司造成损失的，应当承担赔偿责任。

根据一、二审判决查明的事实，本案胡某生等6名董事在股东开曼斯曼特公司认缴出资额期限届满即2006年3月16日之后均担任过深圳斯曼特公司董事。胡某生等6名董事作为深圳斯曼特公司的董事，同时是股东开曼斯曼特公司的董事，对股东开曼斯曼特公司的资产情况、公司运营状况均应了解，具备监督股东开曼斯曼特公司履行出资义务的便利条件。胡某生等6名董事未能提交证据证明其在股东出资期限届满即2006年3月16日之后向股东履行了催缴出资的义务，以消极不作为的方式违反了董事的勤勉义务。

本案中，股东开曼斯曼特公司未缴清出资的行为实际损害了深圳斯曼特公司的利益，胡某生等6名董事的消极不作为放任了实际损害的持续。股东开曼斯曼特公司欠缴的出资即为深圳斯曼特公司遭受的损失，开曼斯曼特公司欠缴出资的行为与胡某生等 6 名董事的消极不作为共同造成了损害的发生、持续，胡某生等 6 名董事未履行向股东催缴出资义务的行为与深圳斯曼特公司所受损失之间存在法律上的因果关系。胡某生等 6 名董事未履行向股东催缴出资的勤勉义务，违反了《公司法》第 147 条第 1 款的规定，对深圳斯曼特公司遭受的股东出资未到位的损失，应承担相应的赔偿责任。

风险提示

现阶段，司法实践中对于公司董事怠于履行出资催缴义务的情况下其是否应当承担责任，应当承担怎样的责任，具有较大的分歧。

如在本案中，法院认为，胡某生等 6 名董事作为涉案公司的董事和股东，有责任了解公司的资产和运营情况，并具备监督股东履行出资义务的能力。然而，胡某生等 6 名董事消极不作为，违反了董事的勤勉义务。由于股东未能完全履行出资义务导致实际损害，而胡某生等 6 名董事的消极不作为放任实际损害的发生，从而构成了法律上的因果关系。因此，他们应当承担连带赔偿责任。

有观点认为，董事是否怠于催缴出资，均无法改变该公司不能全面履行出资义务的客观事实，不应当要求董事承担赔偿责任。也有观点认为，董事的消极不作为违反了其勤勉义务，导致了债权人的利益受损，董事应当承担补充赔偿责任。

由此可见，关于董事是否应当承担责任、应当承担怎样的责任的问题，存在类案不同判的客观情况。此外，在要求未履行对股东出资的催缴义务的董事承担赔偿责任的前提下，董事究竟应当对何方主体承担责任，同样需要作区分讨论。

对于债权人而言，在公司资产不足以清偿公司的债务的情况下，公司债权人起诉要求董事承担赔偿责任，是司法实践中的常见情形。

在通常情况下，董事等通过实施代表或代理行为，在公司和债权人之间建立债权债务关系，公司应当向债权人承担责任；董事负有责任的，应由公司在内部向董事追偿，以恢复公司的偿付能力，但债权人不得越过公司要求董事承担责任。但在例外情形下，董事存在故意或重大过失并直接损害债权人的，债权人可以依法追究董事赔偿责任或要求董事与公司承担连带责任；董事与公司共同损害债权人的，应当承担连带赔偿责任。根据新《公司法》第 51 条的规定，董事会未及时履行出资催缴义务，给公司造成损失的，负有责任的董事应当承担赔偿责任。

对于企业而言，董事基于自身的专业知识，对公司运行进行管理，对重大事项进行决策，在其未履行对出资存在瑕疵的股东的出资催缴义务的情况下，其所应当承担的责任，既可以理解为是对公司承担责任，也可以理解为是对已经完全履行出资义务的股东承担责任。而此种责任的承担，在性质上应当属于因管理行为不当而产生的责任，更接近于因工作失误而应受的公司处罚。此种董事责任的承担，应当主要以公司章程中的相关规定作为责任承担的依据。建议公司章程针对董事履行勤勉义务的实际情况设置相应的奖惩制度。

对于董事而言，从本质上看，造成债权人债权无法实现的直接原因在于部分股东未履行或未完全履行出资义务，直接责任主体当然是存在出资瑕疵的公司股东。董事应对债权人承担补充赔偿责任的原因在于，董事未能履行公司法规定下的董事勤勉义务。《公司法司法解释（三）》规定董事需承担未履行应尽勤勉义务下的相应责任。但是，董事因未履行出资催缴义务而承担的补充责任，相较股东的赔偿责任，属于第二顺序责任，其有权要求造成债权人债权无法实现的直接主体承担赔偿责任，也即前述董事、高级管理人员承担责任后，可以向被告股东追偿。但在此之前，董事当然地应当履行应尽的包括出资催缴义务等在内的董事勤勉义务，对出资存在瑕疵的股东通过书面通知等方式进行督促，并留存书面证据材料以规避可能产生的法律责任。

法条链接

《中华人民共和国公司法》

第四十九条　股东应当按期足额缴纳公司章程规定的各自所认缴的出资额。

股东以货币出资的，应当将货币出资足额存入有限责任公司在银行开设的账户；以非货币财产出资的，应当依法办理其财产权的转移手续。

股东未按期足额缴纳出资的，除应当向公司足额缴纳外，还应当对给公司造成的损失承担赔偿责任。

第一百七十九条　董事、监事、高级管理人员应当遵守法律、行政法规和公司章程。

第一百八十条　董事、监事、高级管理人员对公司负有忠实义务，应当采取措施避免自身利益与公司利益冲突，不得利用职权牟取不正当利益。

董事、监事、高级管理人员对公司负有勤勉义务，执行职务应当为公司的最大利益尽到管理者通常应有的合理注意。

公司的控股股东、实际控制人不担任公司董事但实际执行公司事务的，适用前两款规定。

知识拓展

从本质上讲，董事勤勉义务属于董事信义义务的组成内容。

所谓信义义务，是指当事人之间基于信义关系而产生的义务。董事信义义务起源于英国衡平法，至今已成为公司控制权架构与公司法的核心内容，其中主要包括两种义务：忠实义务与注意义务。前者要求义务人应当把委托人利益置于个人利益之上，个人利益不得与委托人利益相冲突，强调忠实；后者要求受托人应当以应有的勤勉、技能与谨慎去处理受托事务，强调称职。

我国公司法同样引入了信义义务这一概念，在《公司法》中将其具体表述为忠实义务、勤勉义务。《公司法》第180条规定："董事、监事、高级管理人员对公司负有忠实义务，应当采取措施避免自身利益与公司利益冲突，不得利用职权牟取不正当利益。董事、监事、高级管理人员对公司负有勤勉义务，执行职务应当为公司的最大利益尽到管理者通常应有的合理注意。"《公司法》第181条对董事的忠实义务进行了明确的列举，而关于董事的勤勉义务则未作明确的列举。

公司董事的勤勉义务要求董事在主观上尽职尽责，从公司整体利益出发，为公司争取最大化的合法权益，在客观上根据自身的知识水平和能力合理地开展公司的生产经营，并尽到与自身能力相匹配的应有注意义务。

因此，判断公司董事对股东出资的催缴义务是否属于董事勤勉义务也应当从此标准出发，结合董事勤勉义务的主客观标准对其进行法律性质上的判断。

从主观心态来看，董事作为公司的运营管理者和重大事项决策者，其当然地应该主动要求股东履行出资义务，用以充实公司资本。从为公司谋取利益的最大化角度来看，董事并无相反的理由以证成公司资本不足会为公司发展带来利好。

从客观行为来看，在公司董事与公司股东出资这一问题上，首先，即使不具备专业知识的普通民事主体，也可以基于合理判断，认为股东的瑕疵出资对公司并无积极作用，更遑论具有专业经营知识的公司董事；其次，公司股东的实际出资情况对公司董事而言并无信息获取的现实困境；最后，公司董事应当对股东的行为进行监督，股东出资行为当然也涵盖于此。

四、其他应重点审查的内容

除注重对企业资本、股东权利进行保护，并关注企业与债权人之间的利益责任外，企业合规建设还应当重点关注对企业利益的保护。实践中，损害公司利益的情形多种多样，主要包括挪用或侵占公司资金、违规关联交易、谋取属于公司的商业机会、违反竞业禁止义务等。不同情形之下的法律适用也不尽相同。该类案件与商业行为密切关联，导致在个案审查中对公司利益的衡量缺乏统一的标准。

所谓损害公司利益责任纠纷，是指因公司股东滥用股东权利或者董事、监事、高级管理人员违反法定义务，损害公司利益而引发的纠纷。根据《公司法》的相关规定，股东滥用股东权利给公司造成损失，以及董事、监事及高级管理人员执行公司职务时违反法律、行政法规或公司章程的规定给公司造成损失的，均应承担赔偿责任。因此，企业应当重点审查公司决议、关联交易等内容，维护公司利益。

（一）对公司决议的审查

深圳北大双极高科技股份有限公司与杨某昌股东会或者股东大会、董事会决议效力确认纠纷案[①]

关键词

公司决议　损害公司利益　滥用股东权利

案情简介

2001年5月28日，深圳北大双极高科技股份有限公司（以下简称北大双极公司）注册登记成立，注册资本为8700万元，公司性质为股份有限公司。公司发行股份8700万股，每股发行价格为1元。2005年1月13日，北大双极公司修正章程后，载明的北大双极公司股东及其出资额、出资比例分别为：中电公司，现金出资1885万元，出资比例为21.67%；洋浦公司，现金出资174万元，出资比例为2%；中核公司，现金出资2755万元，出资比例为31.67%；云南公司，现金出资696万元，出资比例为8%；北大开发部，工业产权和非专利技术出资1450万元，出资比例为16.66%；杨某昌，出资1740万元（含工业产权和非专利技术出资1450万元、现金出资290万元），其中现金出资290万元系公司设立时暂由杨某昌持有，为预

① 北京市第二中级人民法院民事判决书，（2014）二中民（商）终字第11391号。

留给公司管理层的股份，出资比例为20%。案件审理过程中，双方当事人确认：杨某昌无现金出资，其持有的现金出资的290万元，实由其他股东出资，该部分股份至法庭辩论终结时未向公司管理层分配。

2005年6月20日，北大双极公司召开临时股东大会，形成会议决议，内容为：公司全体股东参加了本次股东大会，各家股东针对公司目前的技术、市场、生产经营和投资者关系等各方面充分发表了意见，形成决议如下：（1）同意现金出资股东从公司免息借回2100万元现金，借款期限一年，借款股东的借款额根据其出资比例确定，授权公司总经理与借款股东签订借款协议并办理借款手续；（2）同意调整公司今后的经营方针，尽量缩减开支，“最小化经营”，今后的费用开支由总经理提出，报董事长批准后实施。中核公司、中电公司、洋浦公司、云南公司、北大开发部均在决议尾部签章，杨某昌签名并注明：“持保留意见。”

在案件审理过程中，双方当事人确认：决议形成后，现金出资的股东均按出资比例从北大双极公司处获得免息借款。北大双极公司称决议形成后，现金出资股东均与北大双极公司签订借款协议、办理借款手续，且借款事项已计入北大双极公司账目；北大双极公司认可，现金出资股东借款后至今未偿还。

此外，杨某昌曾以北大双极公司无法实现预期经营目标和经营目的为由，将北大双极公司诉至一审法院，要求判决解散北大双极公司。一审法院经审理后，作出判决判令北大双极公司解散。北大双极公司不服一审判决，提起上诉。二审法院认为，“北大双极公司自2005年起已经停止经营，公司的绝大部分流动资金已经被现金出资的股东按照出资比例，以免息借款的形式借走”，认定北大双极公司经营管理发生严重困难，且无改善可能，公司继续存续会使股东利益受到重大损失。最终驳回上诉，维持原判。

判例分析

一审法院认为，内容违反法律、行政法规的强制性规定的股东大会决议无效。依据《公司法》的相关规定，公司股东应当依法行使股东权利，不得滥用股东权利损害公司或其他股东利益，不得滥用公司法人独立地位和股东有限责任损害公司债权人的利益。本案中，北大双极公司2005年6月20日形成的临时股东大会决议，其内容为现金出资股东根据出资比例从公司免息借回现金，公司调整经营方针为实行“最小化经营”，尽量缩减开支。现金出资的股东均系北大双极公司，依据该项决议，股东从公司借款，形成公司与股东之间资金的拆借，且无须支付利息，损害了其他股东及债权人的利益，而公司实行最小化经营，与借出现金事项密切相关，因此，该决议违反了《公司法》关于公司股东不得滥用股东权利的规定，应属无效。

北大双极公司不服一审判决，提起上诉。

二审法院认为，2013年《公司法》第20条第1款规定：“公司股东应当遵守法律、行政法规和公司章程，依法行使股东权利，不得滥用股东权利损害公司或者其他股东的利益；不得滥用公司法人独立地位和股东有限责任损害公司债权人的利益。”2013年《公司法》第22条第1款规定：“公司股东会或者股东大会、董事会的决议内容违反法律、行政法规的无效。”本案中，根据北大双极公司2005年6月20日形成的临时股东大会决议，北大双极公司将其当时绝大部分流动资金以免息借款的形式出借给现金出资股东，现金出资股东根据其出资比例确定借款数额，现金出资股东将该2100万元借走后，北大双极公司基本没有其他流动资金，公司实行“最小化经营”。北大双极公司的全体股东出席了该次股东大会，所有现金出资股东均同意该决议，杨某昌则“持保留意见”，由此可见，北大双极公司的现金出资股东在2005年6月20日作出临时股东大会决议时显然属于滥用股东权利，损害了北大双极公司及杨某昌的利益，该决议亦因其内容违反法律规定而无效。

最终，二审法院判定驳回北大双极公司的上诉请求，维持原判。

风险提示

公司决议纠纷，是因公司股东会、董事会决议的内容或程序违反法律、行政法规，股东及利害关系人向人民法院提起的确认公司决议效力或撤销公司决议的诉讼。公司决议一般是股东会决议，公司的重大事项必须通过股东会表决，表决通过后最终形成公司决议。公司作为法律拟制的人，其意思表示须由公司内部权力机关形成，通过股东会、董事会作出的决议作为公司对外的意志体现。公司决议体现了公司经营决策、内部治理的意志，其效力与公司发展及股东权益紧密相连。司法实践中，公司决议纠纷往往伴随着公司控制权的争夺、更迭而产生，围绕相关股东会及董事会的决议之效力，可能产生决议不成立、无效、撤销三类诉讼。

公司股东会决议要想产生法律效力，在其内容符合法律、行政法规规定的基础上，股东会会议的召集程序、表决方式还应符合法律、公司章程规定的关于决议事项的程序性规定。简言之，股东会决议的有效，要同时符合内容合法和程序合法合章两个前提条件。享有绝对多数表决权的股东，要想将其意志转化为公司意志，也应当依照公司法和公司章程规定的程序实际召开股东会会议，并就决议事项进行表决并作出有效的股东会决议。

如本案中，北大双极公司的现金出资股东在 2005 年 6 月 20 日作出临时股东大会决议时显然属于滥用股东权利，损害了北大双极公司及杨某昌的利益，该决议亦因其内容违反法律规定、损害公司利益而无效。如果公司的股东会决议的内容实际损害了公司股东的固有权利，即便该决议已经经过公司的多数股东投票表决同意，也存在被认定为无效的可能。

公司决议行为与一般民事行为的“合意”形成机制存在差别，因而为使决议产生的约束力更具正当性，需要在决议形成的程序上进行更为特殊的设计，以“程序正当”这一看得见的“公平”作为实现决议内容“实体正当”的前提。

公司决议的成立，需要满足三个基本要件。

一是意思表示的主体需要真实存在，《公司法》对股份公司董事会的出席数进行了明确规定，实践中，出席人数不足的原因往往是未履行有效的会议召集程序，或者未召开会议而虚构决议，导致作出公司决议的意思表示主体不真实存在。

二是意思表示行为需要真实存在。这意味着需同时满足以下两点要求：公司应该按照章程规定的议事方式召开会议或直接作出决定；表决结果达到公司法及章程规定的通过比例，意思表示行为有效成立。股东会职权范围内的事项通常与公司利益、股东切身利益息息相关，因此除按照法律规定或公司章程的约定，该等事项经全体股东书面一致同意，可以不召开会议外，股东实际参与并作出真实意思表示是决议成立的必要前提。否则，因没有召开会议而伪造会议记录的，视为程序严重违法，决议不存在。

三是意思表示的客体需要真实存在。会议需要有决议的事项，且需针对决议事项进行表决。实践中，有公司会将一定金额或规模以上的对外投资事项规定为股东会决议事项，在将该投资事项作为议案提交审议后，又另行提交拟签署的合同作为议案。由于按照公司章程的规定，合同审批无须经股东会审议，因此合同的内容并非股东会决议的事项。相应地，若存在明确的股东会议案，但在会上未对该议案进行决议，则针对该项议案的决议并不成立。

法条链接

《中华人民共和国公司法》

第二十一条　公司股东应当遵守法律、行政法规和公司章程，依法行使股东权利，不得滥用股东权利损害公司或者其他股东的利益。

公司股东滥用股东权利给公司或者其他股东造成损失的，应当承担赔偿责任。

第二十三条　公司股东滥用公司法人独立地位和股东有限责任，逃避债务，严重损害公司债权人利益的，应当对公司债务承担连带责任。

股东利用其控制的两个以上公司实施前款规定行为的，各公司应当对任一公司的债务承担连带责任。

只有一个股东的公司，股东不能证明公司财产独立于股东自己的财产的，应当对公司债务承担连带责任。

第二十五条　公司股东会、董事会的决议内容违反法律、行政法规的无效。

第二十六条　公司股东会、董事会的会议召集程序、表决方式违反法律、行政法规或者公司章程，或者决议内容违反公司章程的，股东自决议作出之日起六十日内，可以请求人民法院撤销。但是，股东会、董事会的会议召集程序或者表决方式仅有轻微瑕疵，对决议未产生实质影响的除外。

未被通知参加股东会会议的股东自知道或者应当知道股东会决议作出之日起六十日内，可以请求人民法院撤销；自决议作出之日起一年内没有行使撤销权的，撤销权消灭。

第二十八条　公司股东会、董事会决议被人民法院宣告无效、撤销或者确认不成立的，公司应当向公司登记机关申请撤销根据该决议已办理的登记。

股东会、董事会决议被人民法院宣告无效、撤销或者确认不成立的，公司根据该决议与善意相对人形成的民事法律关系不受影响。

知识拓展

必须注意的是，并非任何事项股东会都有权予以决议。当公司章程没有约定或未经当事股东同意时，股东会决议为当事股东设定借款、担保等义务，此类行为就可能被认定为“恶意串通，损害第三人利益”，进而适用《民法典》关于民事法律行为无效之规定，股东有权请求确认股东会决议无效。

实践中，股东会依法进行表决时实行资本多数决原则，小股东的意志表达不可避免地受到限制。而法律规定，股东对公司承担法定义务以外的义务应遵循自愿或协商原则。除非公司股东自愿或者在公司章程中已经有事先约定，公司股东会才可以设立对于股东本身不利的义务，但是该义务也必须符合相关的法律规定。如果公司股东会擅自决议为公司股东设立诸如预期性赔偿责任，对外或对内担保责任，小股东的竞业禁止义务、公司机密或者核心技术保密义务等可能会损害股东自身利益的义务，且未有事先约定或者章程规定，那么该项股东会决议可能被认定无效。但对于股东自愿对公司承担竞业禁止义务，且不损害他人、国家和集体利益的情形，应予以准许。

（二）对关联交易的审查

宋某萍等与符某纯公司关联交易损害责任纠纷案①

关键词

关联交易　损害公司利益　忠实义务

案情简介

中智公司成立于2012年9月18日，其中宋某萍持股60%；符某纯持股32%；郭某双持股8%。郭某双系该公司执行董事，宋某萍任监事。泰融公司成立于2004年8月5日，宋某萍于2012年5月23日至2017年2月23日任该公司监事，宋某萍从泰融公司成立时至2012年5月23日持股比例为50%，从2012年5月23日至今持股比例为99%。北京脉动无限科技有限公司成立于2005年3月29日，符某纯持股比例为90%。

2012年11月8日，联龙公司（甲方）与中智公司（乙方）签订《技术服务合同》，约定：乙方指派甲方所需要的技术人员到甲方的办公地点协助甲方的软件开发工作，岗位要求为高级IOS工程师，价格为每人每月2.6万元，提供服务不足满月的为每天1182元。

2012年12月28日，中智公司（甲方）与泰融公司（乙方）签

① 北京市第一中级人民法院民事判决书，（2021）京01民终341号。

订《技术商务咨询服务合同》，约定：鉴于乙方全面帮助甲方承接某银行 IT 项目，但甲方现有人员对于相关整体架构及组织规划经验有所欠缺，由乙方提供相关方面的技术及商务咨询服务，双方订立服务协议，遵照执行。甲方支付给乙方的服务费用为每月 12 万元。

中智公司分别于 2013 年 4 月 1 日、5 月 30 日向泰融公司支付 40 万元、52 万元。泰融公司 4 次向中智公司支付款项，每笔各 5 万元。宋某萍、冯某建称该 20 万元是退还给中智公司的预付款，基于《技术商务咨询服务合同》中智公司向泰融公司支付的服务费为 72 万元。

2012 年 12 月 21 日，中智公司与瀚威思公司签订外包服务框架性协议及补充协议，瀚威思公司向中智公司派遣技术服务工程师，价格为高级工程师每人每月 1.7 万元，中级工程师每人每月 1.6 万元，初级工程师每人每月 1.3 万元。

联龙公司于 2013 年 5 月 1 日向中智公司出具《终止合同通知书》，称双方签订的《技术服务合同》有效期已经届满，不再进行续签。之后，就上述合同约定项目，联龙公司与泰融公司签订合同并继续实施。

2014 年 5 月 13 日，符某纯向北京市公安局朝阳分局举报称宋某萍涉嫌职务侵占。2014 年 9 月 16 日，该局以无犯罪事实发生为由，作出不予立案通知书。

2016 年 6 月 20 日，符某纯书面请求中智公司执行董事郭某双就监事宋某萍损害公司及股东利益的行为向法院提起诉讼。郭某双于 6 月 26 日回复称因个人时间原因，拒绝对宋某萍损害公司及股东利益的行为提出抗议及向法院提起诉讼。

宋某萍与冯某建系夫妻关系。诉讼中，冯某建称宋某萍系代其持有中智公司股权，符某纯对此不予认可，但认可中智公司由冯某建控制。

判例分析

一审法院认为，中智公司与联龙公司签订并履行《技术服务合同》期间，宋某萍既是中智公司股东、监事，又是泰融公司股东、监事。其作为中智公司的高级管理人员，本可直接代表中智公司为联龙公司提供服务，但其却通过以中智公司名义与泰融公司签约，以为中智公司提供服务为名，间接为联龙公司项目提供服务，宋某萍的行为明显属于通过关联交易损害中智公司利益，其因此获取的 72 万元，应当依法向中智公司承担赔偿责任。

宋某萍不服一审判决，提起上诉。

二审法院认为，根据《公司法》的相关规定，结合在案事实及证据，可认定宋某萍利用关联关系，签署《技术商务咨询服务合同》，造成中智公司 72 万元的损失，就该部分损失，宋某萍应承担赔偿责任。

首先，中智公司与泰融公司签署《技术商务咨询服务合同》，构成关联交易。上述合同签订之时，宋某萍持有中智公司 60% 的股权，持有泰融公司 99% 的股权，且在两公司均担任监事职务，宋某萍上诉称其在中智公司的股权系代冯某建持有，但冯某建与宋某萍系夫妻关系，故即使存在股权代持事实，上述合同的签署仍系在冯某建、宋某萍主导下进行的关联交易行为。

其次，冯某建、宋某萍签署上述协议，未经中智公司股东会决议，该行为具有违法性。本案中，宋某萍虽仅担任监事职务，但根据查明的事实，2012 年 12 月 26 日之后，中智公司公章已经移交给了冯某建，即冯某建、宋某萍夫妇已然实际控制中智公司的经营，在此情况下，中智公司未经股东会决议，在《技术商务咨询服务合同》上盖章，通过公司账户向泰融公司支付款项，与高级管理人员的关联交易性质具有同一性，其二人在未经法定决议程序的情况下，自行作出上述交易行为，违反法律规定。

再次，宋某萍关于《技术商务咨询服务合同》的约定内容公平合理的主张，明显不能成立。宋某萍作为中智公司的大股东，在中智公司对外履行业务合同时，又以关联公司泰融公司委派人员的身份，派出到中智公司进行服务工作，泰融公司每月向中智公司收取 12 万元的服务费（半年收取 72 万元）。而泰融公司派出的服务人员仅限于宋某萍一人，服务内容为对中智公司的项目进行管理。中智公司的项目合同到期后，项目相对方又与泰融公司签订了合同。宋某萍的上述行为，明显脱离了正常的商业运作范畴，有违股东、高级管理人员的忠实义务，损害了公司及中小股东的合法权益，其相关行为不应得到法律的肯定性评价。

最后，宋某萍因上述关联交易行为，造成中智公司 72 万元款项的转出，对上述损失，作为关联交易行为的实施方，其应承担全额赔偿的责任。

二审法院最终驳回了宋某萍的上诉请求，维持原判。

风险提示

关联交易广泛存在于市场之中。关联交易的本质应该是交易而非关联，关联交易的实质在于交易表面上发生在两个或者两个以上当事方之间，但实际上却只由一方决定。

关联交易因交易双方的特殊关系，可以减少沟通成本、提高交易效率，但是这种便捷带来的并非全是益处，关联方之间的信任将其他竞争排除于交易之外，使得部分关联交易与市场交易原则相悖，出现价格、交易方式不公平的现象，最终损害公司利益。司法实践对于关联交易的认定呈现扩大的态势，《最高人民法院关于适用〈中华人民共和国公司法〉若干问题的规定（五）》出台后，因关联交易导致损害结果的，即使关联交易已经履行了信息披露、经股东会或者股东大会同意等法律、行政法规或者公司章程规定的程序，也无法完全豁免赔偿责任。

针对关联交易的责任主体，《最高人民法院关于适用〈中华人民共和国公司法〉若干问题的规定（五）》第 1 条已经作出了明确规定，在上述案例中法院也认定控股股东、实际控制人、董事、监事、高级管理人员中的侵权个人与关联交易方共同承担责任。判定赔偿责任的两个根本标准为利用关联关系和损害公司利益，具体体现为交易主体、交易动机、交易行为和交易结果四个要件。公司关联交易行为的审查，需要判断行为是否符合营业常规，同时要审查签订当时的合同双方是否遵循了商业原则，即交易价格原则上不偏离市场独立第三方的价格或收费标准、关联人不得以垄断采购和销售业务渠道等方式干预公司经营，损害公司利益。

为最大限度地保障公司利益，充分利用关联交易的可取之处，笔者为企业提出以下建议。

第一，及时披露应当披露的交易信息。交易内容符合法律规定以及公司章程规定并不意味着该关联交易就一定合法，进行关联交易的双方还要尽到合理的信息披露义务。进行关联交易必须及时报告，并详细报备关联交易的起因、状态、后果等，必要时，还可以聘请具有从事证券、期货相关业务资格的中介机构，对交易标的进行评估或者审计，避免出现弄虚作假的情况。

第二，程序合规，交易事项应提交股东会、董事会讨论表决。严格规范的程序是内容公正的有力保障，股东会、董事会应严格把关公司的重大决策，对关联交易进行审查是保障交易公平的重要环节。

第三，合规交易，遵守商业交易的基本规则。关联交易不仅要在程序上公开透明，也需要关联交易本身合法合规。公司可通过在公司章程中规范关联交易的程序，排除关联方在董事会、股东会对关联交易进行表决时的表决权，强化监事会对于公司董事的监督权，定期召开股东会，定期邀请会计师事务所对于公司财务进行审计，重视法务部门对合同的法律审查等方式，避免公司关联方侵占公司权益。故而公司应当对关联交易的内容进行实质性审查。

针对上市公司，还需要向证券交易所进行披露。如果上市公司为关联人提供担保的，应当具备合理的商业逻辑，在董事会审议通过后及时披露，并提交股东大会审议。

法条链接

《中华人民共和国公司法》

第二十二条 公司的控股股东、实际控制人、董事、监事、高级管理人员不得利用其关联关系损害公司利益。

违反前款规定，给公司造成损失的，应当承担赔偿责任。

第一百八十一条 董事、监事、高级管理人员不得有下列行为：

（一）侵占公司财产、挪用公司资金；

（二）将公司资金以其个人名义或者以其他个人名义开立账户存储；

（三）利用职权贿赂或者收受其他非法收入；

（四）接受他人与公司交易的佣金归为己有；

（五）擅自披露公司秘密；

（六）违反对公司忠实义务的其他行为。

第一百八十二条 董事、监事、高级管理人员，直接或者间接与本公司订立合同或者进行交易，应当就与订立合同或者进行交易有关的事项向董事会或者股东会报告，并按照公司章程的规定经董事会或者股东会决议通过。

董事、监事、高级管理人员的近亲属，董事、监事、高级管理人员或者其近亲属直接或者间接控制的企业，以及与董事、监事、高级管理人员有其他关联关系的关联人，与公司订立合同或者进行交易，适用前款规定。

第一百八十三条　董事、监事、高级管理人员，不得利用职务便利为自己或者他人谋取属于公司的商业机会。但是，有下列情形之一的除外：

（一）向董事会或者股东会报告，并按照公司章程的规定经董事会或者股东会决议通过；

（二）根据法律、行政法规或者公司章程的规定，公司不能利用该商业机会。

第一百八十八条　董事、监事、高级管理人员执行职务违反法律、行政法规或者公司章程的规定，给公司造成损失的，应当承担赔偿责任。

第二百六十五条第四项　关联关系，是指公司控股股东、实际控制人、董事、监事、高级管理人员与其直接或者间接控制的企业之间的关系，以及可能导致公司利益转移的其他关系。

知识拓展

董事、监事、高级管理人员作为公司的重要管理人员，基于其在公司的地位，可以接触到大量的商业信息。司法实践中常常存在未经股东会或者股东大会同意，董事、监事、高级管理人员利用职务便利为自己或者他人谋取属于公司的商业机会，自营或者为他人经营与所任职公司同类的业务，给公司造成损失的行为。作为公司的控股股东、实际控制人、董事、监事、高级管理人员需严格按照公司规章制度及与公司签署的相关协议的约定行事，不得违反职业操守利用关联关系损害公司利益。

与勤勉义务不同，董事、监事、高级管理人员忠实义务的核心在于不得利用其身份获得个人利益。董事、监事、高级管理人员应当以最大限度地实现和保护公司利益作为衡量自己执行职务的标准。该类忠实义务的行为主体主要是公司的董事以及高级管理人员，故公司应当重视发挥公司章程在公司治理中的作用，作为公司应当在公司章程中对高级管理人员的职责范围进行明确，其职权约定越清晰，即越容易证明其是否利用“职务便利”损害公司利益，并通过工商备案的方式对其身份进行确认。建议公司结合公司经营的实际情况全面定义商业机会的内涵，并将其列入公司商业秘密的范围加以保护。同时，公司应建立健全公司保护商业秘密的制度、流程及措施，在内部文件中对侵占公司商业机会的行为进行明确的界定，并制定相应的损失计算标准。

此外，因为董事、高级管理人员的身份地位具有特殊性，建议公司通过书面协议的方式约定离任的董事、高级管理人员在其离任后的一定期间内也不得从事同类的经营业务。公司还可以与高级管理人员及涉密人员签订保密协议，约定其不能利用公司的商业机会成立自己的公司，不能利用公司的商业秘密为公司的竞争对手服务等内容，且该协议在相关人员离职后的一定期限内仍应有效。与此同时，公司应当加强对管理人员和员工涉密等法律知识的培训，并加大日常监督及对违反涉密相关制度的行为的处理力度。

公司主体，应该在日常运营及管理过程中做到规范运营，发挥监事会的作用，对董事、高级管理人员的日常行为进行调查监督，如有发现存在谋取属于公司的商业机会的行为，应该尽早固定相应的证据，以备进入诉讼过程后更好地应诉，从而更好地维护公司的合法权益。

第二章 合规视角下的企业商事合同法律风险审查

随着经济全球化的加速发展及技术革命带来的商业模式的不断创新，企业在日常运营中与其他商业实体的交互已日益复杂。在此背景下，商事合同作为企业间合作的法律保障与载体，扮演着至关重要的角色。商事合同的重要性不仅体现在明确合同双方的权利义务，确保商业交往的顺利进行，还关乎企业的法律风险防范和长远利益规划。本章旨在探讨在合规视角下如何审查企业商事合同的法律风险。结合近年来的典型案例，本章详细分析了企业在商事合同的签订、执行与解除过程中可能面临的法律风险，并提出相应的防范建议，确保商事合同条款既满足企业的商业需求，又不违反现行法律法规。

最后，针对企业在实际运营中常见的一些商事合同疑难问题，本章将为读者提供可操作性建议，帮助企业在合同签订、执行与争议解决的过程中，做到既保障自身权益，又遵循合规原则，实现商业发展与法律合规的完美结合。

一、商事合同订立阶段常见法律纠纷

商事合同订立是商业活动中至关重要的环节，涉及合作双方的意愿表达、合同内容的确认、权益的保障以及潜在风险的规避。如何在合同订立阶段识别并避免潜在的法律风险，如何确保合同的条款既能满足合作双方的商业需求，又能在法律层面提供充足的保障，是每个企业在商事活动中都需要认真考虑的问题。本节将通过详解一系列典型案例，深入探讨在商事合同订立阶段常见的法律纠纷及其成因，同时为企业提供针对性的法律建议和防范策略，帮助企业在签订商事合同时保障自身权益并避免不必要的法律风险。

（一）缔约过失责任的构成要件

兴业全球基金管理有限公司与江苏熔盛重工有限公司缔约过失责任纠纷案[①]

关键词

要约　先合同义务　缔约过失责任

案情简介

2011年4月26日，江苏熔盛重工有限公司（以下简称熔盛重工）与全椒县政府签订《产权交易合同》，拟受让全柴集团100%的国有股权。

2011年4月28日，全柴动力发布《要约收购报告书》，公告：本次要约收购系因熔盛重工通过产权交易方式受让全椒县政府所持的全柴集团100%的股权，从而成为全柴集团控股股东，并通过全柴集团间接控制全柴动力44.39%的股权而触发。本要约收购报告书摘要的目的仅为向社会公众投资者提供本次要约收购的简要情况，要约收购文件尚需报中国证监会审核，本收购要约并未生效，具有相当的不确定性。

2011年6月29日，全柴动力公告称：2011年5月16日，熔盛重

① 江苏省高级人民法院民事判决书，（2013）苏商终字第0036号。

工收到中国证监会出具的 110946 号《中国证监会行政许可申请材料补正通知书》（以下简称《补正通知》），要求熔盛重工在 30 个工作日向中国证监会行政许可申请受理部门报送有关补正材料。按照《补正通知》要求，熔盛重工需要补充提供相关的批准文件。鉴于本次交易所涉及的事项尚需取得国务院国资委、商务部反垄断局的相关批复文件，且该等批复文件为中国证监会要求的补正材料之一，因此，熔盛重工已向中国证监会申请延期上报有关补正材料，待取得国务院国资委、商务部反垄断局相关批复文件后立即将补正材料上报中国证监会。

2011 年 8 月 9 日、8 月 31 日，全柴动力分别发布公告称：有关熔盛重工收购全柴集团 100% 股权获商务部反垄断局、国务院国资委批准。

在 2011 年 10 月 29 日、12 月 27 日发布的公告，2012 年 3 月 29 日发布的《2011 年年度报告》以及 2012 年 4 月 28 日发布的《2012 年第一季度报告》中，全柴动力分别称：本次交易触发的要约收购尚未获得中国证监会出具的无异议函。由于除上述批复文件外其他补正相关问题的答复仍在准备之中，有关补正材料尚未上报中国证监会。

2012 年 7 月 17 日、7 月 30 日，全柴动力分别发布公告称：熔盛重工尚未向中国证监会上报相关补正材料。熔盛重工已注意到国务院国资委“国资产权〔2011〕1018 号”批复的有效期限，该批复于 2011 年 8 月 26 日印发，自印发之日起 12 个月内有效。本次交易能否成功尚存在重大的不确定性。

2012 年 8 月 7 日、8 月 13 日，全柴动力分别发布公告称：熔盛重工、全椒县政府正积极磋商本次交易的有关事项，本次交易能否成功尚存在重大的不确定性。

2012 年 8 月 18 日，全柴动力发布公告称：已向中国证监会申请撤回“向全柴动力除全柴集团外的全体股东发出收购股份的要约的行政许可申请材料”。2012 年 8 月 22 日，全柴动力发布公告称：全柴动力要约收购计划不再实施。

兴业全球基金管理有限公司（以下简称兴业基金）认为，熔盛重工不履行要约收购义务，隐瞒了拟终止《产权交易合同》等信息，致使兴业基金与其缔约成交的期待落空，将持有的200万股股票卖出，遭受损失16370200元，故请求法院判令熔盛重工赔偿损失。

判例分析

本案的主要争议焦点在于熔盛重工发出的收购要约未生效，其是否应承担缔约过失责任。

一审法院认为，当事人为缔结合同接触、磋商之际，已由一般普通关系进入特殊联系关系，相互之间建立了一种特殊信赖关系，从而产生了包括协作、告知、保密等内容的诚实信用义务。如一方违反了该类先合同义务，过失方即应承担责任。《民法典》第500条并未要求缔约过失责任应以要约生效为前提，缔约过失系产生在订立合同过程中。

本案熔盛重工披露其拟要约收购全柴动力股份，兴业基金持有股份，双方通过证券交易平台表达了要约收购的意愿，已进入订立合同的准备过程中，此时，熔盛重工的先合同义务已经产生。

作为证券交易合同缔约的双方，要约收购的缔约过程有一定的特殊性，双方当事人并未直接接触磋商，而是以上市公司信息披露的形式来传达缔约意向，反映订立合同的过程。由此，收购方应负的先合同义务主要是告知义务，履行要约收购告知义务的方式主要是信息披露。根据2013年《证券法》第63条之规定，本案被告熔盛重工发布了要约收购的缔约意向，其相应需承担的是缔约过程中的告知义务，以提请相对方注意。熔盛重工已披露了要约收购进展情况，尽了相应的告知义务，并不存在缔约过失。

首先，案涉《要约收购报告书》系熔盛重工向公众预先披露的内容摘要，是缔约意向的传递，非正式要约，并已提示风险。熔盛重工后撤回申请，自行取消要约收购计划，属缔约自由，其于次日进行了信息披露，已履行了及时告知义务，符合证券法的相关规定。兴业基金主张其撤回要约收购申请违反先合同义务没有法律依据。

其次，中国证监会虽要求熔盛重工在30个工作日内补正材料，但未明确限定如未按期上报补正材料所产生的法律后果，也未禁止延期补正。在无规范性文件明确规定补正材料的延期期间和后果的情况下，根据合同自由原则，熔盛重工不负有继续磋商的义务，亦无法强制其履行要约收购报批义务，以促成合同的最终成立。熔盛重工分别以公告或年报、季报的形式提示了其补正材料未上报，将补正材料的进展情况告知相对方，履行了先合同的告知义务。

最后，《要约收购报告书》已经披露且提示了交易风险，之后全柴动力曾不断发布年报、季报、公告，披露补正材料未上报的情况。该补正材料进展情况系要约收购披露事项的延续，无相关规定强制要求其在此类延续性的信息披露时，必须持续不断地提示风险。故兴业基金关于熔盛重工在该期间未提示风险违反先合同义务的主张亦不成立。

综上，熔盛重工在要约收购过程中真实、及时、完整地披露了要约收购的进展情况，已尽了相应的告知义务，并不存在缔约上的过失。故江苏省南通市中级人民法院一审判决熔盛重工无须承担缔约过失责任，兴业基金不服一审判决提起上诉，江苏省高级人民法院依然维持一审判决。

风险提示

缔约过失责任，是指在合同订立过程中，当事人违反合同订立的注意义务而产生的责任。

按照法律规定，缔约过失责任主要有以下几种类型：(1) 恶意磋商；(2) 欺诈缔约；(3) 违反人格和人格尊严等违反诚实信用原则的缔约；(4) 擅自撤销要约时的缔约过失责任；(5) 合同订立过程未尽通知、保密等义务给对方造成损失；(6) 合同订立时未尽保护义务侵害对方的人身权、物权；(7) 合同不成立的缔约过失责任；(8) 合同无效的缔约过失责任；(9) 合同被变更或撤销的缔约过失责任；(10) 合同不被追认的缔约过失责任。

缔约过失责任产生的前提是企业在签约过程中有不规范的行为。这些行为主要有以下几种情形：

(1) 恶意磋商行为。很多经营者认为，合同没有成立之前其行为并不受约束，甚至将利用恶意磋商贻误对方的商业竞争时机视为很好的竞争手段。企业经营者通过与竞争对手进行磋商，贻误对方与他人合作的机会，这样的恶意磋商行为将使企业面临被追究缔约过失责任的法律风险。

(2) 应当披露的信息未披露。这种情况是较为常见的缔约过失责任发生原因，企业对外签订合同时，经营者误认为对方没有询问就不必向对方说明物品瑕疵或权利瑕疵，或者经营者为了促成交易故意隐瞒瑕疵，该法律风险体现在企业已经签订的合同之中。甚至有时企业已经说明了相关信息但并未规范地写入合同或者没有其他证明，同样存在该法律风险。

(3) 不知利用缔约过失责任维护权益的法律风险。企业经营者在遭受他人恶意磋商导致损害时，认为双方没有签订合同无法追究对方责任，自认倒霉。其结果是企业的正当权益未能得到实现，带来的否定性结果同样属于企业的法律风险。

在商事领域，缔约过失责任是企业在合同执行过程中可能遭遇的常见法律风险之一。如何规避此类风险，避免因缔约过失而引发的合同争议和经济损失，显得尤为关键。

明确并细化合同条款是避免缔约过失责任的关键。一个明确、完善的合同可以为双方明确各自的权利和义务，从而降低争议风险。建议企业在起草和审查合同时，特别关注以下几个方面：一是保证合同的明确性。尽量避免使用模糊或双重含义的语言，确保每一个条款的表述都是清晰且无歧义的。二是设定合理的履行期限。合同中对于交货、付款等关键活动的期限应明确并具有可行性，避免因时间紧迫而导致履约过失。三是明确违约责任。设定合理的违约金或罚款制度，这既可以起到威慑作用，又能为潜在的违约行为设定损害赔偿上限。四是制订详细的履约计划。对于复杂的合同，双方可以制订详细的履约计划或时间表，确保双方对于各自的责任和义务有清晰的认识。五是设置争议解决机制。考虑将仲裁、调解或诉讼等争议解决方式明确写入合同中，以便在争议发生时双方都能迅速采取行动，减少不确定性和潜在的损失。

法条链接

《中华人民共和国民法典》

第五百条　当事人在订立合同过程中有下列情形之一，造成对方损失的，应当承担赔偿责任：

（一）假借订立合同，恶意进行磋商；

（二）故意隐瞒与订立合同有关的重要事实或者提供虚假情况；

（三）有其他违背诚信原则的行为。

《中华人民共和国证券法》

第七十八条　发行人及法律、行政法规和国务院证券监督管理机构规定的其他信息披露义务人，应当及时依法履行信息披露义务。

信息披露义务人披露的信息，应当真实、准确、完整，简明清晰，通俗易懂，不得有虚假记载、误导性陈述或者重大遗漏。

证券同时在境内境外公开发行、交易的，其信息披露义务人在境外披露的信息，应当在境内同时披露。

知识拓展

缔约过失责任制度由德国法学家耶林于1861年提出，被誉为“法学上的发现”，对各国立法和判例产生了深远的影响。他认为，从事契约缔结的人，是从契约交易外的消极义务范畴进入契约上的积极义务范畴，其因此而承担的首要义务，系于缔约时须善尽必要的注意。法律所保护的并非仅是一个业已存在的契约关系，正在发展中的契约关系亦应包括在内，否则，契约交易将暴露于外，不受保护，缔约一方当事人不免成为他方疏忽或者不注意的牺牲品。

缔约过失责任的思想基础可以说是交易安全、社会接触以及信赖保护，但其核心是诚实信用原则。按照诚实信用原则，从事缔约磋商的人，应做到交易上的必要注意，以维护相对人的利益。如果当事人违反了应尽的注意义务，如协力、通知、保护、保密等义务，造成相对人损害的，应负赔偿责任。我国《民法典》第7条明确规定，民事主体从事民事活动，应当遵循诚信原则，秉持诚实，恪守承诺。在进行市场交易时，交易双方应当遵循诚实信用原则，不应为了私利存有侥幸心理，否则将会承担相应的法律责任。另外，利益受损方要勇于拿起法律武器，积极与不法行为作斗争，及时维护自身的合法权益。

（二）格式条款的效力判断

绿地集团北京京坤置业有限公司与陈某、于某商品房预售合同纠纷案①

关键词

违约金 格式条款 不合理加重

案情简介

2014年4月18日，绿地集团北京京坤置业有限公司（以下简称绿地公司）（出卖人）与陈某（买受人）签订《北京市商品房预售合同》（以下简称《预售合同》），约定陈某向绿地公司购买案涉房屋，总价款1848747元。出卖人应在2015年5月31日向买受人交付该房屋。买受人应于签署《预售合同》当日向出卖人支付首付款928747元（含已付定金），剩余房价款92万元以商业按揭贷款方式支付。

《预售合同》附件五约定：若买受人未按期向贷款银行偿还贷款本息，导致出卖人按贷款银行的要求承担担保责任，代买受人向贷款银行偿还已到期贷款本息及违约金的，买受人应在出卖人告知函送达买受人之日起3日内将出卖人代其向贷款银行偿还的全部款项支付给出卖人。自出卖人代买受人还款之日起，至买受人实际向出卖人支付

① 北京市第三中级人民法院民事判决书，（2021）京03民终13121号。

全部款项之日止，买受人应按中国人民银行同期贷款利率支付代垫期间的利息，并按日向出卖人支付全部款项万分之五的违约金。若买受人未按期向银行偿还到期贷款本息连续3期或累计6期，或贷款银行宣布贷款提前到期，或贷款银行解除《借款合同》的，则出卖人有权解除《预售合同》及附件、其他相关协议等，并按《预售合同》附件八第7条因买受人原因导致合同解除的补充约定执行。

《预售合同》附件八第7条第1款约定：若出卖人在发出入住通知书后行使解除权，买受人必须向出卖人支付房屋总价款15%的违约金。该条第3款约定：房屋交付后，因买受人原因导致《预售合同》解除的，买受人必须腾退房屋。买受人应在出卖人发出《腾退房屋通知》之日起15日内将房屋恢复原状，即将房屋的状况恢复到出卖人交付买受人时的状况；若买受人在上述期限内不能将房屋恢复原状，则买受人每延迟1日需向出卖人支付全部房价款万分之二的赔偿金。买受人还应向出卖人按月支付合同总价款1%的房屋使用费，自房屋交付之日起计算，至买受人按照前述约定腾退房屋并将房屋恢复原状之日止。

陈某、于某已向绿地公司交纳面积差额款项2504元、契税55533.95元、房款928747元。绿地公司于2015年7月10日通知陈某收房，陈某于2018年2月12日收房。

根据北京市丰台区人民法院（2018）京0106民初37905号民事判决书，陈某、于某应偿还贷款银行借款本金753417.99元并支付利息与罚息，绿地公司对陈某、于某的还款义务承担连带保证责任，其承担连带保证责任后，有权向陈某、于某追偿。该判决生效后，绿地公司代替陈某、于某向贷款银行给付贷款本息896382.99元。

绿地公司主张因陈某、于某违约，对其造成的损失为：资金周转损失、代偿银行90余万元的利息损失、房屋差价损失30余万元、陈某和于某占用房屋的损失。经询，陈某、于某称如其不同意支付违约金的意见未被法院采纳，则要求调低违约金数额。

判例分析

本案的主要争议焦点在于绿地公司提前拟定的房屋占有使用费及违约金是否适当。

房地产开发企业与买受人签订的商品房预售合同通常使用的系房地产管理部门等行政机关制定的示范文本，且该预售合同需要向房地产管理部门登记备案。房地产管理部门等行政机关制定的预售合同示范文本，遵循公平原则，平衡了房地产开发企业与买受人的权利和义务。但实践中，房地产开发企业在商品房预售时，通过与买受人另行签订补充协议，设置免除或减轻自身责任、加重买受人责任的格式条款，追求自身利益的最大化。其中，尤为常见的条款系对买受人的同一违约行为约定多重违约金，该格式条款的约定加重了买受人的责任，当双方发生争议后，买受人通常主张该条款对其不发生效力或该条款无效。

本案中，关于房屋占有使用费的问题，首先，《预售合同》附件八第 7 条第 3 款关于房屋占有使用费的条款系绿地公司为了重复使用而预先拟定，且其未提供证据证明在合同订立时就该条款与买受人进行了协商，以及就该条款已向买受人履行了提示或说明义务。其次，该条款约定的房屋使用费的支付标准，远高于案涉房屋的市场租赁价格，不合理地加重了买受人的责任。最后，绿地公司在陈某收房前已收到全部购房款，在《预售合同》解除前陈某、于某基于该合同有权占有使用案涉房屋，故约定自房屋交付之日起计算房屋使用费有失妥当。因此，陈某、于某主张上述合同条款属于格式条款且不应据此认定占有使用费，法院应当予以支持。合同解除后，陈某、于某无权继续占有使用案涉房屋，其应按判决指定期间腾退房屋并恢复原状。

另外，关于违约金等，因陈某、于某未按期向贷款银行偿还到期贷款本息，致使合同解除，绿地公司依据合同要求陈某、于某支付延迟腾退赔偿金、合同解除违约金、未按期向银行偿还贷款本息导致的违约金，均属于违约金范畴。陈某、于某认为违约金过高并申请法院调整，对比应综合考虑绿地公司因陈某、于某违约所造成的损失，兼顾合同履行情况、当事人过错程度以及预期利益等因素。对于已经订入合同的对同一违约行为约定多重违约金的格式条款，应当结合格式条款的约定内容和合同性质，衡量双方当事人给付与对待给付之间的等值性，考察该条款的约定是否导致双方当事人的权利义务关系过于失衡、是否违反《民法典》第 496 条确定的格式条款提供方应当公平确定双方权利义务关系的原则，判断其是否存在格式条款提供方不合理加重对方责任的无效情形。对当事人就同一违约行为约定多重违约金的条款，在适用格式条款的内容控制规则、排除其无效情形后，对于违约金数额的确定，一般应当以因违约所造成的损失为基础进行判断，同时根据公平原则和诚信原则综合确定。

综上，一审判决陈某、于某向绿地公司给付合同解除违约金、未按期向银行偿还贷款本息导致的违约金、延迟腾退赔偿金共 30 万元并无不当，故二审未再进行调整。

风险提示

合同的起草和审核是企业日常最基础和最频繁的工作，有些企业为了方便，在日常的业务交往中逐渐形成了固定的合同模板，针对一些条款直接予以固定，不允许交易相对方进行修改，如果交易对方此时恰恰处于弱势地位，迫切需要达成交易，则往往会直接使用强大的“甲方”提供的合同文本，然而一旦出现纠纷，该格式合同的效力如何认定就成了一个难题。作为格式合同的提供者，如何防范格式合同带来的法律风险也是企业日常工作中的一个痛点。格式条款一般是指当事人为重复使用而预先拟定的，并在订立合同时未与对方协商的条款。包含格式条款的合同为格式合同，又称为标准合同、定式合同、定型化合同。通常来说，由于一些垄断行业的存在，交易内容的大量重复以及交易双方追求简单、省时的诉求，格式合同便应运而生，广泛应用于商事领域。

根据法律规定，符合以下条件的格式条款无效。具体表现为：

（1）一方以欺诈、胁迫的手段订立格式条款，损害国家利益的。欺诈是指当事人一方故意制造假象、隐瞒真相，致使对方当事人产生错误的认识而同意与其订立格式条款。

（2）恶意串通，损害国家、集体或第三人利益的。恶意串通是指双方当事人非法串通，共同订立某种格式条款，造成国家、集体或第三人利益的损害。

（3）以合法形式掩盖非法目的的。以合法形式掩盖非法目的是指当事人通过实施合法的行为来掩盖其非法的目的；或其从事的行为在形式上是合法的，但在内容上是非法的。

（4）损害社会公共利益的。凡是扰乱社会经济秩序或者损害人民健康、消费者权益等达到一定程度的格式条款，都属于损害社会公共利益的条款，即使合同当事人双方同意，也属于无效格式条款。

（5）违反法律、行政法规中的强制性规定的。违反法律法规的规定主要是指当事人的订约目的、格式条款内容和形式违反了法律、法规中的强制性规定。此处所说的法律、法规主要包括两类：一是全国人大及其常委会颁布的法律，二是由国务院颁布的行政法规。

（6）合同中的造成对方人身伤害的、因故意或者重大过失造成对方财产损失的免责条款无效。

（7）提供格式条款的一方不合理地免除或者减轻其责任、加重对方责任、限制对方主要权利、排除对方主要权利的，该条款无效。

对格式条款理解发生争议时，首先，应该以订约方合理的理解进行解释；其次，如果有两种以上解释的，应该作对条款制定方不利的解释；如果格式条款和普通条款规定不一致的，则采用普通条款的规定。由此可以看出，当发生纠纷时，格式合同的提供方处于被动、不利的地位。

故格式合同的提供者在制定合同范本时要坚持公平原则。公平原则是法律的灵魂，它要求当事人之间应公平地确立相应的权利和义务，反对制定格式合同的一方凭借其优势对另一方当事人的权利进行不合理限制。因此，制定格式合同、格式条款时要遵循公平原则，避免该条款因违反公平原则被法院确认为无效或予以变更。

提供格式条款的一方应采取合理的方式提请对方注意免除或者限制其责任的条款，按照对方的要求，对该条款予以说明。而且，提供格式合同的一方需要对其已经尽到合理的提示及说明义务承担举证责任。这是对格式条款的制定方设定的义务，如果格式条款不公平或是制定方没有尽到提示义务或是拒绝说明的，该条款均视为未订立。所以企业在使用格式合同时，一定要注意采用合理的方式提示对方，如订立合同时采用足以引起对方注意的文字、符号、字体等特别标识，并按照对方的要求对该格式条款予以说明且保留相关证据，避免合同面临被认定无效的风险。

法条链接

《中华人民共和国民法典》

第四百九十六条 格式条款是当事人为了重复使用而预先拟定，并在订立合同时未与对方协商的条款。

采用格式条款订立合同的，提供格式条款的一方应当遵循公平原则确定当事人之间的权利和义务，并采取合理的方式提示对方注意免除或者减轻其责任等与对方有重大利害关系的条款，按照对方的要求，对该条款予以说明。提供格式条款的一方未履行提示或者说明义务，致使对方没有注意或者理解与其有重大利害关系的条款的，对方可以主张该条款不成为合同的内容。

第四百九十七条　有下列情形之一的，该格式条款无效：

（一）具有本法第一编第六章第三节和本法第五百零六条规定的无效情形；

（二）提供格式条款一方不合理地免除或者减轻其责任、加重对方责任、限制对方主要权利；

（三）提供格式条款一方排除对方主要权利。

知识拓展

违约金条款是合同主体契约自由的体现，除具有对违约行为的惩罚性功能和对守约方的补偿性功能外，还应体现其预先确定性、警示性和效率性。但在当事人就同一违约行为约定多重违约金的情况下，约定违约金数额可能过高，存在违约金酌减规则的适用空间。违约金酌减规则是应对违约金数额过高而产生的特殊规则，法官具有自由裁量权，法院可以对当事人达成的协议进行干预，这是契约自由的一个例外，其目的在于恢复契约的实质自由。而对格式条款进行内容控制的目的就在于防止提供格式条款的一方利用其优势地位，损害格式条款接受方的正当权益，矫正不公平的格式条款，以实现当事人之间的利益均衡。格式条款的内容控制规则与违约金酌减规则，均以实现合同的实质正义为目的。

对当事人就同一违约行为约定多重违约金的条款，在排除其无效情形后，对于违约金数额的确定，根据《民法典》第584条、第585条的规定，一般应当以因违约所造成的损失为基础进行判断，同时兼顾合同履行情况、当事人过错程度以及预期利益等因素，根据公平原则和诚信原则综合确定。

（三）格式条款的法律解释

中国太平洋财产保险股份有限公司上海分公司与上海骏丰嘉陆房地产开发有限公司财产保险合同纠纷案[①]

关键词

保险合同　格式保险条款　条款解释

案情简介

上海骏丰嘉陆房地产开发有限公司（以下简称骏丰公司）系上海市嘉定区玲珑坊西地块项目开发商，2017 年 8 月 7 日，该项目竣工验收。2017 年 10 月 30 日，骏丰公司向上海市嘉定区房管局缴纳该项目物业保修金 6768143.16 元。因 2017 年国务院有关部委取消了物业保修金，2018 年 7 月 30 日，骏丰公司收到嘉定区房管局退还的骏丰公司已交纳的物业保修金（含利息）6809640.95 元，嘉定区房管局建议骏丰公司购买建筑工程质量潜在缺陷保险（以下简称 IDI 保险）。

2018 年 8 月 22 日，骏丰公司就该项目向中国太平洋财产保险股份有限公司上海分公司（以下简称太保财险上海分公司）投保 IDI 保险。涉案投保单载明：玲珑坊西地块项目总保险金额为 124230825 元；总保险费为 1304423.66 元；缴费计划为一期支付等。涉案 IDI 保

① 上海金融法院民事判决书，（2020）沪 74 民终 1162 号。

险使用了2012年版《建筑工程质量潜在缺陷保险（上海地区）条款》（以下简称《2012年保险条款》）。其中第37条约定：本保险合同成立后，投保人可要求解除本保险合同。投保人要求解除本保险合同的，应当向保险人提出书面申请，保险人在收到投保人交纳物业保修金的书面证明之后，本保险合同自保险人收到书面申请时终止。

2018年9月18日，骏丰公司向嘉定区房管局提交申请，载明骏丰公司已按照要求购买玲珑坊西地块小区的建筑工程质量潜在缺陷保险等，申请解冻玲珑坊西地块物业保修金6459640.95元，并附随提交了涉案IDI保险单及保险条款。投保后，骏丰公司未按约支付保险费，经催款，骏丰公司支付了50%保险费65万余元。对剩余保险费骏丰公司不愿支付，并提出解除保险合同，太保财险上海分公司催讨无果，诉至法院。

骏丰公司认为，《保险法》第15条规定，除该法另有规定或保险合同另有约定外，保险合同成立后投保人可以要求解除合同。涉案《2012年保险条款》第37条也有投保人可以解除合同的约定。至于约定解除合同的条件为投保人需提交交纳物业保修金的书面证明，因物业保修金项目被取消，对该合同应作出不利于格式条款提供方的解释，该条件自动失效，投保人可以任意解除保险合同。虽然上海市于2019年出台《关于本市推进商品住宅和保障性住宅工程质量潜在缺陷保险的实施意见》（以下简称2019年《IDI保险实施意见》）、《上海市住宅工程质量潜在缺陷保险实施细则》（以下简称2019年《IDI保险实施细则》），规定了IDI保险合同不得解除。但涉案合同订立于2018年，不适用上述规定。骏丰公司解除保险合同后，仍会承担工程质量方面的保障义务，未损害小业主的合法权益。

太保财险上海分公司则提出，IDI保险是政府为保障小业主住宅质量公共利益而推出的保险，建筑开发商作为投保人，对其保险合同解除权必然要有所限制。特别是在取消物业保修金后，上海市将投保

IDI 保险作为开发商取得建设用地使用权的土地出让条件之一，投保人解除保险合同不符合合同约定和公共利益。

判例分析

本案争议焦点的关键在于对系争合同条款的解释。在以文义解释的方法无法直接确定该解除权条款含义的情况下，应采取整体解释、目的解释、习惯解释、诚信原则解释等合同解释方法，共同确定约定内容的真实含义。

建筑工程质量潜在缺陷保险（IDI 保险）合同纠纷中的投保人是否有权解除 IDI 保险合同，关系到此类保险合同今后的发展和推进进程，建筑工程质量潜在缺陷保险为公益保险，而格式保险条款约定了投保人在一定条件下有合同解除权。在保险合同约定的解除条件因政策原因无法成就时，对格式条款不应简单适用作出不利于提供格式条款一方的解释，而应从保险性质、保险条款体系设定、保险条款相对应的政策规定及沿革、当事人真实意思表示等出发，通过整体解释、目的解释、诚信原则解释等合同解释方法，探求合同条款的真实意思。

其一，从 IDI 保险性质来看，该保险依据规范性文件设立，其合同的受益人和索赔权益人均为业主，带有较强的公益性质。因建设工程涉众面广，风险周期较长，给开发商投保人以任意合同解除权有所不当。

其二，从保险条款设定投保人的合同解除权之目的来看，2012 年保险条款拟定时，物业保修金仍有效施行，单位缴纳物业保修金和投保 IDI 保险功能重复，因此，格式条款赋予投保人缴纳物业保修金或投保 IDI 保险的选择权，具体体现为保险合同中的约定解除权条款。在其后推出的 2016 年 IDI 保险条款中，直接规定该保险合同不得解除。说明系争解除权条款设定的目的是物业保修金和投保 IDI 保险二择一，并非任意解除权。

其三，从当事人的真实意思表示来看，2018 年 7 月嘉定区房管局退还了骏丰公司缴纳的物业保修金，但其款项处于冻结状态。2018 年 9 月，骏丰公司向嘉定房管局提交申请，明确已按要求购买 IDI 保险，请求解冻相应物业保修金，并提供涉案保险单佐证。结合规范性文件和当事人的行为及意思表示，骏丰公司对于以 IDI 保险代替物业保修金的保障功能的投保目的应属明知，对于退还物业保修金需以投保 IDI 保险为前提的义务属性亦属于明知。因此，骏丰公司获得物业保修金后再解除 IDI 保险合同，有违诚信原则。

其四，从规范性文件的约束来看，2019 年《IDI 保险实施细则》对于签订于 2017 年 11 月 1 日以前，签订于 2017 年 11 月 1 日至 2019 年 3 月 13 日，以及签订于 2019 年 3 月 14 日后的 IDI 保险合同的保险范围分别进行了具体的规定，说明 2019 年《IDI 保险实施细则》的效力应及于上述三个时间段签订的保险合同。本案保险合同于 2018 年 8 月签订，2019 年《IDI 保险实施意见》及 2019 年《IDI 保险实施细则》应予适用。

骏丰公司提出的格式合同有两个以上解释的应作出不利于格式条款提供方的理由，因通过上述合同解释方法可以得出条款的真实意思，因此并不存在两个以上的解释，在骏丰公司已获取退回的物业保修金的情况下，应认定投保人不符合涉案 IDI 保险合同的解除条件。

综上，二审法院维持了一审判决，支持太保财险上海分公司要求骏丰公司支付剩余保险费 652211.83 元的诉请。

风险提示

格式条款往往是提供方深思熟虑的结果，格式条款提供方有机会反复斟酌、设计格式条款，对方只是被动接受方，并不参与条款拟定。因此，如果格式条款有歧义，引起不同理解，则提供方更具可归责性。格式条款属于合同条款，首先应当依照合同解释的一般规则进行解释，在按一般规则进行解释仍不能得出合理解释的情况下，应当作有利于对方的解释。这一方面是格式条款提供方应对其拟定条款的行为负责；另一方面也有利于遏制格式条款提供方的道德风险，防止其利用格式条款为对方“挖坑”“埋雷”等不诚信行为。

对于格式条款的解释规则，《民法典》第498条规定：“对格式条款的理解发生争议的，应当按照通常理解予以解释。对格式条款有两种以上解释的，应当作出不利于提供格式条款一方的解释。格式条款和非格式条款不一致的，应当采用非格式条款。”对该条规定，应从以下三个方面进行理解。

首先是按照“通常理解”解释格式条款。格式条款是为了重复使用而拟定，属于合同条款类型之一。因此，对格式条款应当首先按照通常理解予以解释。这里的关键是如何理解“通常理解”，这一问题可参照《民法典》关于意思表示的解释规则处理，《民法典》第142条第1款规定：“有相对人的意思表示的解释，应当按照所使用的词句，结合相关条款、行为的性质和目的、习惯以及诚信原则，确定意思表示的含义。”因此，对格式条款的理解应当以文义解释为基础，结合上下条款、交易目的、交易习惯和诚信原则作出“通常理解”。此外，“通常理解”一般采用客观标准，即常人、普通人、一般理性人对格式条款的理解。

其次是按照不利于提供格式条款一方的规则解释格式条款。如果依据“通常理解”，格式条款有两种以上的解释，说明格式条款提供方要么在拟定格式条款时未尽到应尽的注意义务，要么存在通过歧义条款吸引消费者、谋取不正当竞争优势或者不正当利益之故意。在这种情况下，人民法院应当以不利于提供格式条款一方的规则进行解释，作出有利于对方的认定。实践中需要注意的是，部分经营者在其提供的格式条款中，通常会约定其对合同条款拥有最终解释权。如果这一约定与《民法典》第498条规定的格式条款解释规则相违背，仍应当按《民法典》第498条之规定对格式条款进行解释。

最后是按照非格式条款优先的规则进行解释。合同既有格式条款，也有非格式条款的，如果格式条款和非格式条款对同一事项的约定不一致，非格式条款优先已经成为国际上普遍采用的规则。格式条款系由提供方拟定并提供给对方使用、对方未实际参与磋商的条款，不能充分体现对方的真实意思。而非格式条款是双方当事人平等协商的结果，与格式条款相比，更能体现双方当事人的真实意思。优先采用非格式条款更符合民法上的自愿原则，对当事人也更为公平。根据《民法典》第498条之规定，格式条款和非格式条款不一致的，应当以非格式条款作为认定双方当事人权利、义务的依据。

法条链接

《中华人民共和国民法典》

第四百九十六条　格式条款是当事人为了重复使用而预先拟定，并在订立合同时未与对方协商的条款。

采用格式条款订立合同的，提供格式条款的一方应当遵循公平原则确定当事人之间的权利和义务，并采取合理的方式提示对方注意免除或者减轻其责任等与对方有重大利害关系的条款，按照对方的要求，对该条款予以说明。提供格式条款的一方未履行提示或者说明义务，致使对方没有注意或者理解与其有重大利害关系的条款的，对方可以主张该条款不成为合同的内容。

知识拓展

不利解释原则，是指在约定、协定和合同条款存在歧义时，应对条款作不利于制定条款一方的解释，该原则通常适用于格式合同的解释之中。

当前，不利解释原则广泛适用于对格式合同的解释之中，但不利解释原则并非为格式合同所生。不利解释原则诞生于格式条款被广泛运用于商业交易之前，而随着格式条款的广泛运用，交易中出现了利用不公平的格式合同损害合同相对方的现象。立法者为打击此类现象寻找法律规制路径，于是不利解释原则的保护弱势合同相对方的潜在功能被挖掘利用：处于强势地位的格式条款的合同提供方起草合同条款内容，在有疑义之处应当作有利于弱势一方的解释，从而保护弱者。

但是，不利解释原则的理论基础是自己责任原则，而不是保护弱者的交易公平原则。自己责任原则，是指行为人在表达自身意思的时候，负有使之明晰的义务，否则造成的不利后果由自己承担，也即行为人需对自身的行为负责。根据自己责任原则，在诚信的双边行为中，负有约文明晰化义务的起草者应当承担言语含义不明的责任。不利解释原则的目的是实现缔约双方之间的公平，但并不是为了表面上的公平而直接适用公平原则来保护弱势方。

（四）表见代理合同的成立要件

荣某星与淄博万耀建筑安装有限公司、郭某清、赵某军买卖合同纠纷案①

关键词

善意　权利外观　注意义务　表见代理

案情简介

飞跃物资站是个体工商户，于2010年8月6日成立，负责人为荣某星，2012年12月16日注销。

2011年12月20日，赵某军以淄博万耀建筑安装有限公司（以下简称万耀公司）的名义与飞跃物资站签订购销合同一份，约定购买飞跃物资站钢材一宗，用于盛昊公司工程。双方对钢材的规格、型号、数量、单价等分别作了约定。结算方式及期限为万耀公司收货量达30吨，转账支票结算30吨总款额一次，若一个月内不足30吨，按实际收货量结算。若不能按时结算，万耀公司日按总欠款额的0.08%支付违约金。赵某军作为万耀公司的委托代理人、荣某星作为飞跃物资站的委托代理人，分别在合同上签字，合同上没有加盖万耀公司的章印，郭某清作为担保方在合同上签字。合同签订后，自2011年12月

① 山东省淄博市中级人民法院民事判决书，（2016）鲁03民终2216号。

20 日至 2012 年 1 月 7 日，飞跃物资站分 6 次向盛昊公司工地运送钢材和木材，所送钢材和木材均由郭某清等人签收，所涉货款共计 335865. 30 元。

2012 年 4 月 20 日，赵某军向飞跃物资站支付木材款 10000 元。

2012 年 5 月 29 日，郭某清根据六份送货单为飞跃物资站出具了加盖有“万耀公司收料专用章”的收料单两份，该两份收料单记载的收料人仍为郭某清，其中一份收料单的右上角处记载：“接赵某军电话，以送货单开收料单已核实”。

2013 年 1 月 5 日，赵某军（甲方）作为需方，荣某星（乙方）作为供方，郭某清作为担保方，三方签订补充协议一份。约定自 2011 年 12 月 20 日至 2012 年 12 月 31 日，需方欠供方钢材款 306297. 30 元，2012 年 1 月 7 日，需方欠供方木材款 29568. 00 元，共计欠款 335868. 30 元，扣除需方于 2012 年 4 月 20 日已付款 10000 元，尚欠货款 325868. 30 元，需方于 2013 年 4 月 30 日前付清，供方不再追究 2011 年 12 月 20 日所签订的“每天 0. 08% 的违约金”；逾期仍按原合同执行。同时，该协议还约定担保人担保至双方货款付清。协议签订后，赵某军没有按期履行，郭某清也没有承担担保责任。据此，荣某星向法院起诉请求：要求被告万耀公司支付其货款 325868. 30 元，并支付违约金 305009. 92 元；被告郭某清承担连带责任。

另查明，赵某军借用万耀公司的建筑资质与博山房屋开发公司签订工程承包合同，后赵某军又与万耀公司签订了内部承包合同，由赵某军以万耀公司名义具体负责施工博山佳和小区工程。施工期间，赵某军为便于施工管理，刻制了万耀公司收料专用章。赵某军在施工博山佳和小区工程的同时，又以万耀公司的名义施工了盛昊公司污水处理工程，但万耀公司与盛昊公司之间并未签订承包合同。赵某军在施工上述两个工程期间，聘用郭某清先后在博山佳和小区工地和盛昊公司工地任材料员，负责工地收料事宜。

判例分析

本案最主要的争议焦点之一在于赵某军的行为是否构成表见代理，其签订的合同对被代理人是否发生法律效力。

涉案合同的签订系经郭某清的联系，荣某星出于防范经营风险的考虑，在郭某清的带领下，亲自到赵某军施工的博山佳和小区和盛昊公司工地进行了考察，并在博山佳和小区的施工现场，看到了施工单位万耀公司的牌子。且郭某清又为万耀公司在合同上签字承担担保责任，因此可以认定荣某星在签订合同前尽到了谨慎考察的义务。

从客观上分析，在双方签订的购销合同上，赵某军系以万耀公司的名义签订，并非以个人名义签订。且赵某军以万耀公司名义施工了博山佳和小区的工程，根据一般人的理解，同一施工人不可能在盛昊工程工地上为其他建筑公司工作。另外，证人证言以及盛昊公司污水处理工程的签证单可证实，赵某军在盛昊工地上施工时，是以万耀公司的名义。在赵某军以及郭某清说明是为万耀公司施工时，荣某星有理由相信是为万耀公司供应钢材。购销合同上虽然没有加盖万耀公司的公章，但是在合同履行过程中，郭某清作为收料人在《收料单》上加盖了万耀公司的收料专用章。由于私刻单位公章为法律所禁止，另外，证人徐某以及赵某军、郭某清也证实该章在此期间一直对外使用。因此，荣某星有理由相信其是将涉案货物交付给了万耀公司。

综上，荣某星在签订及履行合同的过程中，赵某军的行为在客观上形成具有代理权的表象，而且荣某星在主观上善意且无过失地相信行为人有代理权。因此，法院最终判决赵某军的行为构成表见代理，万耀公司应支付荣某星货款 325868. 30 元。

风险提示

公司经营会面临很多风险，有些是客观风险，有些是主观风险。客观风险可能无法避免，如果发生了客观风险，公司只能尽力减轻损失；主观风险可以避免，公司需主动防范。

表见代理是一种公司可以也应当主动防范的主观风险。《民法典》第 172 条规定，行为人没有代理权、超越代理权或者代理权终止后，仍然实施代理行为，相对人有理由相信行为人有代理权的，代理行为有效。

根据上述法律规定，表见代理属于广义上的无权代理，因被代理人与行为人之间的关系具有授予代理权的外观，致第三人相信行为人有代理权而与之从事法律行为，法律使之发生与有权代理同样的法律效果。从上述规定可以看出，在发生“表见代理”的情况下，公司作为被代理人对于行为人的行为完全无法控制，也无法预期行为人的行为可能给公司带来什么样的法律后果。

这种“不确定性”对于公司来讲完全是一种巨大的不可控风险，例如，行为人可能以公司名义与相对人订立一份业务合同，从而导致公司因必须履行该业务合同发生亏损或陷入不必要的纠纷。

表见代理制度的目的在于保护善意第三人的利益，从而维护交易的安全与稳定。表见代理必须同时具备以下构成要件：其一，须是无权代理行为；其二，行为人以被代理人名义与相对人订立了合同；其三，行为人无权代理的行为在客观上形成有权代理的表象；其四，合同相对人善意且无过失地相信行为人有权代理。

外表授权即相对人需要“有理由相信行为人有代理权”，代理行为才会有效。“有理由相信行为人有代理权”是一个事实问题，在每个案件中，法院需要通过双方提供的证据证明的具体事实进行分析。根据《最高人民法院关于适用〈中华人民共和国民法典〉总则编若干问题的解释》第 28 条之规定，相对人有理由相信行为人有代理权需满足以下两个条件：一是存在代理权的外观；二是相对人不知道行为人行为时没有代理权，且无过失。相对人善意是指相对人在与行为人签合同时不是明知行为人无代理权，且其无过失。从法院判决案例来看，个案对相对人是否善意的标准认定也因事实而不同。

企业职工在代理企业行使职务时，根据交易习惯或企业授权表象，使相对人潜意识中认为其有代理权，相对人很容易将其行为视为企业行为从而与之发生各种法律关系，因此，“表见代理”行为在企业经营活动中比较常见，表现形式和方式也多种多样，是一项重大的不可控风险。为预防出现表见代理，造成不利于企业的法律后果，笔者提出以下建议：

第一，企业应增强员工的风险意识，加强日常风险培训和管理。

第二，企业制定严格的委托代理授权管理制度，建立完善的公章使用审批流程以及追责机制。

第三，未经企业授权，其合作伙伴（经销商、供应商等人员）不得擅自使用企业名义开展任何业务活动。

法条链接

《中华人民共和国民法典》

第一百七十二条　行为人没有代理权、超越代理权或者代理权终止后，仍然实施代理行为，相对人有理由相信行为人有代理权的，代理行为有效。

知识拓展

公司员工在日常履行职务的过程中，经常会以公司名义对外作出意思表示。职务行为与表见代理的法律后果均由公司承受，但两者又有一定的区别。

职务代理，是指代理人在公司等法人或者非法人组织安排的工作职责范围内，依据其职务权利对外代表公司进行一定的民事法律行为。职务代理通常有以下几个特征：(1）职务代理人属于公司等法人或者非法人组织的工作人员。如果其不属于公司等法人或者非法人组织的工作人员，则需要根据其是否持有公司的授权文件，判断是否构成民事委托代理行为或者无权代理。(2）职务代理人实施的行为需要在其职权范围之内。（3）职务代理人是以公司名义实施民事法律行为。(4）职务代理人从事的法律行为系为公司目的，而非个人目的。

表见代理是指行为人没有代理权限，但拥有对外的权利外观，足以使善意相对人相信其有代理权，该代理行为的法律后果由被代理人承受。表见代理通常有以下几个特征：（1）表见代理为无权代理；(2）具有产生合理信赖利益的权利外观；(3）相对人为善意。

综上，职务代理与表见代理之间具有一定的区别。公司在经营管理过程中，需对员工履行工作任务所给予的授权材料或者其工作职责予以具体且明确的规定。否则，将会给公司带来不必要的法律风险。

二、商事合同履行阶段常见法律纠纷

商事合同的履行阶段是合同生命周期中最为核心的部分，它涉及合同各方权利义务的实际履行、利益交换和对合同内容的解释与执行。在这一阶段，由于各种原因，包括但不限于对合同条款的理解偏差、合同执行中的突发情况、市场变化、资源分配冲突等，都可能引发各种法律纠纷。这些纠纷不仅可能给企业带来经济损失，还可能对企业的声誉和长期合作关系造成不利影响。

如何确保合同的有效履行，如何妥善处理和预防潜在的纠纷，如何在遇到问题时为企业提供法律支撑，都是商事合同履行阶段企业必须面对的挑战。本部分将通过实际的案例分析，为企业提示在商事合同履行阶段可能遭遇的法律风险，并给出相应的解决建议。

（一）合同履行抗辩权的行使规则

浙江省宁波宏途纸制品工贸有限公司与浙江省宁波精英制版彩印有限公司买卖合同纠纷案①

关键词

买卖合同　不安抗辩权　先履行抗辩权

案情简介

浙江省宁波宏途纸制品工贸有限公司（以下简称宏途公司）因经营所需，自2010年上半年起向浙江省宁波精英制版彩印有限公司（以下简称精英公司）多次订购彩盒、拼图等产品。2011年3月2日，经双方对账，宏途公司确认截至2011年2月18日尚欠精英公司账面金额183万余元。精英公司和宏途公司双方对账后，尚有两份合同未履行完毕，分别为：第一，2010年11月25日签订的编号HTJY101125合同（以下简称1125号合同），该合同后因宏途公司要求更改包装交货期限尚未确定。精英公司实际生产的产品经法院组织清点，英文版拼图均存在塑料包装纸英文警告语反向的情形，中文版拼图无质量问题。第二，2010年12月11日签订的编号HTJY101211合同（以下简称1211号合同），交货日期为2010年12月30日，后

① 浙江省宁波市中级人民法院民事判决书，（2012）浙甬商终字第30号。

因宏途公司始终未提供上述产品的外包装彩盒设计稿，故精英公司生产完毕后散装半成品现堆积在其仓库，数量经现场清点为 16 万包。精英公司起诉后，认为宏途公司可能丧失履行上述合同的能力，故于 2011 年 4 月 27 日向宏途公司发送要求中止履行 1125 号合同及 1211 号合同的通知，要求宏途公司在接到通知之日起 5 日内提供等额担保，否则精英公司将解除上述合同。因宏途公司未提供相应担保，精英公司于 2011 年 5 月 5 日再次向宏途公司发函通知其解除 1125 号合同及 1211 号合同并要求宏途公司赔偿经济损失。宏途公司收到上述两份邮件后均未作出回复。

宏途公司的注册资本为 150 万元，2010 年 12 月至 2011 年 4 月，其资产及负债基本持平，净利润为负且亏损金额连月扩大。精英公司起诉后要求保全宏途公司财产 197 万元，法院于 2011 年 3 月 9 日、10 日实际冻结该公司银行账户 79.54 元及宏途公司对案外人永兆公司的到期债权 197 万元。但因宏途公司同时结欠港华公司约 300 万元加工款，故港华公司向宁波市镇海区人民法院申请财产保全。该院于 2011 年 3 月 15 日裁定冻结了宏途公司对案外人永兆公司的到期债权 3352927.76 元。后宏途公司与港华公司就结欠加工款协商一致，欠款 300 余万元分两年半付清。

判例分析

本案最主要的争议焦点为精英公司是否有权行使不安抗辩权以停止履行与宏途公司的双务合同。

本案中，宏途公司的经营状况出现问题，已拖欠精英公司近 200 万元未及时支付，同时宏途公司还存在巨额外债，其中宏途公司结欠案外人港华公司的外债 300 余万元经双方协商分两年半左右才能支付完毕，即宏途公司的即时付款能力严重欠缺。宏途公司主张其经营状况良好，但未提供证据证明其目前有足够的履约能力，且虽然其与港华公司之间就欠款达成和解，但也不能排除其在长达两年半的分期付款过程中会出现资产危机的可能，故法院认为宏途公司对此提出的抗辩不成立，精英公司认为宏途公司的履约能力不足并基于此行使不安抗辩权中止履行合同并要求宏途公司提供担保，符合法律规定。宏途公司在收到上述通知后既未恢复履行能力也未提供相应担保，甚至还因此拒不提供1211号合同相应的彩盒设计稿，恶意明显，故精英公司据此要求解除双方签订的1125号合同及1211号合同，合理合法，法院对此予以支持。

合同解除后，精英公司有权要求宏途公司赔偿其因履行上述两份合同所造成的损失。上述两份合同中，英文版拼图均存在塑料袋英文警示语反向的质量问题，鉴于精英公司在宏途公司尚未确定交货期的情况下行使不安抗辩权要求解除合同，故精英公司的瑕疵产品中合格部分的生产成本损失宏途公司应予以赔偿。1211号合同经法院现场勘查，精英公司已按合同约定完成了塑料袋包装的拼图半成品。精英公司提供的QQ聊天记录显示，精英公司一直在向宏途公司催要彩盒设计稿以便完成拼图的外壳包装，但宏途公司却因精英公司采取诉讼方式追讨欠款而一直未提供，直接导致16万包半成品长期堆积在精英公司仓库。现精英公司要求解除合同并赔偿损失，损失应包括散装拼图的生产成本及该批次货物的合理利润。宏途公司在赔偿损失后，即取得了上述两份合同项下产品的所有权，有权采取其他途径取回现在精英公司处的相应产品。

综上，一审法院判决被告宏途公司支付原告精英公司加工款184万余元并支付相应的逾期付款利息损失；解除原告精英公司与被告宏途公司签订的1125号、1211号合同，并由宏途公司赔偿精英公司经济损失20万余元。宏途公司上诉后，二审法院认为宏途公司在履行1125号、1211号合同的过程中，经营状况出现问题，并与他人发生巨额诉讼，且在收到精英公司要求中止履行合同及提供等额担保的通知后，既未回复，也未提供担保或恢复履行能力，原审法院据此判决支持精英公司解除合同的诉请，并不违反法律规定，故维持了一审判决。

风险提示

在继续性合同的履行过程中，双方的合同义务均存在持续性，在每一个阶段后履行方不安事由的出现均可导致先履行方不安抗辩权的产生。往往在这种情况下，后履行方会以不安事由不能成立或先履行方瑕疵履行等理由进行对抗，对中止履行并要求提供担保的通知不予理睬，从而导致先履行方行使合同解除权。本案中，对于先履行方在行使不安抗辩权时是否具有确切的证据，后履行方的经营状况是否严重恶化并危及先履行方债权的实现，先履行方瑕疵履行的情况下是否可行使不安抗辩权，合同解除后的损失如何确定等存在较大争议。如何正当行使不安抗辩权，平衡合同双方的权益，同样是为理论界与实务界所困扰的焦点。

结合法律规定及司法实务来看，不安抗辩权并不是可以随意使用的。在实务中，当企业作为先履行义务的一方当事人，在行使不安抗辩权时应注意以下几点：

第一，双务合同订立后，在合同的履行过程中，企业应当注重各项证据的收集和保留，且必须有确切证据证明后履行义务当事人存在丧失或者可能丧失履行债务能力的几种法定情形。若企业证据不足而直接中止履行，反而将构成违约行为。

第二，企业除了需要提供确切的证据证明对方有丧失或者可能丧失履行债务的能力之外，还要对于对方能否在合理期限内恢复履行能力或提供适当的担保作全面的了解，否则即使企业基于对方的履行现状而提出中止合同，后期也有可能难以实现不安抗辩权的行使。

第三，实务中，注重通知的送达以及证据的保留。当企业基于法定情形行使不安抗辩权时，应及时通知对方，通知应以书面的形式发出，且通知中应包含：(1) 明确对方的违约行为或者丧失履行能力的情形；(2) 己方明确中止履行合同的意思表示；(3) 给予对方合理、具体的期限予以整改。待上述期限届至，企业应及时书面通知对方解除合同并向对方主张违约赔偿。

第四，基于合同的稳定性及诚实信用原则，当对方能够提供确切证据证明其已经恢复履约能力或者提供了适当的担保的，企业仍应配合对方继续履行合同。若一味追求中止履行或解除合同而不注重客观现实，可能导致企业需承担违约责任。

法条链接

《中华人民共和国民法典》

第五百二十五条 当事人互负债务，没有先后履行顺序的，应当同时履行。一方在对方履行之前有权拒绝其履行请求。一方在对方履行债务不符合约定时，有权拒绝其相应的履行请求。

第五百二十六条 当事人互负债务，有先后履行顺序，应当先履行债务一方未履行的，后履行一方有权拒绝其履行请求。先履行一方履行债务不符合约定的，后履行一方有权拒绝其相应的履行请求。

知识拓展

先履行抗辩权又称违约救济权，必须满足“先履行合同债务一方当事人不履行合同债务或履行合同债务不符合约定”这一前提条件，其所产生的法律效果是后履行方暂时中止履行合同义务。在先履行方履行期限到来之前，该方当事人仍存在使其履行行为符合合同约定的可能，因此先履行抗辩权仅是一时的抗辩，并不产生消灭合同的法律效果。先履行抗辩权的作用在于后履行方可以通过行使这种权利而使先履行方的请求权消灭或使其效力延期发生，若先履行抗辩权成立，先履行方还有可能承担违约责任。而不安抗辩权所面对的是对方不能为对待给付的一种危险，即后履行方无能力再为对待给付。若后履行方在合理期限内无法恢复履行能力，则先履行方有权中止履行，最终有可能导致合同的解除，故两者的区别是显著的。

先履行抗辩权与不安抗辩权均发生在合同约定的履行期到来之前，当两者产生对抗时，应先审查不安抗辩权是否成立。因为先履行方往往是在其履行过程中发现对方存在不安事由，此时其履约行为尚未完成，当然存在部分履行、瑕疵履行或不完全履行等情形，若此时后履行方能以先履行抗辩权进行对抗，则不安抗辩权将会沦为虚设。若后履行方确实丧失履行能力，则其不能主张先履行抗辩权，亦不能以此对抗先履行方主张的不安抗辩权。

（二）违约金和迟延履行金竞合时的处理

金昌久策工业气体有限公司与甘肃丰盛环保科技股份有限公司加工合同纠纷案①

关键词

加工合同　违约金　迟延履行金

案情简介

2010 年 10 月 1 日，甘肃金昌化学工业集团有限公司（以下简称金化公司）与福建久策工业气体有限公司（以下简称福建久策公司）签订《金化公司 20 万吨合成氨、30 万吨尿素配套空分项目氧气加工合同》，约定：福建久策公司在河西堡镇化工循环经济产业园为金化公司 20 万吨合成氨、30 万吨尿素配套空分项目提供氧气和氮气，金化公司负责向福建久策公司提供建设用地，并向福建久策公司新设立的加气公司提供所需双回路电源、净化冷却水。福建久策公司新设立的加气公司负责投资、建设、管理空分装置，包括空气压缩机、氧气压缩机等其他配套设施，为金化公司加工氧气、氮气，并按金化公司要求输送。由于法律规定的不可抗力及无法取得电力、能源或交通、公用设施的短缺等一方无法控制的原因，造成其未能履行合同义务的，该方

① 最高人民法院民事判决书，（2022）最高法民再 77 号。

不承担因此而造成的违约责任，但必须在24小时内书面通知对方以避免损失扩大。合同期限自2010年10月1日起至2025年9月30日止。

2012年3月15日，福建久策公司、金化公司、金昌久策公司、丰盛公司签订《金化公司20万吨合成氨、30万吨尿素配套空分项目氧气加工合同补充协议》，约定：金化公司、福建久策公司不再执行原合同，由金昌久策公司、丰盛公司执行原合同。合同签订后，丰盛公司向金昌久策公司提供生产所需的电力和净化冷却水，金昌久策公司利用其生产设备为丰盛公司加工氧气。

2013年10月10日至2015年2月13日，丰盛公司未于收到发票后5日内付清上月的加工费，累计拖欠金昌久策公司加工费8652289.71元，该欠款按约定利率计算，截至2017年12月31日的逾期付款利息为5462209.46元。丰盛公司处于河西堡镇循环经济产业园循环经济链的中下游，以鑫华焦化公司生产焦炭的废气为原料生产合成氨。2015年2月12日，鑫华焦化公司函告丰盛公司，鑫华焦化公司原料煤储存不足6万吨，已无法维持正常生产，被迫减产降负荷，不能保证后续煤气供应，待恢复生产负荷后再考虑供气，此举实属无奈，请丰盛公司谅解。

鑫华焦化公司定于2015年2月13日8时停止向丰盛公司供气。当日，丰盛公司书面通知金昌久策公司停止向丰盛公司供应氧气。2015年2月14日至2017年7月31日，金昌久策公司再未向丰盛公司供气，按双方约定的最低年供气量3841万Nm^3计算，该期间的加工费为2211.46万元。

金昌久策公司向金昌市中级人民法院起诉请求：判令丰盛公司向金昌久策公司支付加工费31121888.04元、违约金11903897.01元，共计43025785.05元。诉讼中，金昌久策公司变更诉讼请求为：(1)判令丰盛公司向金昌久策公司支付加工费31120504.84元；(2)判令丰盛公司按日利率0.05%向金昌久策公司支付2017年12月

31 日前的逾期付款违约金 11903168.07 元；（3）判令丰盛公司以 31120504.84 元为基数，按日利率 0.05% 向金昌久策公司支付自 2018 年 1 月 1 日至欠款清偿之日止的违约金。

判例分析

本案最主要的争议焦点为当合同出现违约事由时，约定的逾期付款违约金与民事诉讼法规定的迟延履行金是否可以并用。

本案中，金昌久策公司与丰盛公司签订的案涉加工合同系双方真实意思表示，内容不违反法律、法规的强制性规定，合法有效，应予确认。双方均应按约履行义务并承担相应的责任。

逾期付款违约金与《民事诉讼法》第 260 条规定的法定迟延履行责任是两种不同的责任。逾期付款违约责任是基于双方合同约定，在发生逾期付款事实时产生的责任。法定迟延履行责任是一种间接强制措施，兼具补偿性和惩罚性，其目的是督促被执行人及时履行生效法律文书确定的义务。法定迟延履行责任与生效判决所确定的逾期付款违约责任在法律依据、性质、适用范围等方面均存在不同。法定迟延履行责任的承担不能免除逾期付款违约责任。另外，根据《最高人民法院关于执行程序中计算迟延履行期间的债务利息适用法律若干问题的解释》第 1 条有关“加倍计算之后的迟延履行期间的债务利息”的规定，迟延履行期间的一般债务利息，根据生效法律文书确定的方法计算，违约金判决至判决生效之日，违约金只能计算至判决生效之日，之后只能按照每日万分之一点七五以欠付加工费为基数计算迟延履行金，将导致迟延履行生效判决的责任低于当事人约定的违约责任，有违合同约定。丰盛公司在清偿加工费前，逾期付款的事实持续存在，故一审判决逾期付款违约金计算至加工费实际清偿之日，符合合同约定和法律规定。

根据各方签订的案涉加工合同的约定，金昌久策公司系为丰盛公司合成氨项目专门设立的氧气加工公司，其签订加工合同的目的在于能长期稳定地为丰盛公司加工氧气从而获取投资回报。丰盛公司停止收取金昌久策公司氧气，违反合同关于由丰盛公司收取气体的约定。根据《民法典》第577条“当事人一方不履行合同义务或者履行合同义务不符合约定的，应当承担继续履行、采取补救措施或者赔偿损失等违约责任”的规定，丰盛公司应当承担违约责任。

金昌久策公司以案涉加工合同第6.1.3条关于迟延支付加工费违约责任的约定，主张停止供气期间加工费的逾期付款违约责任。但金昌久策公司关于停止供气期间加工费的主张不成立，故其依据该条约定主张停止供气期间加工费的逾期付款违约责任亦不成立。

综上，合同约定的逾期付款违约金与民事诉讼法规定的迟延履行金系两种不同且可并用的民事责任。法院判决生效后，逾期付款的违约行为在债务清偿前持续存在，债务人应继续承担逾期付款违约责任，债权人有权请求将违约金计算至实际清偿之日，人民法院应予支持，故法院终审判决丰盛公司向金昌久策公司支付逾期付款金与迟延履行金。

风险提示

合同一经生效，即对双方当事人具有约束力。合同履行过程中，若一方当事人瑕疵履行，则会产生诉讼风险。为避免风险，保护己方合法权益，双方当事人往往会在合同中约定违约责任，设定违约金条款，关于违约金条款应注意以下几点：

首先，不约定违约金可能会产生法律风险。当事人可以约定一方违约时应当根据违约情况向对方支付一定数额的违约金，也可以约定因违约产生的损失赔偿额的计算方法，但如果在合同中未约定违约金，一方违约后另一方只能根据损失情况要求对方赔偿其相应损失，而司法实务中当事人很难对损失情况提供充分、有力的证据，特别是对预期利益损失的证明。不约定违约金或将面临因举证不能而无法得到充分赔偿的风险。

其次，违约金约定过高也可能会产生法律风险。约定的违约金低于造成的损失的，当事人可以请求人民法院或者仲裁机构予以增加；约定的违约金过分高于造成的损失的，当事人可以请求人民法院或者仲裁机构予以适当减少。如果当事人约定的违约金超过造成损失的30%的，当事人可以请求人民法院或者仲裁机构予以适当减少，所以约定违约金并非越高越好。

最后，关于违约金约定的防范措施。违约金的约定不宜过高，原则上不宜超过合同标的额的30%；对于违约造成的损失，当事人要固定好、保存好相关证据。当事人应紧密结合合同目的，针对性细化违约责任条款。妥善设置违约责任可促进双方及时履行合同义务，设置不当则可能会导致当事人主动或被动违约，阻碍当事人按约履行义务。当事人应紧密结合业务需要，妥善设置违约责任条款，结合业务急迫性和重要性，当双方开展尝试性合作，或者终止合作对双方均无实质性影响时，可尽量减少设置违约责任（违约金），以便实际情况发生变化时，当事人能够妥善退出合作关系。当双方合作紧密，单方终止合同将给对方造成一定的损失时，可尽量增加违约成本，防止当事人为“单方利益”而故意违约，给守约方造成较大损失。当企业以支付较大代价才争取到合作时，建议设置最大限度的违约责任，要让合作中的故意违约者得不偿失，一旦违约将付出沉重代价，依法保障合同履行。

法条链接

《中华人民共和国民法典》

第五百八十五条 当事人可以约定一方违约时应当根据违约情况

向对方支付一定数额的违约金，也可以约定因违约产生的损失赔偿额的计算方法。

约定的违约金低于造成的损失的，人民法院或者仲裁机构可以根据当事人的请求予以增加；约定的违约金过分高于造成的损失的，人民法院或者仲裁机构可以根据当事人的请求予以适当减少。

当事人就迟延履行约定违约金的，违约方支付违约金后，还应当履行债务。

知识拓展

合同当事人既约定了违约金，又约定了定金，在当事人不存在明确的特别约定的情况下，如果一方违约，对方当事人可以选择适用违约金或者定金条款，即对方当事人享有选择权，可以选择适用违约金条款，也可以选择适用定金条款，但二者不能并用。当然，不能并用的前提是针对同一违约行为，如果违约金和定金是针对不同的违约行为，在这些违约行为都存在的前提下，仍然存在并用的可能性，但无论如何不应超过违约行为所造成的损失总额。《民法典》第585条第2款规定了定金和法定赔偿损失之间的适用关系。与违约金不同，定金的数额不得超过主合同标的额的20%，定金不足以弥补一方违约造成的损失的，另一方可以请求赔偿超过定金数额的损失。据此，约定的定金不足以弥补一方违约造成的损失的，守约方既可以请求定金，也可以就超过定金数额的部分请求法定的赔偿损失，此时，定金和损失赔偿的数额总和不会高于因违约造成的损失。这既有助于守约方的利益得到充分保护，又可以避免守约方获得超过其损失的利益。

（三）买卖合同履行及预验收的认定

东方电气集团东方汽轮机有限公司与大庆高新技术产业开发区大丰建筑安装有限公司等买卖合同纠纷案①

关键词

预验收　合同变更　付款义务

案情简介

2011年8月，东方电气集团旗下的东方汽轮机有限公司大安风电分公司（以下简称大安分公司）与大丰建筑安装有限公司（以下简称大丰建安公司）签订了《买卖合同》。依照该合同，大丰建安公司将从大安分公司购买33套FD82B低温型风力发电机组，总金额达17622万元。此金额包括风电机组设备、监控系统、备品备件、易耗品、专用工具以及相关税费、运杂费、保险费和技术资料费等。支付条款详细规定了在不同阶段的付款比例和条件，如合同生效后的预付款、发货前的付款、全部设备交货后的付款等，每个阶段都需要提交相应的财务收据或验收证书来确认付款。另外，该合同还明确了设备的交货时间和顺序，确保及时和完整地交付设备。根据大丰建安公司的提前通知，交货时间分为三个阶段，分别是2011年10月、11月和

① 最高人民法院民事判决书，（2019）最高法民终185号。

2012 年 1 月。

2012 年 10 月 15 日，大安分公司与案涉风力发电机组的业主方肇源新龙顺德风电有限公司（以下简称新龙顺德公司）完成了对 33 套风电机组的验收，并在验收证书上进行了签字确认。次月，新龙顺德公司确认这 33 台风机已完成验收工作，并正式进入质保期。

2016 年 4 月 18 日，由于存在付款和履行情况的争议，大丰建安公司与东方电气公司进行了协商，并达成了《会议纪要》。这份纪要详细列明了应支付的款项和具体的付款计划，同时明确了如逾期不付款将产生的利息以及其他相关责任。

为了进一步明确责任和权益，2016 年 7 月 17 日，大丰建安公司、大丰服务公司和东方汽轮机公司签订《付款担保协议》，确认肇源项目的所有权利和义务均由东方汽轮机公司承接。此后，尽管大丰建安公司支付了部分款项，但在 2017 年 5 月 17 日前仍有 2400 万元的款项未付，导致东方汽轮机公司向黑龙江省大庆市中级人民法院提起诉讼。另外，大丰建安公司也因为合同中的损失、质量问题和违约金向黑龙江省大庆市中级人民法院提起诉讼。

判例分析

本案的争议焦点问题有：第一，东方汽轮机公司是否擅自变更合同内容，不正当促成收款条件成就；第二，货物是否进行了预验收，东方汽轮机公司是否隐瞒未预验收的事实；第三，大丰建安公司以货物质量存在问题为由主张先履行抗辩权能否成立；第四，东方汽轮机公司是否依约履行完毕交货义务。

首先，大丰建安公司主张，东方电气公司签署《会议纪要》超越《风电业务委托协议》约定，擅自变更了合同内容。但《会议纪要》系由大丰建安公司与东方汽轮机公司授权的东方电气公司自由协商、合意形成，内容不违反法律规定，并非东方汽轮机公司单方擅自变更合同。《会议纪要》对原合同约定的付款时间等进行了变更，亦是双方自主的交易安排，东方汽轮机公司并未擅自变更合同内容、不正当促成收款条件成就。

其次，根据《买卖合同》，预验收应由最终用户、买方和卖方三方共同实施。尽管本案的预验收没有大丰建安公司参与，不符合《买卖合同》的约定，但大丰建安公司于 2016 年 2 月 29 日向东方电气公司致函明确认可了验收证书的签署时间，并承诺分期支付预验收款。故大丰建安公司已经对大安分公司与业主方新龙顺德公司先前进行的预验收充分知情并予以认可，东方汽轮机公司并未对其隐瞒预验收情况。此后形成的《会议纪要》及《付款担保协议》对此进一步予以明确，且大丰建安公司亦实际履行了部分预验收款的支付义务。故大丰建安公司以项目未经预验收为由拒绝支付货款的抗辩不能成立。

再次，自 2011 年《买卖合同》签订后东方汽轮机公司开始供货至 2018 年，大丰建安公司从未正式提出质量异议。在 2017 年 10 月东方汽轮机公司提起货款追索诉讼后，大丰建安公司才于 2018 年另案提起了质量异议之诉，主张东方汽轮机公司的供货存在质量问题并要求损害赔偿。因质量问题已经另案处理，大丰建安公司的权益可以另案寻求救济，故最高人民法院认为原审法院对货物质量争议不予处理并无不当，对大丰建安公司提出的因质量问题而享有先履行抗辩权的主张不予支持。

最后，案涉 33 台风机在交货时已经进行了验货，其后完成了预验收，货物早已交付业主方新龙顺德公司并投入使用，至双方货款讼争产生时已长达 4 年多，大丰建安公司未提供证据证明其或业主方新龙顺德公司曾经对东方汽轮机公司未交付风机的技术资料提出过异议，风机亦未出现因缺少技术资料而无法运行或者其他不能实现合同目的的情况。相反，大丰建安公司在 2016 年 7 月 17 日签署的《付款担保协议》第1项中明确认可“大安分公司的供货义务已经履行完毕”。从性质上看，交付技术材料是卖方负有的从给付义务，卖方违反该从给付义务，买方可以主张相应的违约责任。除非卖方违反该从给付义务导致买方对所买货物无法正常使用，影响合同目的实现，否则买方不能基于从给付义务的不履行而拒绝履行给付货款的主给付义务。故即使东方汽轮机公司确未交付风机的技术资料，大丰建安公司也不能仅凭此理由而拒付货款。

综上，大丰建安公司的上诉请求不能成立，最高人民法院予以驳回。

风险提示

在商业交易中，合同作为双方权益的保障，其完整性、合法性和明确性是至关重要的。买卖合同是企业经营中最常见的合同形式之一。然而，合同的履行并非总是一帆风顺或毫无矛盾的，尤其是涉及巨额资金、技术先进的设备或特殊需求时。东方电气集团与大庆高新技术产业开发区大丰建筑安装有限公司的案例为其他企业提供了关于合同履行、预验收和付款义务等方面的重要教训。为了避免这些法律风险，企业在签订和履行合同过程中需要密切注意以下几点：

首先，明确合同条款的具体内容和责任分配是至关重要的。在本案中，合同变更导致了双方对付款时间和条件的争议。因此，所有的合同变更都应当清晰、明确并得到双方的书面确认。合同中应该详细列明货物交付、验收、付款、违约责任等核心条款，避免模糊、歧义的条款导致不必要的纠纷。

其次，合同的预验收程序及标准是不可忽视的。预验收是确认产品或服务是否满足合同要求的关键环节。如在本案中，虽然大丰建安公司最初未参与预验收，但后来其在与东方电气的通信中承认并确认了验收证书的签署。因此，企业在进行预验收时，应确保所有的利益相关者都参与其中，如最终用户、买方、卖方等，并确保验收结果得到所有利益相关者的书面确认。这样可以确保预验收的有效性，并避免后续的争议。

再次，与质量相关的争议应及时提出和解决。长时间的沉默或默许可能会被视为对质量的默认接受。在本案中，大丰建安公司在接受风机近 4 年后才提出质量异议，这种延迟可能会影响到企业在法庭上声称产品存在质量问题的合理性。因此，建议企业在收到产品或服务后，应尽快进行检查，并在发现问题后立即通知供应商。

技术材料的交付在很多买卖合同中都是一个重要的环节，尤其是在涉及高技术产品时。在本案中，大丰建安公司未能提供证据证明它或其业主方曾对东方汽轮机公司未交付风机的技术资料提出过异议。对于企业来说，及时、完整地交付技术材料并确保买方了解和掌握如何使用技术材料是至关重要的。同样，买方在没有收到合同约定的技术材料时，应及时通知卖方，并要求卖方履行其义务。

最后，付款问题经常是合同纠纷的核心。尤其是在涉及大额资金的合同中，双方都应确保按照合同约定的时间、条件和金额进行付款，任何偏离合同的行为都可能导致法律纠纷。此外，对于任何合同条款的变更或调整，包括付款时间和金额等，都应得到双方的书面同意。

法条链接

《中华人民共和国民法典》

第四百六十五条 依法成立的合同，受法律保护。

依法成立的合同，仅对当事人具有法律约束力，但是法律另有规定的除外。

第五百七十七条 当事人一方不履行合同义务或者履行合同义务

不符合约定的，应当承担继续履行、采取补救措施或者赔偿损失等违约责任。

知识拓展

商业合同在全球化的商业环境中起着至关重要的作用，是市场交易关系的基石。在商业活动中，合同不仅仅是约定双方义务和权利的工具，更是保障企业资产和利润、确保交易公平和透明的关键。因此，从合同的草拟到签署，再到执行，每一环节都需要慎之又慎。在考虑签署合同之前，双方都应进行尽职调查，包括但不限于对合作方的信誉、商业历史、财务状况以及潜在的法律纠纷进行详细了解，这样的前期工作可以预防诸多未来的纠纷和风险。对于合同本身，合同条款的明确性、完整性和合法性至关重要。这确保了当双方在执行合同过程中产生歧义或不确定性时，这些条款可以作为解决问题的依据。此外，随着全球商业环境的日益变化，诸如政治风波、经济危机或社会动荡等外部因素都可能对合同的履行产生直接或间接的影响，因此在合同中加入相应的条款来应对这些不确定因素亦是非常明智的选择。

进入合同的执行阶段，细致和系统的合同管理变得至关重要。一个强大的合同管理体系不仅可以跟踪每一项合同义务的履行情况，还可以提供及时的反馈和建议，确保合同双方都严格按照合同条款行事。这种合同管理体系还应包括一个针对潜在违约行为的预警机制，使得任何一方在发现对方未能履行合同义务时都能够及时采取措施。然而，即便在最仔细、最完备的合同管理体系下，仍然可能出现争议。对于这些争议，双方首先应通过友好协商进行解决，如果协商失败，双方可以选择仲裁或提起诉讼。在任何情况下，双方都应以公正、公平和透明的原则处理争议，并始终牢记保护各自的商业利益和声誉的重要性。

（四）合同漏洞的补充解释

江苏省江阴一建建设有限公司与江苏省无锡市电线厂合同纠纷案①

关键词

实际履行　补充解释　合同漏洞

案情简介

2009年3月25日，江苏省无锡市电线厂（以下简称电线厂）向江苏省江阴一建建设有限公司（以下简称一建公司）发出报价单一份，载明各种规格电缆的数量和价格，合计总金额约670万元。2009年3月28日，电线厂与一建公司订立供货合同一份，约定：电线厂供给一建公司电线电缆一批，按实际长度供货，电线电缆价格锁定为2009年3月25日电线厂报价单上的单价；总计金额按供货实际长度结算，交货地点为运输至一建公司指定地点；合同有效期至2009年12月31日。供货合同将2009年3月25日的报价单列为附件。

2009年9月15日，由于原材料价格上涨，电线厂与一建公司签订补充协议一份，约定：在原来双方合同正常履行的基础上，一建公司同意另外补贴电线厂合同总价的13%，约87.1万元；电线厂应根

① 江苏省高级人民法院民事裁定书，（2012）苏商申字第277号。

据一建公司的要求及时供货，并保证于2009年10月30日前将应供货料全部送达一建公司施工现场。2009年10月26日，电线厂向一建公司送交了一份“计划任务完成说明”，载明：“在近期电缆供货合作过程中，双方诚心相待，沟通良好。贵公司下达的电缆计划单由于时间紧迫、交货期急，但在我厂全体员工的共同努力下现已全部完成，并交付给贵公司。特此说明。”一建公司水电工吴某彬在该份计划任务完成说明下方“江阴一建代表”落款处署名。

此后，电线厂仍按照一建公司要求继续供货至2010年5月15日。因一建公司拖欠部分货款，电线厂遂提起本案诉讼，要求一建公司支付货款1722018.19元（其中对于2009年10月30日之后的供货，以供货时的市场价格计算）。一建公司认为电线厂未于2009年10月30日前将应供电线电缆全部送到一建公司施工现场，提起反诉要求电线厂支付违约金300万元。一审法院认为，电线厂于2009年10月30日前完成了供货合同的供货义务，并判决一建公司支付电线厂货款。一建公司提起上诉，二审法院维持原判。一建公司申请再审，主张供货合同未完全履行，电线厂2009年10月30日后的供货应按订立合同时的市场价格计算。

判例分析

本案的争议焦点主要围绕以下几个问题：首先，电线厂是否在2009年10月30日前完成了与一建公司的供货合同约定的供货义务；其次，2009年10月30日之后的供货价格应如何确定，是按照合同订立时的价格还是按照供货时的市场价格；最后，一建公司是否因电线厂未能按时完成供货而有权要求支付违约金。

一审法院认为，双方对电线厂应供电线电缆数量不确定，一建公司根据工程需要确定所要电线电缆的规格、型号和数量，电线厂根据一建公司的要求发货。一建公司员工吴某彬签名的"计划任务完成说明"内容明确，能够证明电线厂已完成一建公司的要货任务。综合补充协议约定的2009年10月30日前这一最晚供货时间及吴某彬的确认行为，应当认定电线厂已于2009年10月底完成了供货合同的供货义务。对于电线厂2009年10月30日之后供货的价格如何确定，双方意见不一，电线厂主张以市场价格计算，而一建公司认为应按供货合同价格计算。

江苏省高级人民法院审查认为，2009年3月28日一建公司与电线厂签订的供货合同明确约定了供货数量是按实际长度供货，对于货款总金额也约定了按供货的实际长度结算，只是对电线电缆的单价明确以供货合同附件为准。合同的附件是对合同的补充和细化，是合同的组成部分。如果附件的内容与合同约定的内容不一致，对于不一致的内容，应当遵从合同约定。因本案供货合同对供货数量及货款总金额明确约定是按实际长度结算，故应以实际供货长度计算供货数量及金额。

双方签订的供货合同明确约定合同有效期至2009年12月31日，补充协议更进一步约定电线厂需在2009年10月30日前将应供电线电缆全部送达一建公司施工现场，因此，双方实际通过补充协议对供货合同的供货截止时间进行了明确变更，即供货合同的最终供货时间变更为2009年10月30日。因电线厂供货是以一建公司要货通知为依据，按实际供货长度结算，故只要在2009年10月30日之前一建公司向电线厂发出要货通知，电线厂均应当在该日期之前供货，所供电线电缆为供货合同约定的货物，并以实际长度和供货合同附件载明的单价计算货款。一建公司员工吴某彬签名的"计划任务完成说明"能够证明电线厂已经完成供货合同约定的供货义务，故一建公司不得主张供货合同在2009年10月30日之前未履行完毕。

2009年10月30日之后一建公司再向电线厂要货，则因供货合同约定的电线厂供货义务已经实际履行完毕，双方形成新的买卖合同关系。对于供货单价，应由双方进行协商确定。在不能协商确定的情况下，考虑到货物所有权转移、风险转移等均采用交付主义原则，应以供货行为发生时的市场价格确定较为公平合理。综上所述，应当认定电线厂已在约定时间内完成供货义务。2009 年 10 月 30 日后的供货，双方形成新的买卖合同关系，价格应按交付时的市场价格计算，最终法院驳回了一建公司的再审申请。

风险提示

在企业经营过程中，合同作为双方权益的保障，其条款的明确性与完整性至关重要。以下几点为订立合同时需注意的风险点和相关建议：(1) 明确的交易条款：确保合同中详细列出交易的各个方面，如价格、数量、交货地点、交付时间等。模糊的表述可能导致双方在合同执行中产生分歧和纠纷。(2) 价格调整条款：特别是在易受市场影响、原材料价格波动较大的行业，合同双方应明确约定价格调整机制和条件，防止因市场变动导致的合同风险。(3) 期限与续约：明确合同的起止日期和如何处理合同到期后的关系，如续签、自动续约、合同解除等。(4) 明确的违约责任：明确规定当一方不履行合同义务时，另一方的权益如何保障，包括但不限于违约金、赔偿方式等。(5) 争议解决方式：预先约定双方在发生纠纷时的解决方式，如协商、调解、仲裁或诉讼，为可能的纠纷提供明确的解决路径。(6) 合同变更与终止：设定明确的合同变更和终止机制，包括在市场变化、法律法规变更或双方经营状况变动等情况下的应对措施。建议企业在签订合同前，应咨询专业法律团队或律师，确保合同条款的合法性、合理性和完整性，预防可能面临的合同风险。

合同签订只是交易的开始，合同的有效执行对企业的经营稳定至关重要。以下几点为在合同执行过程中需注意的风险点和相关建议：（1）及时履行与确认：确保合同的各项条款得到及时、准确的执行。完成某项约定后，建议及时与对方进行确认，以书面记录的形式留存证据。（2）变动的应对：市场和经营环境的变化可能影响合同的履行，如原材料短缺、突发事件等。建议双方定期评估合同执行中的难点，并协商应对措施。（3）持续的沟通与监督：沟通是预防和解决问题的关键，双方应建立定期沟通机制，及时交流合同执行中的问题和疑虑，确保合同的平稳进行。（4）风险预测与备份计划：预测可能影响合同执行的风险，如汇率波动、法律法规变更等，根据风险程度制定备份计划，确保业务的连续性。（5）第三方的参与：如有第三方参与合同的执行，如物流公司、供应商等，应确保与第三方的合同条款与主合同保持一致，防止因第三方问题导致的合同风险。（6）知识产权保护：在涉及技术、品牌、专利等知识产权的合同中，确保合同条款对知识产权的保护，防止未经授权的使用、披露或转让。

建议企业制定完善的合同管理制度和流程，确保合同从签订到执行，都能够处于有效控制和管理之中，最大限度地减少合同风险。

法条链接

《中华人民共和国民法典》

第五百一十条 合同生效后，当事人就质量、价款或者报酬、履行地点等内容没有约定或者约定不明确的，可以协议补充；不能达成补充协议的，按照合同相关条款或者交易习惯确定。

知识拓展

合同，作为双方当事人之间达成的明确约定，旨在为交易双方提供明确的权利和义务指引。但在实际的商业交易中，由于各种原因，如当事人的疏忽、不可预见的市场变化或当事人的策略调整等，合同中可能会出现内容疏漏的情况，也就是所称的“合同漏洞”。解决合同漏洞是商业法律实践中的一个重要问题。

补充解释方法是一个常用的填补合同漏洞的方法。这一方法根据现有合同条款来确定应有的内容，从而确保合同的完整性和可操作性。补充解释的目的是尽量维持合同的原始意图，而不是重新制定合同条款。这就意味着，解释者需要基于现有的合同条款和双方当事人的真实意图，来补充或解释那些不清晰或被遗漏的部分。此外，补充解释方法是一个动态的过程，随着市场、技术和法律环境的变化，对合同的补充解释可能也会随之调整。

交易习惯在商业实践中起着至关重要的作用，它是在长期、反复的交易活动中形成的未经明文规定但为交易双方所普遍接受的行为模式。交易习惯可以被视为一种无形的“规则”，它反映了某一行业、地区或交易关系中的普遍做法。与法律规定相比，交易习惯更加灵活，能够更好地适应市场变化和商业实践的需求。在填补“合同漏洞”时，如果补充解释的方法无法提供满意的解决方案，交易习惯往往成为双方当事人的下一个选择。当双方当事人之间存在长期的交易关系时，其交易习惯往往对合同的解释和执行起到决定性的作用。这是因为，长期的交易关系使双方当事人形成了一种“默契”，即使在合同中没有明确规定，双方也能够依据过去的交易习惯来确定其权利和义务。然而，依赖交易习惯也有一定的风险，尤其是在市场环境发生剧烈变化的情况下。这就需要当事人在签订合同时，对可能出现的问题具有预见性，尽量避免依赖不确定的交易习惯。总之，补充解释和交易习惯都是填补“合同漏洞”的有效工具，它们各有优势和局限性，当事人应根据具体情况灵活选择。

三、商事合同解除阶段常见法律纠纷

商事合同的解除，通常标志着商业合作关系的终结。在这一阶段，合同的履行、违约责任的认定、损害赔偿以及双方的权益转移等都可能成为引发法律纠纷的风险点。本节旨在深入剖析在商事合同解除阶段企业可能面临的法律风险和纠纷。通过实际的典型案例，探讨在合同解除过程中如何准确判断违约责任，如何合理计算和要求损害赔偿，如何有效地保障自身的合法权益。本节将为企业提供一系列实用的建议和策略，帮助企业在面临商事合同解除的情况时，既能够维护自己的权益，又能够避免不必要的法律风险和纠纷，确保商业活动的稳定和持续。

（一）合同法定解除权的行使规则

兰州滩尖子永昶商贸有限责任公司等与爱之泰房地产开发有限公司合作开发房地产合同纠纷案①

关键词

双务合同　违约　法定解除权

案情简介

2006 年 12 月 11 日，爱之泰房地产开发有限公司（以下简称爱之泰公司）与兰州滩尖子永昶商贸有限责任公司（以下简称永昶商贸公司）、农垦机电公司签订《联建合作协议书》，爱之泰公司与永昶商贸公司于 2001 年 11 月签订了联建合作协议，由双方共同开发建设银垠大厦项目。根据该协议约定，永昶商贸公司应给爱之泰公司办理联建项目用地土地过户事宜。为尽快办理滩尖子 489 号土地的过户事宜，以便双方共同开发的银垠大厦项目得以顺利开发建设，进一步明确三方权利义务，特订立下列条款：（1）银垠大厦项目概况。银垠大厦项目的总建筑面积为 49586. 14 平方米（不含人防层）。本合同项下工程为联建工程，各方均应为项目成功尽到各自义务。项目立项、规划、建设及销售应以爱之泰公司名义进行。（2）分成方式。①爱之泰公司

① 最高人民法院民事判决书，（2012）民一终字第 126 号。

占爱之泰公司和永昶商贸公司共同分成面积的 1 至 28 层面积的 65%，永昶商贸公司占 35%。②爱之泰公司占爱之泰公司和农垦机电公司共同分成面积的 65%，农垦机电公司占 35%，具体为银垠大厦 1 至 28 层。

12 月 22 日，签约三方又签订了一份补充协议，约定：（1）银垠大厦建设项目系三方共同联建项目。（2）现联建开发建设项目占地 5.019 市亩，虽然以前是永昶商贸公司名下的土地使用权的宗地，但其中约 2.33 市亩土地，实际为农垦机电公司所用地，并以此为参与该联建分成的依据……（5）三方按比例分成的房屋，必须在爱之泰公司的售房部门公示，同时，三方实际分成房屋在施工平面图中确定，经三方在该图纸上盖章明确，并各自保存以备在交房时对照。（6）农垦机电公司在交房时必须把由永昶商贸公司、爱之泰公司为其担保从市城投公司所借的拆迁补偿款归还给城投公司，如不能按时归还，将由永昶商贸公司或爱之泰公司归还，届时农垦机电公司所分得的房产将归实际还款方所得。

签约三方还于 2004 年 12 月 21 日就爱之泰公司要求先行开工问题签署了一份会议纪要，纪要内容为：同意先行开工。2006 年 2 月 21 日，爱之泰公司与浙江宏成建设工程有限公司（以下简称宏成公司）签订了《银垠大厦工程施工协议书》，约定由宏成公司总承包位于兰州市城关区滩尖子银垠大厦地下 2 层、地上 28 层，建筑面积 6 万平方米的施工工程，承包方式为包工、部分包料，总工期 720 日。该协议在履行过程中：（1）由于银垠大厦工程项目未经兰州市规划行政主管部门批准，亦未办理相关四证，被兰州市规划局给予行政处罚。（2）爱之泰公司在未取得商品房预售许可证的情况下违法预售部分房屋。（3）由于爱之泰公司未按约支付工程款，导致该工程至今只完成了主体部分，故引发本案诉讼。

判例分析

二审法院认为，本案最主要的争议焦点为永昶商贸公司和农垦机电公司对联建协议及补充协议是否享有法定解除权。

永昶商贸公司和农垦机电公司主张爱之泰公司主要存在两项违约行为：一是未办理案涉联建项目的报建、规划、施工、预售等手续，致使案涉项目形成违章建筑并得到处罚。二是未按期交付联建房产。

关于农垦机电公司是否具备联建协议当事人资格的问题。根据一审查明的事实，农垦机电公司与爱之泰公司签订了多份联建合作协议及补充协议，爱之泰公司认可其与农垦机电公司签订的各个联建协议的真实性和有效性。虽然案涉土地使用权登记在永昶商贸公司名下，但各方对案涉土地的真实权属状况是明知的，合同约定也是明确的，该合同约定亦不违背法律的规定，故上述约定对各方具有约束力。退一步讲，即使农垦机电公司对标的物无任何处分权，亦不影响各联建协议及补充协议的效力，农垦机电公司仍享有相关的合同权利。综上，爱之泰公司以农垦机电公司对案涉土地无任何权益为由主张农垦机电公司不具备联建主体资格的理由不能成立。

关于未办理案涉项目报建、规划等手续问题。2004 年 12 月 21 日签约三方就爱之泰公司要求先行开工问题签署了一份会议纪要，纪要内容为同意先行开工，这也说明各方对边开工边办理相关手续是达成一致的。2006 年 6 月 28 日兰州市规划局《违法建设案件行政处罚决定书》第 2 项载明："责令补办建设工程规划手续。"从兰州市规划局的处罚决定看，案涉项目并非根本性违法建筑，而是属于可以补办工程规划手续的项目。综上，办理案涉项目各项规划手续是联建三方的共同义务，爱之泰公司负责办理工作，永昶商贸公司和农垦机电公司负责协助，导致案涉项目规划手续未能办理，各方均有一定责任。而且，各方对案涉项目先开工后补办手续也是明知并认可的。同时，根据相关行政部门的决定，案涉项目并非根本性违章建筑，可以通过补办相关规划手续使之合法化。因此，爱之泰公司虽然未成功办理规划手续，但并不属于根本性违约导致合同目的不能实现，据此认定永昶商贸公司和农垦机电公司有权解除合同，无事实和法律依据。

关于爱之泰公司未按时交付联建房产问题。在双务合同中，双方均存在违约的情况下，应根据合同义务分配情况、合同履行程度以及各方违约大小等综合考虑合同当事人是否享有解除权。综合全案情况看，爱之泰公司承担了联建项目中的主要工作，并已经履行了大部分合同义务，案涉项目主体工程已经完工，在各方均存在违约的情况下，认定永昶商贸公司和农垦机电公司享有法定解除权，无事实和法律依据，并会导致合同双方利益的显著失衡。

综上，在双方均存在违约的情况下，如一方当事人已经履行了大部分合同义务，尤其是合同目的已基本达成的，若另一方当事人主张解除合同，应综合考虑合同的履行情况等因素，判断其是否享有解除权。故最高人民法院终审判决永昶商贸公司和农垦机电公司不享有法定解除权。

风险提示

合同解除，是指已经依法成立而且生效的合同，经过解除后不再具有法律效力，而使合同将来终止法律效力或者自始就不具有法律效力的法律行为。合同解除有两种情况：一是协议解除，二是法定解除。合同解除过程中会存在以下常见的风险：

一是长期合同缺乏解除条件约定。一些履行期限很长的合同，在合同履行期内可能发生各种不同的情况，一些情况将改变合同的订立基础。在出现相应事件时，缺乏变更或解除合同的规定，则必然损害当事人利益。对此，我国《民法典》第533条明确规定了情势变更规则，当事人在长期合同中可以协商约定将一些合同订立的基础因素的改变约定为合同解除条件，以此来规避法律风险。

二是合同解除通知义务履行不当。合同当事人按合同约定的解除条件或根据法定解除条件解除合同时，必须通知对方，这种通知自到达对方当事人时产生解除合同的效力。采用书面通知方式是一种有效的证据固定手段，若企业通过口头通知解除合同，则可能出现对方不予理会，要求继续履行合同的情况，同时由于企业没有及时行使解除权，对方继续履行合同的支出可能要求企业赔偿。为避免该法律风险，应当及时采用书面形式通知对方当事人，对方能够签收的尽量取得对方的签收回执。

三是合同解除后续事项约定不明。合同解除并不像有些企业经营者想象的那样简单，合同一经解除就万事大吉了。通常，合同解除后还有很多善后事项需要进行明确约定，在协议解除时，由于解除的情况千差万别，所以就更需要企业对此特别注意。尚未进入履行阶段的合同的解除较为简单，但若已经做出了履行合同的准备活动或者合同已经部分履行时，双方关于合同之前履行情况的处置就必须与解除合同一并解决。若解除条件或解除权为事先约定，则此时应当积极对后续事项进行协商，达成解决方案。如果是事后协商解除合同，则双方必须将有关条件谈妥后才能签署解除合同的协议，此时合同中一定不能有待定条款存在，否则产生的各种不规范表述都可能引发法律风险。

故在订立合同时，企业经营者应注意：（1）合同条款应准确清晰，尤其是关于合同解除和违约责任条款的约定。如果合同没有约定解除的情形，守约方只能依据《民法典》第563条规定的法定解除的情形主张解除合同，此时守约方需要提供充分的证据，证明违约方存在根本违约行为，导致合同目的无法实现。故在订立合同时，双方当事人应对合同解除的情形作出明确约定。（2）解除合同的意思表示应在约定或者法律规定的期限内行使。如果没有在上述期间行使解除权，则守约方的解除权发生消灭的法律后果。(3) 通过通知对方当事人的方式行使解除权，应当妥善保管通知的相应证据，综合采取邮寄通知书、发送电子邮件、短信或微信通知等方式。(4) 订立合同时应明确约定一方违反合同约定应当承担的违约责任，可以约定赔偿损失的数额、违约金的数额或者计算方式等。

法条链接

《中华人民共和国民法典》

第五百六十三条 有下列情形之一的，当事人可以解除合同：

（一）因不可抗力致使不能实现合同目的；

（二）在履行期限届满前，当事人一方明确表示或者以自己的行为表明不履行主要债务；

（三）当事人一方迟延履行主要债务，经催告后在合理期限内仍未履行；

（四）当事人一方迟延履行债务或者有其他违约行为致使不能实现合同目的；

（五）法律规定的其他情形。

以持续履行的债务为内容的不定期合同，当事人可以随时解除合同，但是应当在合理期限之前通知对方。

知识拓展

无论是约定解除权，还是法定解除权，解除权的行使是法律赋予当事人的保护自己合法权益的手段，但该权利的行使不能毫无限制。行使解除权会引起合同关系的重大变化，如果享有解除权的当事人长期不行使解除的权利，就会使合同关系长期处于不确定状态，影响当事人权利的享有和义务的履行。因此，解除权应当在一定期间内行使。

合同解除权作为形成权，其行使期限的消灭分为以下几种情况：第一，法律规定或者当事人约定解除权行使期限的，期限届满当事人不行使的，该权利消灭。第二，法律没有规定或者当事人没有约定解除权行使期限的，对方当事人为明确自己义务是否还需要履行，可以催告享有解除权的当事人行使解除权，享有解除权的当事人超过合理期限不行使解除权的，解除权消灭，合同关系仍然存在，当事人仍要按照合同约定履行义务。第三，法律没有规定或者当事人没有约定解除权行使期限，另一方当事人未催告的，或者另一方当事人在很长时间之后才进行催告的，如果解除权长期存在，享有解除权的当事人就可能在很长时间之后仍然行使解除权，如此则不利于合同关系的稳定。因此，为减少解除权人长期不行使解除权所产生的不利影响，自解除权人知道或者应当知道解除事由之日起 1 年内不行使的，解除权消灭。第四，解除权消灭的事由除了行使期限届满之外，还包括当事人知道解除事由后明确表示或者以自己的行为表明放弃解除权。

（二）情势变更的适用规则

大宗集团有限公司、宗某晋与淮北圣火矿业有限公司、淮北圣火房地产开发有限责任公司等股权转让纠纷案[①]

关键词

股权转让　迟延履行　情势变更

案情简介

2013年3月24日，大宗集团有限公司（以下简称大宗公司）、宗某晋为甲方，淮北圣火矿业有限公司（以下简称圣火矿业公司）为乙方签订《股权转让协议》。该协议内容为：甲方共同合法持有宿州宗圣矿业有限公司（以下简称宿州宗圣公司）和淮北宗圣矿业有限公司（以下简称淮北宗圣公司）各44%的股权（其中大宗公司各40%，宗某晋各4%）。乙方系两个公司的股东之一，具有受让两个公司股权的合法权利，愿意受让甲方转让的两个公司股权。

协议签订后，圣火矿业公司依协议约定应当于2014年7月31日前支付第1期股权转让款1亿元，但圣火矿业公司未按期履行付款义务。2014年7月31日，圣火矿业公司向大宗公司出具2000万元的违约金欠条。该欠条载明："今欠大宗集团有限公司款2000万元，该笔

① 最高人民法院民事判决书，（2015）民二终字第236号。

欠款保证于2014年8月30日一次性付清。注：该违约金系大宗集团有限公司与淮北圣火矿业有限公司在2013年3月24日签订的第一笔探矿权转让金1亿元所造成的违约金款。”2014年9月5日、9日、11日、12日，圣火矿业公司分4笔共计支付大宗公司违约金1000万元，之后再未支付款项。

2011年9月18日和9月30日，安徽省志远科技咨询有限责任公司对三处煤炭资源井田煤炭勘探探矿权作出评估报告书，三处煤炭资源评估价值共计37.9亿元。2012年12月3日，淮北宗圣公司和宿州宗圣公司作出股东会决议，全权授权宗某乐与皖北矿业集团有限公司洽谈三处煤炭资源开发事宜，开发方式包括股权合作开发或者将三座煤矿全部资源有偿转让给皖北矿业集团有限公司开发。2013年3月24日淮北宗圣公司和宿州宗圣公司作出股东会决议，改为委托张某贤完成寻找和选择股权受让方、评估、谈判和协商等工作。2013年6月28日，淮北矿业（集团）有限责任公司在给淮北市人民政府的《关于合作情况的说明函》中表示其与圣火矿业公司共同合作开发矿产资源，恳请市政府给予相关工作支持。

2014年10月12日《国家能源局关于调控煤炭总量优化产业布局的指导意见》（以下简称《调控煤炭指导意见》）第3条指出：“按照‘控制东部、稳定中部、发展西部’的总体要求，依据煤炭资源禀赋、市场区位、环境容量等因素确定煤炭产业发展格局。今后一段时期，东部地区原则上不再新建煤矿项目。”

2014年10月31日，淮北圣火房地产开发有限责任公司、涡阳房地产公司出具承诺书，该承诺书载明：“2013年3月24日大宗集团有限公司与淮北圣火矿业有限公司签订的股权转让协议所欠款项，具体内容和金额按原合同的约定履行。淮北圣火房地产开发有限责任公司和涡阳圣火房地产开发有限公司承诺：房产销售款首先按合同约定偿还大宗集团有限公司的到期债权。特此承诺。”

判例分析

本案的争议焦点为：（1）本案情形是否符合情势变更原则，协议应否解除；（2）涉案股权转让协议的效力，协议能否继续履行。

关于本案是否符合情势变更原则。法院认为，我国相关法律规定，合同成立以后客观情况发生了当事人在订立合同时无法预见的、非不可抗力造成的不属于商业风险的重大变化，继续履行合同对于一方当事人明显不公平或者不能实现合同目的，当事人请求人民法院变更或者解除合同的，人民法院应当根据公平原则，并结合案件的实际情况确定是否变更或者解除。本案中，淮北宗圣公司成立于2007年，其一直在为涉案三处煤炭资源申请办理采矿权手续或立项核准，直到2014年10月12日《调控煤炭指导意见》出台之前，也未获得批准，并且该意见规定，只是在“今后一段时期”内东部地区原则上不再新建煤矿项目。因此，政策原因并非造成合作开发项目得不到核准的唯一原因。此外，作为双方合作成立的公司，双方应共享收益、共担风险，公司股权转让后，转让款应按股东持股比例分配。本案中，圣火矿业公司先行受让了大宗公司、宗某晋持有的合作公司股权，该做法本身存在将来转让不能的商业风险，该风险圣火矿业公司应当能够预见。同时，双方2013年3月签订的《股权转让协议》第4条也约定，无论与两家公司拥有的煤炭资源相关的探矿许可证或采矿许可证是否作废、到期或失效，圣火矿业公司均无条件履行本协议约定的所有条款。综上，可以认定圣火矿业公司对可能存在的风险能够预见。另外，考虑到大宗公司诉请的第一笔股权转让款到期时，《调控煤炭指导意见》尚未出台，对该笔股权转让款，可以确认不符合情势变更原则。

关于涉案股权转让协议的效力，协议能否继续履行。法院认为，2013年3月24日，大宗公司、宗某晋与圣火矿业公司签订的《股权转让协议》系双方真实意思表示，且不违反法律、行政法规的禁止性规定，双方在协议中约定，大宗公司、宗某晋将其合法持有的宿州宗圣公司和淮北宗圣公司各44%的股权全部转让给圣火矿业公司，圣火矿业公司支付转让款项。三处煤炭资源的探矿权许可证和采矿权许可证始终在两个目标公司名下，不存在变更、审批的问题。《股权转让协议》签订后，圣火矿业公司也实际控制了两个目标公司，实现了合同目的，故法院认定该股权转让协议合法有效。

综上，法院最终判决了本案情形不得适用情势变更，且支持了大宗公司、宗某晋要求圣火矿业公司继续履行，支付已到期应给付的股权转让款1亿元及尚未支付的违约金1000万元的主张。

风险提示

情势变更原则，是指在合同成立后，订立合同的基础条件发生了当事人在订立合同时无法预见的、不属于商业风险的重大变化，仍然维持合同效力、履行合同对于当事人一方明显不公平的情势，受不利影响的当事人可以请求对方重新协商，变更或解除合同并免除责任的合同效力原则。

情势变更原则的适用条件：一是须有与双方主观意思无关的应变更或解除合同的情势发生；二是情势变更发生的时间须发生在合同成立后至消灭前；三是对情势变更的发生，合同当事人不存在过错；四是情势变更须是不可预见、不可预料的，且不属于商业风险；五是继续维持合同效力将会产生显失公平的结果。

情势变更原则适用的法律效力为：（1）再协商效力。当事人重新协商，达成变更原合同的效力。（2）再协商无法达成合意的，可以变更或解除合同并免除当事人责任。关于情势变更原则的适用，应注意以下几点：

第一，商业风险不构成情势变更。商业风险属于从事商业活动的固有风险，如尚未达到异常变动程度的供求关系变化、价格涨跌等；情势变更则是当事人在缔约时无法预见的非市场系统固有的风险。

第二，合同订立后，当事人应当按照约定或者法定的期限严格履行合同义务。在迟延履行期间即使发生了影响合同基础条件的客观事实，也不适用情势变更原则。

第三，情势变更事由出现后，受不利影响的当事人应当向对方及时提出重新协商的要求，调整合同权利义务。对方当事人应配合进行交涉，如拒绝交涉的，则将被认定为交涉无果，无法重新达成一致意见。

第四，在情势变更解除合同的情形中，当事人一方发出的解除合同的通知，并不产生解除合同的效果。当事人只能向法院或者仲裁机构提出解除合同的请求，合同解除的时间点是法院或者仲裁机构作出判决或者裁决之日。

第五，情势变更具有不可归责性，当事人对于该事实的发生均无过错，故不存在违约责任的问题。

法条链接

《中华人民共和国民法典》

第五百三十三条 合同成立后，合同的基础条件发生了当事人在订立合同时无法预见的、不属于商业风险的重大变化，继续履行合同对于当事人一方明显不公平的，受不利影响的当事人可以与对方重新协商；在合理期限内协商不成的，当事人可以请求人民法院或者仲裁机构变更或者解除合同。

人民法院或者仲裁机构应当结合案件的实际情况，根据公平原则变更或者解除合同。

知识拓展

情势变更和不可抗力二者具有制度上的高度相似性，二者的触发前提均是不可预见导致的客观情况，且均可成为民事责任的免责“金牌”。而二者的区别有两点：一是触发的客观情况不同。不可抗力通常是指自然灾害、战争等客观情况；而情势变更在民商事审判实践中则主要表现为社会经济形势的剧烈变动，包括经济危机、金融危机、严重通货膨胀、国家宏观调控与价格管制措施、重大疫情与防控措施、重大社会政策调整等。二是触发的结果不同。不可抗力一旦触发，合同在客观上无法履行；而情势变更则只是增加了合同实现的难度和成本，继续履行合同会导致对一方当事人显失公平。

司法实践中应用不可抗力或者情势变更的基本规则是，当事人不承担民事责任的唯一原因只能是不可抗力或是情势变更。

（三）合同解除后的违约金条款适用

广西桂冠电力股份有限公司与广西泳臣房地产开发有限公司房屋买卖合同纠纷案[①]

关键词

合同目的　合同解除　违约金

案情简介

2003年3月12日，广西桂冠电力股份有限公司（以下简称桂冠公司）（甲方）与广西泳臣房地产开发有限公司（以下简称泳臣公司）（乙方）签订《基地定向开发建设协议书》（以下简称《定向开发协议》），委托泳臣公司在广西南宁市琅东凤岭段为桂冠公司建设办公综合楼和商品住宅小区。

2005年3月30日，桂冠公司（甲方）与泳臣公司（乙方）签订《广西桂冠电力股份有限公司基地定向开发建设补充协议书》（以下简称《补充协议》），约定将办公楼主楼初定为26层，建筑面积为45955平方米。

《补充协议》签订后，桂冠公司分别于2005年4月12日、2006年8月9日、2006年9月7日向泳臣公司支付5460万元、1000万元、

① 最高人民法院民事判决书，（2009）民一终字第23号。

2000 万元。至此，桂冠公司向泳臣公司总共支付 11050 万元用于办公楼建设。2006 年 1 月 4 日，泳臣公司完成对土建（含桩基）、水电防雷、空调通风、通风、消防人防的招标工作。2006 年 4 月 6 日，办公楼工程完成桩基础工程。2006 年 5 月 25 日，泳臣公司取得了南宁市规划管理局颁发的 A 区 1#办公楼的《建设工程规划许可证》及附件。2006 年 6 月 21 日，泳臣公司取得了南宁市建设委员会颁发的凤岭商住小区（二期）财富国际广场 A、B、C 区工程的《建筑工程施工许可证》。2006 年 8 月 16 日，泳臣公司完成了办公楼地下室工程。2006 年 12 月 5 日，泳臣公司完成了办公楼四层楼面结构工程。

2006 年 12 月 9 日，承建财富国际广场工程的中国建筑总公司致函泳臣公司，称因泳臣公司长期欠付工程进度款造成材料供应中断，生产陷入半瘫痪状态，决定于 2006 年 12 月 10 日全部停工。2007 年 3 月 21 日，南宁市建筑工程质量检测中心组织对凤岭商住小区（二期）财富国际广场 A 区一号综合楼进行综合检测。2007 年 5 月 23 日，南宁市建设主管部门在财富国际广场工程质量事故处理工作协调会议纪要上明确：财富国际广场工程存在的安全和质量问题，属重大工程质量事故。该工程之后一直处于停工状态。

桂冠公司向广西壮族自治区高级人民法院提起诉讼，请求判令：解除《定向开发协议》与《补充协议》；泳臣公司返还投资款、利息、定金、违约金、赔偿损失。广西壮族自治区高级人民法院认为，合同解除后违约方的责任承担方式不表现为支付违约金，判决：解除《定向开发协议》与《补充协议》；泳臣公司返还桂冠公司购房款 11050 万元，赔偿损失 13123.3 万元。

判例分析

本案主要的争议焦点为涉案合同是否有效，违约方如何承担责任问题以及合同应否解除问题。

关于合同的效力问题，2003 年 3 月 12 日，桂冠公司与泳臣公司签订《定向开发协议》，委托泳臣公司在南宁市琅东凤岭段为桂冠公司建设办公综合楼和商品住宅小区。协议约定：办公楼主楼初定 21 层，占地面积约 30 亩，建筑面积约 3 万平方米，办公楼总投资包括：土地每亩按 53 万元（含土地平整费）计算；开发建设费造价暂按建筑面积每平方米 2500 元计算。商品住宅小区为 6 层框架式结构，占地面积约 30 亩，单价按每平方米 1500 元计算。同时双方就设立共管账户、付款方式、合同工期、担保义务、双方其他权利义务以及违约责任等方面进行了约定。从双方当事人的约定来看，双方所签订的《定向开发协议》，是双方当事人真实意思表示，且不违反法律的禁止性规定，应为有效合同。

至于合同是否应当解除以及合同解除后如何处理的问题，关于工程工期及交付问题，双方作以下约定：主体工程开工 28 个月内竣工验收，通过验收合格后 2 个月内交付桂冠公司使用。在权利义务方面双方约定：桂冠公司有权监督工程进展，在工程形象进度未达到计划要求时，有权拒绝支付任何款项。在交付方面双方约定：当泳臣公司无法按期交付时，则桂冠公司可以选择通知泳臣公司解除协议或继续等待。如果桂冠公司选择继续等待，则等待时间由桂冠公司决定，等待后仍然可以解除协议。依据本案事实，泳臣公司并未按期交工，依据双方合同约定，桂冠公司有权解除合同。

对合同解除后的责任承担问题，根据相关规定："合同解除后，尚未履行的，终止履行；已经履行的，根据履行情况和合同性质，当事人可以请求恢复原状、采取其他补救措施，并有权要求赔偿损失。"因此，合同解除后，应由泳臣公司返还桂冠公司的购房款和利息。合同解除的法律效果是使合同关系归于消灭，解除合同的后果，违约方的责任承担方式也不表现为支付违约金。因此，法院对桂冠公司要求支付违约金的主张不予支持。

综上，法院最终判决解除桂冠公司与泳臣公司的协议；泳臣公司赔偿桂冠公司损失 1000 万元并无须支付违约金。

风险提示

由于宏观经济环境的变化和影响，民商事合同在履行过程中的违约现象愈加突出。对于因一方违约而导致合同解除的，非违约方是否能够继续依照合同中约定的违约金条款要求违约方承担责任等相关问题，实务界存在不同观点。

合同因违约解除的，解除权人可以请求违约方承担违约责任，但当事人另有约定的除外。此处的违约责任一般认为其包括合同约定的违约金条款，《最高人民法院关于当前形势下审理民商事合同纠纷若干问题的指导意见》第 8 条明确规定：违约金条款系当事人事先达成的、可独立于合同剩余条款之外的合意，属于结算和清理条款，其效力不因合同权利义务终止而受到影响。同时，约定违约金的性质是“以补偿性为主，以惩罚性为辅”，约定的补偿性违约金，应以实际损失的发生为前提，并且遵循填平损失原则，以不超过因违约造成的损失为限。如果约定的违约金过分高于因违约解除合同造成的损失，当事人可以协商降低违约金数额。综上，若合同因违约而解除，违约金条款可继续适用，但违约金过分高于因解约造成的损失，对于超过部分，当事人可以请求人民法院予以调整。

为了规避因合同解除所产生的有关违约金的法律风险，减少守约方因合同违约金条款设置问题所造成的损失，笔者在此提出以下建议：首先，双方在合同订立时要避免使用过于笼统的违约金条款，应明确具体的违约行为，针对不同的违约行为可分别设置违约金条款，保证违约金条款具有可操作性。其次，针对同一违约行为，若违约金不足以弥补守约人的全部损失，当事人可在申请违约金的同时对不能弥补损失的部分申请损失赔偿，或者守约人可向法院申请调高合同违约金数额。双方当事人在订立违约金条款时，要充分考虑相关违约行为可能会产生的损失，设置合理恰当的违约金数额或计算方式。最后，在设置违约金数额或计算方式时，尽管双方可以充分、全面考虑未来可能造成的损失，但也不要约定过高的违约金，根据我国《民法典》关于违约金制度的规定，设置违约金的目的主要在于补偿守约方的经济损失，而非惩罚违约方的违约行为，因此，若约定过高的违约金则会因违反公平原则而无法得到法院支持。

法条链接

《中华人民共和国民法典》

第五百六十六条 合同解除后，尚未履行的，终止履行；已经履行的，根据履行情况和合同性质，当事人可以请求恢复原状或者采取其他补救措施，并有权请求赔偿损失。

合同因违约解除的，解除权人可以请求违约方承担违约责任，但是当事人另有约定的除外。

主合同解除后，担保人对债务人应当承担的民事责任仍应当承担担保责任，但是担保合同另有约定的除外。

知识拓展

合同违约解除与违约金条款能否并用的问题，可以转化为违约金条款在合同被解除后是否具有独立性的问题。

第一，违约行为是一个客观存在的行为，一方违约产生的违约责任是一种事实，该事实具有独立性，守约方解除合同并不能磨灭违约责任存在的印记，否则债权人的利益将得不到有效保障。

第二，从违约金的法律属性来看，违约金既具有弥补守约方因对方违约遭受损失的功能，即补偿性功能，又具有督促当事人诚信履行合同的功能，即惩罚性功能。事实上，违约金本身还具有促使债权人积极履行合同的作用，即违约金具有担保属性。将违约金的担保法律属性归位后，合同解除后违约金失去的只是担保合同履行的功能，其补偿性、惩罚性功能继续发挥作用。

第三，从违约金条款约定的目的来看，合同双方事先约定违约金是对可能造成的损失的一种赔偿预设，是当事人意思自治的充分体现。违约解除合同时，违约行为先于解除合同发生，即解除合同不会导致违约行为消失，合同解除只是最简单的一种救济，违约造成的损失并没有消灭，因此应该承认违约金条款的有效性。

（四）合同解除后的赔偿范围

上海盘起贸易有限公司与盘起工业（大连）有限公司委托合同纠纷案[①]

关键词

委托合同　任意解除　预期利益

案情简介

2000年7月，日本盘起工业株式会社（以下简称日本盘起）、盘起工业（大连）有限公司（以下简称大连盘起）法定代表人森某经与梁某宣磋商后签署《建设盘起中国营销网络、设立上海盘起的决定》（以下简称《建设上海盘起决定》），决定成立上海盘起贸易有限公司（以下简称上海盘起），由其负责建设、经营、管理盘起中国营销网络，确认上海盘起为盘起集团成员，是盘起集团在中国地区（不含港澳台）的唯一销售代表机构。上海盘起是在中国注册的有限责任公司，作为独立法人，独立经营，亏损自负，利益自留。盘起集团将以最优惠的价格向上海盘起供给产品。《建设上海盘起决定》还就经营业务、公司管理等事项作了约定。随后，森某与梁某宣签订委托书，约定委托梁某宣代表日本盘起及其关联企业负责建设、管理、运

① 最高人民法院民事判决书，（2005）民二终字第143号。

营盘起集团在中国地区营销网络（不含港澳台）的销售机构和渠道，组建、经营管理上海盘起及其他相关销售机构，委托其担任上海盘起的股东、董事、董事长。其权限、责任和具体事宜以《建设上海盘起决定》为准，日本盘起负责协调、责成盘起集团内各部门、各关联企业与上海盘起缔结业务关系协议书，同时约定受托人同意无条件接受委托人对委托事项的撤销。

2000 年 7 月 28 日，上海盘起经工商行政管理部门批准成立，为有限责任公司。2000 年 8 月，上海盘起与大连盘起签订一份业务协议书，就大连盘起委托上海盘起在中国地区（不含港澳台）的销售事宜，双方协议、确认如下：大连盘起委托上海盘起在中国地区（不含港澳台）销售其生产经营的产品，不再委托、建立其他销售机构和渠道，如有必要须事前与上海盘起建立协议；上海盘起负责建设、管理、运营销售机构和渠道，根据客户需求可自行购买其他厂商产品进行销售活动；大连盘起将以最优惠的价格供给产品，并无偿提供、转让给上海盘起在中国地区（不含港澳台）的销售权、商标使用权及其他无形资产，上海盘起保证正确使用其销售权、商标及无形资产等。同时约定协议有效期为 20 年，自 2000 年 9 月 1 日至 2020 年 8 月 31 日。

上述协议签订后，双方开始合作。截至 2002 年 4 月，上海盘起共有货款人民币 5916866.41 元尚未给付大连盘起，但大连盘起此前没有催收过。2002 年 4 月 19 日，日本盘起森久保有司签署“撤销委托书的决定”，以上海盘起严重拖欠大连盘起货款，且其财务和销售活动缺乏透明度为由，决定撤销其原与梁某宣签署的委托书及其附件，并撤销上海盘起。当日，大连盘起以上海盘起拖欠货款为由向法院提起诉讼。

截至 2002 年 4 月，上海盘起组建及经营投入（含公司开办、软件开发、固定资产投入等费用）为人民币 743169.25 元，促销活动投入（广告宣传、展览及其他促销费用）为人民币 919597.32 元，合计人民币 1662766.57 元。

上海盘起向法院提起诉讼，诉请判令大连盘起撤销未经上海盘起同意成立的销售机构，公开赔礼道歉、恢复名誉；大连盘起赔偿损失人民币 5000 万元并承担诉讼费用。

判例分析

本案最主要的争议焦点为大连盘起是否享有合同解除权以及上海盘起的可得利益损失是否应予保护。

大连盘起与上海盘起于 2000 年 8 月签订的业务协议书中约定，大连盘起委托上海盘起在中国地区（不含港澳台）销售大连盘起制造的产品，大连盘起作为盘起集团在中国的制造基地，有责任按照盘起集团的标准，按质、按时、按量地供给上海盘起所需产品；上海盘起作为盘起集团在中国的销售代表机构，有责任开拓、发展盘起集团和大连盘起产品在中国地区（不含港澳台）的市场；大连盘起将以最优惠的价格供给产品，并无偿提供、转让给上海盘起在中国地区的销售权、商标使用权及其他无形资产，上海盘起保证正确使用其销售权、商标及无形资产等。上述约定确立了大连盘起与上海盘起之间的委托合同关系。该业务协议书系当事人之间的真实意思表示，且不违反法律和行政法规的禁止性规定，应当认定合法有效。由于本案所涉业务协议书是一种商务委托，它的订立和履行基于双方当事人的相互信任，一旦这种信任发生动摇，双方均可以解除合同，因而不适用实际履行原则。大连盘起解除对上海盘起的委托合同关系，属于行使法定解除权，但该解除行为给上海盘起造成损失，大连盘起应当依法承担相应的赔偿责任。

至于大连盘起是否还应向上海盘起赔偿可得利益损失的问题，虽然当事人行使法定解除权亦应承担民事责任，但这种责任的性质、程度和后果不能等同于当事人故意违约应承担的违约责任。本案系因行使法定解除权而产生的民事责任。根据本案法律关系的性质和本案的实际情况，不宜对“赔偿损失”作扩大解释。故上海盘起无权要求大连盘起承担可得利益损失的民事责任。

综上，根据《民法典》第933条规定，委托人或者受托人可以随时解除委托合同。因解除合同给对方造成损失的，除不可归责于该当事人的事由外，无偿委托合同的解除方应当赔偿因解除时间不当造成的直接损失，有偿委托合同的解除方应当赔偿对方的直接损失和合同履行后可以获得的利益。但是，当事人基于解除委托合同而应承担的民事赔偿责任，不同于基于故意违约而应承担的民事责任，前者的责任范围仅限于给对方造成的直接损失，不包括对方的预期利益。故法院最终判决大连盘起享有合同解除权，且大连盘起无须承担赔偿上海盘起可得利益损失的民事责任。

风险提示

随着商业经济的不断发展，委托交易日益增加，委托合同内容也呈现出多样化、复杂化的发展趋势。单一的信赖基础说已经无法包容日益复杂、涉及多方利益的委托合同发展，委托合同当事人适用任意解除权的正当性基础有所减弱。反映到司法实践中，基于不同的规模，当委托工作内容较为复杂时，受托人通常需要投入大量的人力、物力来完成工作，此时无条件的任意解除权将会给受托人的利益带来不稳定性。

所谓任意解除权，即在合同履行过程中，权利人可以依法随时单方解除合同，该权利的行使不以相对人违约为前提。任意解除权是法律针对某一类合同赋予特定主体的权利，即使双方未在合同中进行约定，权利人也可以依据法律规定依法享有、行使该权利。《民法典》中对可以适用任意解除权的合同类型及相关权利人进行了特殊规定，分别是承揽合同的定作人、货运合同的托运人、保管合同的寄存人、委托合同的委托人和受托人、物业服务合同的业主。

委托合同的委托人和受托人之所以均享有任意解除权，是因为双方之间建立委托合同关系的基础是双方相互信赖，如该信赖基础丧失，合同就没有必要存续，此时若不允许双方解除合同关系，不仅不利于委托事务的处理，还有可能招致不良的后果。根据司法实践情况，有的当事人基于合同的过程利益和合理期待，会对任意解除权的行使进行一定的限制。

考虑到商事委托合同的性质，在当事人适用任意解除权条款解除委托合同时，应根据案件的具体情况对其“任意”的程度加以限制，以便稳定市场交易秩序，实现公平正义。

第一，针对未在委托合同中约定排除适用任意解除权条款的商事委托合同，首先，对于缔结合同一方或双方为商事主体的委托合同，应区别于由民事主体订立的委托合同，同时应考虑到商事主体之间的经济实力及市场影响力。其次，对委托事宜应进行实质性审查，审查委托人与受托人之间系基于人身信赖关系而建立的委托关系还是以利益为前提的合作关系以及是否牵涉第三人的利益，就委托事项的履行是否存在恶意违约情形等。若解除方存在违约行为且主张任意解除，应不允许其行使任意解除权，进而考虑违约解除的情形。最后，应结合案件的具体情况对解除方行使解除权的“任意性”加以适当的限制，审查解除方提出的解除理由是否具有正当性或是否基于重大事由，以及委托合同解除后是否会连带损害第三人的合法权益或造成其他重大社会影响等。

第二，当事人在商事委托合同中约定排除任意解除权适用条款的，应当肯定其约定的法律效力。虽然《民法典》赋予了委托合同当事人法定解除权，但其并未禁止合同相对方可约定排除该条的适用。根据私法自治的原则，“法无禁止即自由”是民商事领域的经典法谚，即民事主体依法享有在法定范围内的行为自由，可以根据自己的意志产生、变更、消灭民事法律关系，只要不逾越法律、行政法规划定的自由行为范围即可。故在法律、行政法规未禁止任意解除权条款可通过当事人意思自治排除时，应当肯定该条款约定的效力，公权力不宜进行过多的干预。

法条链接

《中华人民共和国民法典》

第九百三十三条　委托人或者受托人可以随时解除委托合同。因解除合同造成对方损失的，除不可归责于该当事人的事由外，无偿委托合同的解除方应当赔偿因解除时间不当造成的直接损失，有偿委托合同的解除方应当赔偿对方的直接损失和合同履行后可以获得的利益。

知识拓展

可得利益损失赔偿的一个重要的原则是可预见性，即违约方对应当赔偿的可得利益损失已经预见或应当预见。法律不能要求违约方赔偿不可预见的损失，人民法院在计算和认定可得利益损失时，应当合理运用可预见性规则，基于公平、诚信的考虑，从非违约方主张的可得利益赔偿总额中扣除违约方不可预见的损失，防止可得利益被不当扩大，具体可从以下四个方面予以合理把握：

首先，要确定非违约方主张的损失类型，以便确定该损失是否属于可得利益损失，进而确定计算依据。其次，须确定预见的时间点。可得利益损失不是实际损失，不能以实际发生损失的时间点来作为计算损失的时间节点。再次，准确确定损失数额，应以正常的预见能力为标准，具体到商事案件中，则应以普通商事主体的预见能力为判断标准。最后，排除一些不合理的因素。损失数额确定之后，还应结合减损规则、损益相抵规则以及过失相抵规则等，扣除非违约方因违约已经实际获得的利益、非违约方自身的原因所造成的损失以及必要的交易成本等。

第三章　合规视角下的企业人事法律风险审查

企业的运营与发展离不开人力资源的支持。其中，与员工相关的人事法律风险是企业合规管理中最复杂、涉及面最广泛的一部分。员工作为企业运营的基石和核心，其权益受到法律的高度保障，这同时意味着企业对人事管理方面的法律合规性的需求日益增多。劳动合同的签署初期，每一条款的细致规定都关系到企业未来可能出现的风险。而在合同执行阶段，薪资、福利、工作时间、休假等日常管理内容中隐藏的法律风险也不容忽视。此外，企业在人才的引进、培训与发展、晋升与调整、离职与再就业等各个环节中，都可能触及与劳动法相关的风险点。与此同时，随着技术的发展和行业竞争的加剧，竞业禁止与保密协议也越来越受到企业的重视。如何在保障企业核心秘密和竞争力的同时，尊重和保障员工的权益，成为每个企业都必须考虑的问题。

本章旨在对企业与员工之间的关系进行深入的剖析，通过对劳动关系建立、员工管理、员工离职等不同阶段的实例来说明在企业人事管理的各个阶段可能遇到的法律纠纷和问题，以期为企业的运营与发展作出贡献。

一、劳动关系建立阶段常见法律纠纷

劳动关系的建立是员工与企业之间法律关系的开始。在这一阶段，劳动合同的签订、试用期的安排、员工的培训和教育等都是可能产生法律纠纷的关键环节。如何合法、合规地与员工签署劳动合同，如何明确双方的权益和义务，是每个企业在建立劳动关系时所必须面对的问题。本节通过一些典型案例，为企业揭示其在劳动关系建立阶段应该注意的法律风险。

（一）隐蔽用工背景下劳动关系建立合意的认定

王某敏与上海英佩服务有限公司等劳动合同纠纷案[①]

关键词

隐蔽用工　实际履行　合意确认

案情简介

2010年3月24日，王某敏与非正规就业劳动组织联邦花木保洁服务社（以下简称联邦服务社）签订劳务协议，约定协议期限为2010年2月25日至2013年2月24日，联邦服务社为王某敏提供非正规就业岗位，但实际用工单位栏、工作岗位栏未作填写。2012年3月9日，联邦服务社因三年经营期限届满而注销。博朗公司与上海英佩服务有限公司（以下简称英佩公司）签有2009年7月至2013年3月的保安监控服务合同，约定由英佩公司提供保安服务，博朗公司已按照约定向英佩公司支付保安服务费用。王某敏自2010年2月22日起在博朗公司担任保安员，直至2012年4月30日提出辞职。2012年5月，王某敏申请劳动争议仲裁，要求英佩公司支付其2010年2月至2012年4月的未休年休假工资等，并由博朗公司承担连带责任。仲裁裁决以王某敏与联邦服务社签有劳务协议，与英佩公司不存在劳动关

① 上海市浦东新区人民法院民事判决书，(2012）浦民一（民）初字第22912号。

系为由，驳回了王某敏的请求。王某敏遂诉至法院，诉请如前。

经法院调查，王某敏于2010年2月22日至上海市浦东新区就业促进中心作应聘登记，应聘英佩公司物业保安员岗位，登记的应聘结果为录用；2010年3月至2012年4月，英佩公司于每月20日前后按月向王某敏转账，金额在1800元左右不等。审理中，英佩公司提供岗位管理协议、来账专用凭证，以证明其公司与联邦服务社之间的业务合作及费用结算情况。王某敏对岗位管理协议的真实性有异议，对来账专用凭证的关联性不予认可。

王某敏诉称，其于2010年2月由英佩公司招聘后，被派遣至博朗公司为保安员。其与联邦服务社无任何接触，所涉劳务协议是由英佩公司提供，其被逼迫所签，该协议未作履行。因英佩公司未为其缴纳社会保险等，其于2012年4月底辞职。现请求判令英佩公司支付2010年2月至2012年4月的未休年休假工资等，并由博朗公司承担连带责任。

被告英佩公司辩称，其公司从博朗公司承包保安员岗位后，与联邦服务社签订岗位管理协议，约定由联邦服务社选派保安员并自行管理。联邦服务社遂安排王某敏等人至博朗公司上班，并与王某敏签订劳务协议。故王某敏与联邦服务社之间具有劳务关系，与英佩公司无劳动关系。英佩公司曾代联邦服务社向王某敏等人发放工资，双方于2012年10月作了一次性结算。联邦服务社注销后，王某敏等人由英佩公司接管，开始与英佩公司建立劳动关系，故不同意王某敏的诉讼请求。

判例分析

本案的主要争议焦点为王某敏与英佩公司之间是否存在劳动关系。对此，要审查客观上王某敏是否从事了英佩公司安排的有报酬的劳动，主观上双方有无建立劳动关系的合意。

其一，王某敏于2010年2月22日在上海市浦东新区就业促进中心作应聘登记，记录的应聘结果显示王某敏由英佩公司录用为物业保安员。故双方起初存在建立劳动关系的合意。

其二，英佩公司和博朗公司签订有保安监控承包合同，王某敏应聘后即至博朗公司任保安员。王某敏任职期间，英佩公司每月定期向王某敏个人银行账户汇款，金额在1800元左右不等，符合按月发放工资的特征。英佩公司虽称系代联邦服务社向王某敏发放工资，但其提供的与联邦服务社签订的岗位管理协议，未注明签订日期；且其提供的来账专用凭证显示双方的钱款往来发生于2012年10月，系2010年3月首次代付的两年半之后、该服务社注销的7个月之后，且钱款数额为整数40万元而未附具体组成，难以令人确信确系代付工资。故可认定王某敏与英佩公司以实际行为履行了上述建立劳动关系的合意。

其三，虽然王某敏与联邦服务社签有劳务协议，但该协议并未明确王某敏的已实际用工单位和工作岗位，亦无证据证明该协议已实际得到履行。另外，英佩公司称联邦服务社于2012年3月9日注销后，王某敏等人由该公司接管，但未对该接管本身、王某敏等人是否同意等提供证据加以证明。

综上所述，王某敏与英佩公司有建立劳动关系的合意，与联邦服务社有建立劳务关系的合意，但两者的内容不一致。基于劳动法的实际履行原则，应当以实际履行的合意为准。故应当认定王某敏与英佩公司于2010年2月22日至2012年4月30日存在劳动关系。

风险提示

随着市场竞争的加剧和劳动用工成本的持续上涨，为了保持市场竞争力和利润率，众多企业正在探寻柔性化、扁平化和虚拟化的组织管理模式。然而，这一趋势所带来的“隐蔽用工”模式——以一种表象的法律关系来掩盖真正的劳动关系，已成为法律和劳动关系领域的热议话题。我国法律对于劳动关系的认定没有明确规定，司法实践通常从劳动者为谁提供劳动、由谁支付报酬和接受谁的管理三个方面进行综合判断。实践中，多个经营单位利用各自优势合作经营，不与劳动者签订书面合同，劳动者在合作经营项目中劳动并遵守各个经营单位的规章制度，各个经营单位均因劳动者的劳动而获益，因此从表象上往往难以判断用工主体。当劳动者的合法权益遭受侵害时，实际用人单位极有可能以合作经营为由将自身应承担的责任转移给无赔偿能力的其他经营单位。对于由此引发的纠纷，需从劳动者的受聘经过、入职时间、日常管理等方面综合认定用工主体。

传统模式下，劳动关系是基于双方平等自愿的原则建立的，即劳动者提供劳动力，而用人单位提供相应的劳动报酬。这种关系中的“从属性”（雇佣关系）历来被视为劳动关系的核心。然而，随着劳务派遣、非全日制用工和业务外包等新型用工模式的出现，劳动关系的界定变得越来越模糊。例如，在劳务派遣关系中，劳动者实际上是被劳务派遣公司雇用，但其实际工作是在另一个用工单位，这就导致劳动关系的判定变得更加复杂。而这种模糊不清的劳动关系，为企业带来了大量的法律风险。一旦劳动者与实际用工单位或劳务派遣单位之间发生纠纷，企业很可能会因为其复杂的用工模式而受到法律上的责任追究。

更重要的是，隐蔽用工模式可能会对企业的长期发展构成严重威胁。首先，这种模式可能会导致企业的劳动力稳定性下降，因为劳动者可能会因为其权益不受保障而选择离开。其次，如果企业因为隐蔽用工而被监管机构查处，或因此面临大量的劳动纠纷，其声誉和品牌形象都可能受到严重损害。而在当前的互联网时代，任何负面新闻都可能在短时间内被大量传播，给企业带来不可逆的损失。最后，从道德角度来看，隐蔽用工模式违背了公平、正义和诚信的原则，长此以往，企业可能会失去员工、客户和合作伙伴的信任。

总体而言，企业在考虑是否采用隐蔽用工模式时，必须全面权衡其可能带来的短期利益和长期风险。为了企业的长远发展和社会责任，建议企业深入研究这一问题，与专业的法律顾问进行咨询，并根据企业的实际情况制定合理的用工策略。

法条链接

《中华人民共和国劳动法》

第十六条 劳动合同是劳动者与用人单位确立劳动关系、明确双方权利和义务的协议。

建立劳动关系应当订立劳动合同。

第十九条 劳动合同应当以书面形式订立，并具备以下条款：

（一）劳动合同期限；

（二）工作内容；

（三）劳动保护和劳动条件；

（四）劳动报酬；

（五）劳动纪律；

（六）劳动合同终止的条件；

（七）违反劳动合同的责任。

劳动合同除前款规定的必备条款外，当事人可以协商约定其他内容。

知识拓展

劳动关系合意是指劳动合同当事人意思表示一致。一个完整的劳动关系不是由一个合意构成，而是由一系列的合意构成。在劳动关系的履行过程中，最初的合意无法涵盖长期的发展变化，双方通过不断达成新的合意，补充或修正最初合意的不足，推动劳动关系向前发展。但有时新的协商并不存在或者难以被感知，可合意的客观存在却不容否认，譬如长期用工下劳动者工资的不定期增长等。此时需要借助一些技术手段对双方的合意进行识别。借鉴民法理论中意思表示的明示、默示和拟制之分，经由意思表示达成的劳动关系合意可以被区分为明示的合意、默示的合意和拟制的合意。

（1）明示合意的识别。明示合意是当事人直接用语言文字表示出来的意思，包括经由书面合同达成的合意和经由口头合同达成的合意。我国实行书面劳动合同制度，书面劳动合同成为识别当事人合意的首要方式。

（2）默示合意的识别。合意若未以明示的方式作出，但从当事人特定的履行行为中用逻辑推理和经验法则等可以推知，则为默示的合意。默示合意是调整个别劳动关系的基本原则——实际履行原则的具体化，通过双方当事人的实际履行行为对合意进行识别，将双方实际履行的内容作为劳动权利义务的内容。

（3）拟制合意的识别。拟制合意是通过拟制这一立法技术所认定的合意，拟制合意是基于法律的特别规定而对当事人某种不作为背后的意思作假定。拟制明显区别于推定，推定侧重于对未知的推断，即不知其为事实 X，但通过演绎推理，得出其为事实 X；而拟制侧重于对明知事实的法律虚构，即明知为事实 Y，却通过类比推理，故意将其视为事实 X。

（二）劳动关系隶属性的识别

宁波博尔佳公司与张某田劳动争议纠纷案①

关键词

劳动报酬　劳动关系　主体资格

案情简介

原告博尔佳公司成立于2003年7月8日。2008年9月1日至24日，镇海区保安大队九龙湖镇中队在工业区巡逻时，被告张某田作为原告单位的门卫人员在巡逻表上签名。2008年11月1日，原、被告订立承包合同一份，合同约定甲方（原告）将厂区内绿化养护、清洁、巡逻等杂活承包给乙方（被告），期限为2年。该承包合同第4条约定乙方应认真按合同标准，遵守甲方的各项规章制度，服从甲方管理。2009年6月15日，被告向镇海区劳动争议仲裁委员会申请仲裁，仲裁请求：（1）确认张某田与博尔佳公司自2007年4月至2008年12月存在劳动关系；（2）博尔佳公司支付张某田2008年1月至2008年11月的二倍工资10560元；（3）博尔佳公司为张某田补缴2007年4月至2008年12月的外来务工人员社会保险费。2009年9月13日，镇海区劳动争议仲裁委员会作出镇劳仲案字（2009）第283

① 浙江省宁波市中级人民法院民事裁定书，（2010）浙甬民一终字第597号。

号裁决书，裁决：（1）确认张某田与博尔佳公司自 2007 年 4 月至 2008 年 10 月存在劳动关系；（2）博尔佳公司支付张某田二倍工资 4045 元；（3）博尔佳公司为张某田补缴 2008 年 1 月至 10 月的外来务工人员社会保险费。

该裁决送达后，博尔佳公司不服该裁决，向镇海区人民法院起诉称：被告张某田是原告建造厂房时由施工单位雇用的民工。施工单位的包工头由于诈骗等原因，致使农民工的工资未能及时支付，为了追讨包工头拖欠的工资，被告一家人一直滞留在工地。2008 年 11 月，被告主动提出承包原告单位的卫生、门卫等工作。原告出于对被告的同情，于 2008 年 11 月 1 日与之签订了承包合同。然而，在该合同签订的两个月后，被告就以原告单位职工的身份申请人民调解并在之后申请了劳动仲裁。原告认为劳动仲裁裁决认定原、被告之间存在劳动关系缺乏事实依据，为此起诉至法院，请求确认自 2007 年 4 月至 2008 年 10 月原、被告之间不存在劳动关系，被告无须向原告支付二倍工资以及为原告补缴社会保险费。

判例分析

本案的主要争议焦点为博尔佳公司与张某田之间是否存在劳动关系，及其劳动关系的起止时间和相应的法律责任。

首先，双方在 2008 年 11 月 1 日签订了合同，尽管名为“承包合同”，但该合同第 4 条明确规定了被告需要严格按照合同的标准行事，服从甲方的各项规章制度并接受其管理。这表明被告需要服从原告的指挥并受其管理，展现出了一种人身从属关系。同时，被告的职责如巡逻保安、绿化养护及清洁等，都是原告单位日常运营的常规工作。考虑到双方都具备劳动关系的主体资格，因此双方的合同关系并非建立在平等主体之上的民事合同关系，而应当被视为劳动关系。

其次，对于劳动关系的确立时间，法律明确规定了用人单位有举证的责任。但原告并未提供如职工花名册等证明劳动关系存续的证据，反之，被告提交的巡逻表证明了其在 2008 年 9 月就已经开始履行单位保安的职责。被告从 2007 年 4 月至 2008 年 12 月一直居住生活在原告单位的厂区内。出庭证人也证实了被告从 2007 年 4 月开始在原告单位工作的情况。因此，基于证明的责任分配和已经查明的事实，被告提出的劳动关系存在的时间段，即从 2007 年 4 月 18 日至 2008 年 12 月 23 日是可信的。

最后，如果用人单位在雇用劳动者超过 1 个月但不满 1 年的时间内未与其签订书面劳动合同，那么用人单位应当向劳动者支付每月二倍的工资。法律也要求用人单位和劳动者都必须按法律规定参加社会保险并缴纳相应的保险费。考虑到被告并未对劳动仲裁裁决中的二倍工资标准及补缴社会保险费的开始时间有异议，因此仲裁裁决的标准应当得到支持。

综上所述，依据《劳动法》、《劳动合同法》以及原《最高人民法院关于审理劳动争议案件适用法律若干问题的解释》之规定，应当确认博尔佳公司与张某田自 2007 年 4 月 18 日至 2008 年 12 月 23 日存在劳动关系，博尔佳公司应向张某田支付未订立书面劳动合同的二倍工资 4045 元，博尔佳公司还应为张某田补缴 2008 年 1 月至 12 月共计 12 个月的外来务工人员社会保险费。

风险提示

当今社会，对劳动关系的定义和认定已经不再拘泥于简单的劳动合同标签或某种明确的职务类别，事实上，判断是否存在劳动关系需要对合同背后的实质内容进行深入的探讨和细致的解读。而作为企业，在进行劳动合同管理的过程中，要严格防范事实劳动关系带来的法律风险。对于建立了劳动关系的员工，要及时签订书面劳动合同，并切实做好合同管理工作，及时办理合同到期员工的劳动合同续签或终止事宜。

依据《劳动合同法》第10条的规定："建立劳动关系，应当订立书面劳动合同。已建立劳动关系，未同时订立书面劳动合同的，应当自用工之日起一个月内订立书面劳动合同。用人单位与劳动者在用工前订立劳动合同的，劳动关系自用工之日起建立。"这里的用工之日，指的是劳动者第一天到用人单位工作之日。也就是说，自用工之日起用人单位就应当与劳动者签订书面的劳动合同，否则将承担不利的法律后果。如《劳动合同法》第82条规定："用人单位自用工之日起超过一个月不满一年未与劳动者订立书面劳动合同的，应当向劳动者每月支付二倍的工资。"

以劳务派遣为例，劳务派遣法律关系从形式上较易与劳动合同关系、劳务外包关系等混淆，导致案件审理时对不同法律关系下的事实与法律适用难以甄别。因此在司法实务中，法院在审查是否确实属于劳务派遣关系时，将更多的审查焦点放在实质要件上。根据相关规定，劳务派遣有以下限制：经营派遣业务的限制、派遣岗位的限制、再派遣限制、非全日制派遣限制、派遣人数的限制等。如劳务派遣中存在违反上述限制性规定的，劳务派遣单位与用人单位的劳务派遣协议则可能被认定为无效。《劳动合同法》第57条第2款规定："经营劳务派遣业务，应当向劳动行政部门依法申请行政许可。"但实际上部分劳务派遣单位在不具备劳务派遣资质的情况下与劳动者订立劳动合同，与实际用人单位订立派遣协议，可能导致劳务派遣协议无效，法院可能结合其他因素认定被派遣人员与用人单位构成劳动关系。

综上可知，实务中存在大量以劳务派遣为代表的劳务关系乱象，因而法院认定劳务关系是否成立并非仅依据用工形式进行评判，而是会结合劳动者对劳务派遣关系是否知情并真实同意、是否符合"三性”要求、人员管理、工资支付以及社保缴纳等要素进行综合判断。因此，对用人单位来说，若胡乱选择劳务派遣，可能既无法达到降低用工成本的目的，且仍需承担用人单位的法定义务，甚至可能存在支付双倍工资以及签订无固定期限劳动合同的法律风险。用人单位不要对逆向劳务派遣心存侥幸，应采取正向劳务派遣的方式，严格依法确定劳务派遣岗位、控制派遣“比例”，并履行相关的内部审批或民主议定程序。此外，用人单位应审慎选择劳务派遣公司，依法依规选择具备劳务派遣专业资质且优质的劳务派遣单位进行合作。在实际用工时，建议用人单位避免直接管理劳务派遣人员、直接支付劳动报酬等。

法条链接

《中华人民共和国劳动合同法》

第八十二条 用人单位自用工之日起超过一个月不满一年未与劳动者订立书面劳动合同的，应当向劳动者每月支付二倍的工资。

用人单位违反本法规定不与劳动者订立无固定期限劳动合同的，自应当订立无固定期限劳动合同之日起向劳动者每月支付二倍的工资。

知识拓展

我国民事诉讼证明责任主要采取法律要件分类说，《民事诉讼法》第64条第1款规定：“当事人对自己提出的主张，有责任提供证据。”《最高人民法院关于适用〈中华人民共和国民事诉讼法〉的解释》第90条规定：“当事人对自己提出的诉讼请求所依据的事实或者反驳对方诉讼请求所依据的事实，应当提供证据加以证明，但法律另有规定的除外。在作出判决前，当事人未能提供证据或者证据不足以证明其事实主张的，由负有举证证明责任的当事人承担不利的后果。”也就是说，凡是主张一定法律事实的当事人都应提出充足证据来证实该事实，如果不能够充分举证，其主张的事实处于真伪不明时，则由该当事人承担败诉的不利后果。

就劳动争议案件而言，考虑到双方当事人地位的强弱、距离证据材料的远近、举证的难易程度等，有关法律规范对劳动争议案件的证明责任分配作了特别的规定。例如，《劳动争议调解仲裁法》第 6 条规定：“发生劳动争议，当事人对自己提出的主张，有责任提供证据。与争议事项有关的证据属于用人单位掌握管理的，用人单位应当提供；用人单位不提供的，应当承担不利后果。”《最高人民法院关于审理劳动争议案件适用法律若干问题的解释（一）》第 44 条规定：“因用人单位作出的开除、除名、辞退、解除劳动合同、减少劳动报酬、计算劳动者工作年限等决定而发生的劳动争议，用人单位负举证责任。”从上述规定不难看出，是否存在劳动关系，由主张的一方承担证明责任。一旦确认双方存在劳动关系，则由用人单位对劳动者的工作年限承担证明责任。

（三）工程发包中的劳动关系认定

重庆科慧隆动物药业公司与朱某高劳动关系确认纠纷案[①]

关键词

合同关系　连续状态　承包人雇佣

案情简介

重庆科慧隆动物药业有限公司（以下简称科慧隆公司）系具备用工主体资格的有限责任公司，于2010年9月8日依法取得营业执照。同日，科慧隆公司法定代表人曾某全将该公司新筹建中的厂房维修工程承包给自然人刘某太，双方签订了厂房维修承包协议。厂房维修工程完工后，科慧隆公司与刘某太口头约定，由刘某太帮助组织人员到原告厂区从事平整场地及其他杂工工作，工资标准为每人每天70元，杂工的劳动报酬由科慧隆公司与刘某太统一结算后，再由刘某太转付给其他杂工。

2010年10月19日，朱某高经刘某太介绍到科慧隆公司处与刘某太一起从事杂工工作，2010年12月26日朱某高在平整安放变压器的场地时受伤。一审法院认为，朱某高从2010年10月19日到科慧隆公司从事杂工工作，至2010年12月26日在工作中受伤，双方虽未签订

① 重庆市第五中级人民法院民事判决书，（2011）渝五中法民终字第4961号。

书面劳动合同，但朱某高为科慧隆公司提供了劳动，并获得了相应的劳动报酬，其劳动报酬虽由刘某太支付，但实际支付劳动报酬的是科慧隆公司，且朱某高提供劳动的方式呈连续状态。科慧隆公司作为新成立的公司，其为投产所做的筹建工程也应视为该公司业务组成部分。刘某太是不具备用工主体资格的自然人，与朱某高同在科慧隆公司从事杂工工作，实质上都在科慧隆公司的管理下工作。

朱某高于2011年3月5日向重庆市荣昌县劳动争议仲裁委员会申请仲裁，要求确认与科慧隆公司之间的劳动关系成立。2011年4月12日，重庆市荣昌县劳动争议仲裁委员会以渝荣劳仲案裁字（2011）第22号仲裁裁决书裁决：申请人朱某高与被申请人科慧隆公司从2010年10月19日至2010年12月26日的劳动关系成立。

科慧隆公司不服该裁决，认为其发包行为合法，且朱某高系刘某太的雇员，未与该公司签订劳动合同，并非其员工，遂向重庆市荣昌县人民法院提起诉讼，请求确认其与朱某高之间的劳动关系不成立。

判例分析

本案争议的主要焦点是，科慧隆公司将厂房维修工程发包给自然人刘某太，由刘某太帮助组织人员到厂区工作，工资标准为每人每天70元，是否违法；朱某高与科慧隆公司是否存在事实上的劳动关系。

首先，科慧隆公司的发包行为违法。根据我国法律规定，禁止将工程分包给不具备相应资质条件的单位。本案刘某太系自然人，不具有法律上的用工主体资质，科慧隆公司将厂房维修工程发包给自然人刘某太，由刘某太帮助组织人员到厂区工作，工资标准为每人每天70元，其本身违反法律规定，双方签订的承包协议因违反国家的强制性规定而无效。

其次，朱某高与科慧隆公司存在事实上的劳动关系。劳动法上的劳动关系，是指劳动者与用人单位之间为实现劳动过程而发生的权利义务关系，具体包括工作时间、休息时间、劳动报酬、职业培训、劳动纪律、社会保险和福利、劳动争议的解决、劳动关系的产生、变更、消灭等方面的关系。现实生活中，工程违法承包、转包的情况时有发生，承包人、转包人不具有相关用工资质，却安排劳动者从事用人单位的工作，且不与其签订劳动合同。一旦发生争议，承包人或发包人就以未签订劳动合同，劳动者属于承包人雇佣等借口，否认与劳动者之间存在劳动关系。为此，原劳动和社会保障部出台了《关于确立劳动关系有关事项的通知》，对如何确定劳动关系进行规定，最大限度地保护劳动者的权益，减少损害劳动者权益纠纷情况的发生。

根据原劳动和社会保障部《关于确立劳动关系有关事项的通知》第 1 条、原重庆市劳动和社会保障局《关于实行劳动合同制度若干问题的处理意见的补充通知》第 1 条之规定，确认是否形成事实上的劳动关系需把握以下三点：（1）主体合法。用人单位应当具备用工主体资格，劳动者也应当具有相应的劳动权利能力和行为能力。否则，这种劳动关系本身就是无效的，应当直接按照我国《劳动法》第 18 条、《劳动合同法》第 26 条之规定来处理。本案中，刘某太是不具备用人主体资格的自然人，由其作为用工主体不合法。（2）存在身份上的从属关系。在劳动过程中，劳动者被列为用人单位的组成人员，遵守用人单位的各项劳动规章制度，服从指挥，接受管理。刘某太与朱某高同在科慧隆公司从事杂工工作，实质上都在科慧隆公司的管理下工作，与该公司有身份上的从属关系。（3）实施劳动行为并获取报酬。朱某高从 2010 年 10 月 19 日经刘某太介绍到科慧隆公司处与刘某太一起从事杂工工作，至 2010 年 12 月 26 日在工作中受伤，双方虽未签订书面劳动合同，但朱某高为科慧隆公司提供了劳动，并从刘某太处获得了科慧隆公司支付的劳动报酬。

综上所述，应当认定朱某高与科慧隆公司之间具有事实上的劳动关系。

风险提示

在当前全球化高速发展、高度竞争的经济环境中，许多企业选择以外包或承包的方式进行业务操作，其目的是实现更高的运营效率以及获得更大的成本效益。然而，实务中不少企业并未正确理解劳务外包的法律性质，在实施劳务外包的过程中存在用工管理、结算方式不规范，甚至在用工方式未发生变化的情况下，直接将原劳务派遣员工转换为劳务外包人员等诸多问题。

在劳务外包中存在双重的法律关系，发包方与承包方之间是承揽合同关系，属于民事合同关系，受民法的规制；承包方与劳务外包人员之间是劳动关系或其他雇佣关系，一般受劳动法的规制；发包方与劳务外包人员之间则无直接的法律关系。

劳务外包的标的应为具体的服务内容，而非某个岗位的服务人员，即对“事”不对“人”，如在劳务外包合同中可以约定承包方向发包方提供保洁、安保、装卸、仓储等服务。在实施劳务外包的过程中，发包方不直接参与对劳务外包人员的实际用工管理，除基于安全生产等特殊情形外，发包方制定的规章制度亦不适用于劳务外包人员。劳务外包人员的用工成本由承包方自行承担，发包方不负责劳务外包人员薪酬的支付、社保的缴纳。发包方与承包方建立劳务外包服务关系，发包方仅需按照合同的约定向承包方支付服务费，劳动外包服务费结算的依据是“工作成果”而非“用工人数”。在劳务外包关系中，发包方购买的是承包方产出的“工作成果”，区别于劳务派遣中的“用工人数”。

对此，笔者为企业界定劳务外包法律关系及制定相关风险防范措施提出以下建议。

（1）谨慎选择承包方，特殊行业需注意承包资质。劳务发包方如果属于建筑施工、矿山企业等特殊行业的，进行劳务外包必须发包给具有相关资质的承包人。国家或者地方政府部门对服务资质有特别要求的，应当选用具有相应资质的专业承包方。

（2）规范劳务外包协议的内容。发包方应与承包单位签订规范的劳务外包协议，明确劳务外包协议中的各项条款，条款内容应与劳务派遣协议区别开来。劳务外包协议中应避免出现具有劳务派遣协议特征的条款，如直接规定劳务外包人员须接受发包方的工作安排、考勤管理、绩效考核、遵守发包方的用工管理制度等。

（3）规范劳务外包费用结算标准及薪酬发放主体。劳务外包的费用应以工作质量和数量等服务内容的完成情况作为结算标准，而非以服务人员的数量和人力成本作为标准。发包方不能直接向劳务外包人员发放工资、福利，全部劳动报酬（工资、社保、福利等）必须由承包方自行承担和发放。

（4）避免对劳务外包服务人员的直接用工管理。发包单位可将工作指令等工作要求，以通知至承包单位指定负责人的方式间接传递给外包服务人员，同时可将本单位的规章制度经与承包方协商一致后转化成承包单位的用工制度，以规范劳务外包人员的工作。

法条链接

《中华人民共和国劳动法》

第十八条 下列劳动合同无效：

（一）违反法律、行政法规的劳动合同；

（二）采取欺诈、威胁等手段订立的劳动合同。

无效的劳动合同，从订立的时候起，就没有法律约束力。确认劳动合同部分无效的，如果不影响其余部分的效力，其余部分仍然有效。

劳动合同的无效，由劳动争议仲裁委员会或者人民法院确认。

知识拓展

随着全球化的推进和科学技术的发展，劳动关系也在不断地演变。从工业革命时期的简单雇佣关系，到现代企业中复杂的供应链和业务伙伴关系，劳动关系已经不再是一种单一的、线性的关系，而成为一个复杂的关系网络。

在传统的劳动关系中，雇主和雇员之间的关系是明确的，双方的权利和义务都在劳动合同中得到了规定。但在现代企业中，外包、承包、临时工和其他灵活用工模式的出现，使劳动关系变得更为复杂。这导致了许多法律和劳动伦理上的挑战，如如何保护非正式雇员的权益、如何确保供应链中的合作伙伴遵守劳动法规以及如何确保所有员工都得到公平对待等。此外，科学技术的发展也给劳动关系带来了挑战。远程办公、自由职业者和数字平台工作者的兴起意味着许多传统的工作形式和模式正在消失，这给劳动法规、工资结构和福利制度都带来了新的挑战。在这种环境下，企业需要重新审视其劳动关系策略，确保其既能满足自身的业务需求，又能保护员工的权益。

二、员工管理制度常见法律纠纷

员工管理制度是保障企业稳定运营的关键。在日常运营中，对员工的考核、奖惩、调岗、晋升等，都需要明确的管理制度作为支撑。不恰当的管理制度可能导致员工不满，进而引发法律纠纷。企业应对其员工管理制度进行定期审查，确保其合法性和合理性。本节将探讨员工管理制度中的常见问题，并提供相关的法律建议。

（一）劳动者造成的损失认定

北京冠亚名表城与徐某婷劳动合同纠纷案①

关键词

竞业禁止　违约责任　经济补偿

案情简介

2007 年 12 月，徐某婷入职北京冠亚名表城（以下简称名表城）担任营业员，负责江诗丹顿手表专卖店内的销售工作。2008 年 8 月 11 日，徐某婷作为乙方与甲方名表城签订了劳动合同，具体内容为：本合同生效日期为 2007 年 12 月 1 日，其中试用期 1 个月，本合同于 2008 年 11 月 30 日终止。2009 年 3 月 8 日，名表城制定了《关于手表丢失及手表损坏之规定》，内容为："1. 手表丢失……（4）当班的值班组员、店负责人负有连带责任，失职责任人承担零售价的 10%……"徐某婷在该规定上签字确认。2009 年 5 月 3 日，在徐某婷工作期间，名表城内一块型号为 25515.000G.9233 的江诗丹顿品牌手表被盗，该表销售价格为 214000 元。徐某婷向北京市公安局报案，该案目前尚在侦查中。2009 年 5 月 4 日起，徐某婷未到单位工作。2009 年 6 月 10 日，名表城按徐某婷在劳动合同中写明的家庭地址向

① 北京市第二中级人民法院民事判决书，（2012）二中民终字第 03525 号。

徐某婷邮寄送达了《解除劳动合同通知书》，内容为：由于您在2009年5月3日工作中丢失公司价值人民币214000元的手表一只，给公司造成重大损失，且您在2009年5月累计旷工已达9天，现根据《劳动合同法》第39条第2项、第3项及《员工手册》第6章第5条的规定，决定自2009年6月1日起解除与您于2007年12月1日签订的劳动合同。

2009年10月，名表城向北京市东城区劳动争议仲裁委员会申请仲裁，要求确认双方劳动合同关系已于2009年6月1日解除，并要求徐某婷赔偿名表城因其工作失职造成的损失214000元。

2011年10月10日，北京市东城区劳动争议仲裁委员确认名表城与徐某婷的劳动合同于2009年6月1日解除；徐某婷自裁决书生效之日起15日内支付名表城遗失手表损失共计214000元。徐某婷对该劳动争议仲裁不服，认为2009年5月3日被告店铺因自身管理流程的漏洞造成店铺丢失一只江诗丹顿手表，该案公安机关正在侦查中，且该手表已上保险。名表城强令徐某婷签署未经公示、未经工会认可的格式条款赔偿规定，否则予以解雇，该规定违反《劳动合同法》相关规定。现徐某婷诉至法院要求确认其无须支付遗失手表损失214000元，并由被告承担本案的诉讼费用。

判例分析

本案的争议焦点是：徐某婷是否应支付遗失手表的损失，以及名表城是否合法地解除了徐某婷的劳动合同。这涉及徐某婷在工作中是否存在失职行为，手表丢失的原因和徐某婷的责任，解除劳动合同是否合法以及解除劳动合同的程序是否符合法律规定。

徐某婷与名表城签订劳动合同为双方的真实意思表示，且没有违反法律的强制性规定，该合同合法有效，合同当事人均应依约定履行合同义务。诉讼当事人对自己提出的诉讼请求所依据的事实或者反驳对方诉讼请求所依据的事实有责任提供证据加以证明，没有证据或者证据不足以证明当事人的事实主张的，由负有举证责任的当事人承担不利后果。

本案中，名表城提出徐某婷在工作中存在严重失误，致使手表丢失，应根据该公司所制定的《关于手表丢失及手表损坏之规定》承担相应的责任。但名表城未就徐某婷工作中存在不符合工作流程的重大过失以及造成名表城财产损失的数额提供相应证据予以证实。名表城主张徐某婷在工作中存在重大过失，导致手表丢失，主张依据徐某婷签字认可的规定，其应该承担相应责任，并提交监控录像光盘和《关于手表丢失及手表损坏之规定》予以证明。但监控录像不足以充分证明徐某婷在工作中存在重大过失，《关于手表丢失及手表损坏之规定》亦没有对失职行为作出具体规定。

综上所述，徐某婷要求确认无须支付遗失手表损失的请求，理由正当，应当予以支持。

根据《劳动合同法》第 39 条的规定，劳动者严重违反用人单位的规章制度的，用人单位可以解除劳动合同。规章制度的制定应包含民主性、合法性、公示性，本案中，名表城制定的《关于手表丢失及手表损坏之规定》并没有违反法律的强制性规定，对于程序性条件，徐某婷认为该规定未经公示，自己是被迫签署的，但是并没有举出相关的证据，因此，该规定是合法有效的，名表城有权因徐某婷违反该规定而解除劳动合同。庭审中，双方对于2009 年6 月1 日解除劳动合同的事实均无异议。

风险提示

在实践中，经常会出现部分企业员工的行为违反法律规定、规章制度或诚信原则，给用人单位造成了重大损失，但用人单位对于劳动者却缺乏相应的追责办法，导致用人单位的损失无法得到部分弥补，也无法对其他员工形成有效震慑。我国从《劳动法》和《劳动合同法》开始，就特别注重对劳动者的倾斜保护，这是我国劳动关系立法的一贯原则。《劳动合同法》第 1 条规定："为了完善劳动合同制度，明确劳动合同双方当事人的权利和义务，保护劳动者的合法权益，构建和发展和谐稳定的劳动关系，制定本法。"

在法律对劳动者实行倾斜保护的前提下，用人单位并非没有任何方法保护自己的合法权益。在法律规定的范围内，劳动合同中可以约定对劳动者过错的归责和追责机制。劳动行政主管部门提供的合同范本仅具备劳动合同的必要条款，其中亦体现了对劳动者的倾斜保护，未提及对劳动者过错的归责方法和追责方式，无法从根本上保障用人单位的合法权益。而大多数大型企业在对外签订合同时都必须要求法务人员或者律师对合同条款认真审查，却往往忽视了内部劳动合同的草拟和审核，放任风险的发生。例如，在山东省威海市中级人民法院（2012）威民一终字第 20 号案件中，劳动者因工作失误导致用人单位损失，一审法院判决劳动者承担部分损失，二审法院认为"本案中，上诉人与被上诉人签订的劳动合同中并未对因上诉人的原因给被上诉人造成损失应如何处理进行约定，且上诉人的行为未违反保密义务及竞业限制义务，被上诉人要求上诉人赔偿其任职期间给被上诉人造成的损失，于法无据，本院不予支持"，以此撤销原判，驳回用人单位要求赔偿损失的诉讼请求。这就是一个典型的劳动合同漏洞导致的恶果，而这样的漏洞在用人单位制定的劳动合同中普遍存在。

那么，是不是有了合法的归责约定，用人单位就一定能追究过错劳动者的责任呢？如前所述，用人单位在劳动合同纠纷中负有重大的举证责任，然而，大部分合规制度完备的用人单位，在涉及对外交易合同的履行中均有一套完备的证据固定、收集流程，但在劳动关系的证据固定、收集方面却存在重大问题。大部分用人单位没有完整的劳动合同履行和风险防范的流程规定，也缺乏事后补救的证据意识。例如，在笔者办理的劳动仲裁案件中，大部分用人单位无法举证证明其劳动规章制度已经向劳动者进行了告知，甚至劳动者多次来单位协商时，用人单位都没有保存相应的谈话记录及通知劳动者限期回单位报到上班的记录，最终在法庭上导致其陷入被动的局面。

首先，劳动合同及其补充协议应当对劳动者的岗位职责作出清晰明确的约定；其次，该约定同样不能片面地扩大用人单位的权利，加重劳动者的义务。从可操作性上来说，要对于哪些行为属于违反岗位职责作出明确的界定。在制定规章制度的过程中，规章制度必须清晰、明确、具体，并且其制定程序和公示程序必须合法，如此才能证明适用于该特定劳动者。

笔者认为，用人单位在与员工签订劳动合同时就应当明确员工的具体工作任务，并制定严格的考核标准。如人员变动较频繁，企业可以在劳动合同中明确员工的工作岗位，然后在公司规章制度和岗位职责中明确界定该工作岗位的工作职责，并对哪些行为属于严重违反公司规章制度的行为作出规定，同时还应当约定具体的追责方式、损失的计算方法等。当然，用人单位一定要注意向劳动者进行公示，在劳动者面对的服务单位、业务范围变更时，一定要出具书面材料。另外，劳动合同中对于不履行提前30日通知就单方解除劳动合同，或者解除劳动合同时不办理交接手续的法律责任，也要作出明确的约定。

用人单位在举证责任较重的情况下，普遍没有做好证据收集工作，这是长期以来用人单位形成的“重实体轻程序”的习惯造成的。因此，用人单位应当在人力资源管理中形成证据收集、固定的有效流程和机制，可将其总结为：台账要完备、材料要保存、有事要记录、通知要签名、犯错要悔过、程序要合法。

法条链接

《中华人民共和国劳动合同法》

第二十八条 劳动合同被确认无效，劳动者已付出劳动的，用人单位应当向劳动者支付劳动报酬。劳动报酬的数额，参照本单位相同或者相近岗位劳动者的劳动报酬确定。

知识拓展

在当今经济环境下，企业风险管理已经从辅助性功能转变为企业的核心战略组成部分。风险与机会是并存的，正确管理风险可以将其转化为商业上的机会。企业风险管理不仅关乎损失控制，更关乎增长和创新的空间。例如，一个企业可能会面临供应链中断的风险，这不仅可能导致短期的经济损失，更可能影响公司的品牌和声誉。但是，如果企业能够提前识别并应对这种风险，它就可能比竞争对手更早恢复生产，从而获得更多的市场份额。然而，企业在实际操作中往往会忽视合同法与风险管理之间的紧密联系。例如，一份合同中可能包含了对风险的明确分配，但如果这一分配与企业的风险承受能力或风险管理策略不符，那么这份合同就可能成为企业的一个潜在风险源。

此外，尽管合同为企业提供了一种风险管理的手段，但它并不能替代风险管理的其他方面。也就是说，仅仅依赖合同来管理风险是远远不够的。企业还需要进行系统的风险评估，制定全面的风险管理策略，并确保所有合同都与这一策略相一致。同时，合同法自身也是不断发展的，这要求企业在制定和执行合同时，不仅要考虑当前的法律规定，还要预测未来的法律变革。因此，企业需要不断地更新其合同制度，确保其与最新的法律发展和最佳的风险管理实践相一致。

（二）企业调岗调薪的效力认定

商洛欢笑时光影城有限公司与常某劳动合同纠纷案[①]

关键词

竞业禁止　违约责任　经济补偿

案情简介

常某于 2013 年 11 月 9 日入职陕西文投商洛影城有限公司（以下简称陕西文投公司），在运营部门从事票房工作，劳动合同期限至 2018 年 12 月 31 日，并约定常某工资实行岗位工资制度，具体组成为基本工资加绩效工资，若常某工作部门、工作岗位发生变动，则其工作地点也由陕西文投公司作出相应调整。

2018 年 1 月 1 日，陕西文投公司与商洛欢笑时光影城有限公司（以下简称欢笑时光影城）签订了影院资产委托管理协议，约定对于陕西文投公司已经聘用的原工作人员，欢笑时光影城应当无条件重新录用，并同意将前述员工相应劳动合同和社保关系亦变更和转移至欢笑时光影城，但员工不同意与欢笑时光影城签订劳动合同的除外。

原书面劳动合同到期后，陕西文投公司、欢笑时光影城均未与常某签订书面劳动合同，但常某仍在欢笑时光影城正常工作。2019 年 2

① 陕西省商洛市（地区）中级人民法院民事判决书，（2019）陕 10 民终 683 号。

月 21 日，欢笑时光影城以常某考核居于末位为由，口头通知其在月底前自行寻找新单位，或到期未联系到新单位，可继续回欢笑时光影城上班，但需调整岗位及薪资待遇，调整后的薪资待遇将以商洛市最低工资标准为准。之后常某要求欢笑时光影城安排工作岗位，欢笑时光影城明确表示无岗位可安排。

欢笑时光影城从 2018 年 3 月起为常某发工资，一直发至 2019 年 2 月。2019 年 3 月，常某向陕西省商洛市劳动人事争议仲裁委员会申请劳动仲裁，裁决结果为欢笑时光影城支付常某赔偿金 26435. 31 元、未签劳动合同 2 倍工资 6994. 75 元。欢笑时光影城不服该仲裁，诉至商洛市商州区人民法院，请求判令其无须支付常某赔偿金 26435. 31 元，或由其支付常某未签订劳动合同双倍工资差额 3800 元。

判例分析

本案的主要争议焦点为原告欢笑时光影城是否违法解除了与被告常某的劳动关系。

根据已查明的事实，常某考核居于末位并不代表其不能胜任工作，欢笑时光影城依此提出让常某自谋职业或予以调岗降薪，致使双方产生纠纷，之后常某要求安排工作，而欢笑时光影城明确表示无岗位安排，因此常某认为欢笑时光影城对其构成变相辞退的主张，事实清楚，证据充分。在双方无法就变更或解除劳动关系问题达成一致意见的情况下，欢笑时光影城已构成单方解除劳动关系，劳动关系解除违法，故常某要求支付赔偿金的理由应当成立，违法解除劳动关系赔偿金按常某应得经济补偿金的 2 倍计算。

常某在与陕西文投公司的劳动合同履行期间，非因自身原因被陕西文投公司安排到欢笑时光影城工作，陕西文投公司亦未支付常某相应经济补偿，故欢笑时光影城应支付经济补偿。常某的工作年限应从

2013 年 11 月 9 日计至 2019 年 2 月底。常某此前的 12 个月平均工资应按其应得工资计算，据此核定常某应得的违法解除劳动关系赔偿金为 29066. 07 元。因常某认可仲裁核定的 26435. 31 元，故常某的主张得到支持。

对于未签订书面劳动合同的双倍工资的核算，欢笑时光影城于 2018 年 4 月即对常某实际用工但未与其签订书面劳动合同。事实上，在陕西文投公司与被告常某的劳动合同截止日期之前，欢笑时光影城与常某订立劳动合同存在障碍，仲裁裁决由欢笑时光影城支付常某 2019 年 1 月 1 日至 2 月底前的未签订劳动合同双倍工资的差额部分核算为 6994. 75 元，被告常某在诉讼中对此无异议，应当予以支持。

综上所述，应当由欢笑时光影城支付常某违法解除劳动关系赔偿金、未签订书面劳动合同双倍工资的差额部分。

风险提示

用人单位在与员工建立和终止劳动关系时，必须始终将合法合规作为首要考量。本案中，原告在劳动关系管理上的多个环节中都展现出明显的风险点。

首先，应当理解劳动合同是双方权益的明确声明和保障。劳动合同的书面形式是法律对用人单位的明确要求，当用人单位不与员工签订书面劳动合同时，实际上已经产生了法律风险。这种风险不仅是简单的经济赔偿责任，也有可能是公司声誉严重受损、员工士气下滑，以及其他潜在的连带法律问题。每一个环节、每一个细节都可能成为企业法律合规的薄弱点，导致整个企业遭受巨大损失。

其次，员工的管理和考核应该是一个公开、透明、公正的过程。任何对员工的考核都应该基于事先明确的标准，并且确保这些标准是合理和公正的。本案中，用人单位单纯因为员工考核居于末位而提出调岗或降薪要求，这实际上是一种非常危险的做法。这种做法可能被认为是对员工的不公平待遇，甚至可能被视为对员工的歧视或报复。为了避免这种风险，用人单位必须确保所有的员工管理和考核措施都是基于合理的、公开的、非歧视的标准，并且要确保这些措施在实施之前已得到了员工的充分了解和同意。

再次，当用人单位面临劳动争议时，应该积极寻找合法、和平的解决途径，而不是采取过激或不合理的措施。正当的法律程序不仅可以保护用人单位的权益，也可以确保员工的合法权益得到尊重和保障。只有在双方都遵循法律规定的情况下，才可能找到一个双方都可以接受的解决方案。

特别是在涉及劳动关系的合同转移或变更的情况下，用人单位的法律风险还可能会增加。这种风险不仅来源于合同本身的转移或变更，还可能涉及员工的重新录用、劳动关系的转移、经济补偿的支付等多个环节。

在本案中，原告由于与案外人签订的影院资产委托管理协议，实际上建立了与被告的事实劳动关系。这种事实劳动关系，虽然没有明确的书面合同，但在法律上仍然具有明确的权利和义务。因此，当用人单位面临此类合同转移或变更的情况时，必须特别注意确保所有的权利转移和义务履行都是合法、合规的。

最后，对于那些因为非本人原因而被重新录用的员工，用人单位有法定的经济补偿义务。这种经济补偿不仅是员工应得的权益，也是对用人单位履行合同义务的明确要求。任何对这种经济补偿的忽视或拖延，都可能为用人单位带来巨大的法律风险。总之，无论是劳动合同的签订、履行还是终止，都必须确保合法合规。只有这样，用人单位才能有效避免潜在的法律风险，确保企业的长远发展。

法条链接

《中华人民共和国劳动合同法》

第二十六条　下列劳动合同无效或者部分无效：

（一）以欺诈、胁迫的手段或者乘人之危，使对方在违背真实意思的情况下订立或者变更劳动合同的；

（二）用人单位免除自己的法定责任、排除劳动者权利的；

（三）违反法律、行政法规强制性规定的。

对劳动合同的无效或者部分无效有争议的，由劳动争议仲裁机构或者人民法院确认。

知识拓展

劳动合同是现代社会劳动与资本关系的基石。它不仅是双方达成共识的文书，更是确保平等、公正、自愿、协商的原则得到体现的法律文件。劳动合同中每一条款的制定，都代表了双方在利益均衡和权益保护方面的艰苦协商。更重要的是，劳动合同赋予了劳动者一系列的权利和保障，如获得合理报酬、规定的工作时间、健康和安全的工作环境等，同时明确了劳动者的职责和义务。

对于用人单位而言，劳动合同也是其合法运营的必要条件，因为它规范了劳动者的待遇，降低了因违法用工而带来的法律风险。在当今的市场经济环境下，企业为了追求最大的经济效益，可能会试图调整劳动力资源，这就难免涉及劳动合同的解除或终止。但在任何情况下，用人单位都必须确保其行动是基于合法和正当的理由，否则将面临法律的制裁。例如，在某些情况下，如果用人单位无正当理由解雇劳动者，那么根据相关法律，用人单位可能需要支付高额的赔偿金。

（三）劳动者的赔偿责任

壹鸿公司与张某平、黄某琳劳动争议案[①]

关键词

重大过失　赔偿责任　劳动管理制度

案情简介

张某平系壹鸿公司会计，黄某琳系壹鸿公司出纳兼办公室行政职员，两人与壹鸿公司签订的劳动合同中均约定，工作期间因劳动者违反法律法规、公司劳动纪律及规章制度、工作岗位责任要求，给公司或第三方造成经济损失的，劳动者应当承担赔偿责任。

2015 年 6 月 2 日上午，张某平的 QQ 号码疑似被盗无法正常登录，后经申诉找回。当日 15 时 01 分，昵称为壹鸿公司“肖某玲董事长”的 QQ 号码将张某平加入一新建讨论组，并让张某平将黄某琳拉进该讨论组。

在该讨论组中，“肖某玲董事长”安排黄某琳和张某平向“深圳壹鸿公司”转账 48 万元。黄某琳用壹鸿公司以其私人账户开户的银行卡内的资金，通过网上银行完成转账。之后，黄某琳又按照“肖某玲董事长”的指示向“王某”的账户转入 19 万元。

---

① 重庆市第一中级人民法院民事判决书，（2016）渝 01 民终 4416 号。

在转账操作结束后，黄某琳产生了怀疑，并向壹鸿公司法定代表人肖某玲进行确认，结果得知受骗。壹鸿公司迅速向公安机关报案，但由于涉及金额巨大及犯罪手段的复杂性，案件的侦查进展缓慢。同时，壹鸿公司对张某平与黄某琳的行为进行了严格审查。

依据两人与壹鸿公司签订的劳动合同，工作期间因劳动者的疏忽给公司或第三方造成经济损失的，劳动者应当承担相应的赔偿责任。在此事件中，张某平与黄某琳均存在明显的工作疏忽，故壹鸿公司主张两人应共同赔偿公司 67 万元的经济损失。

判例分析

本案的主要争议焦点为张某平与黄某琳在工作中是否存在明显的疏忽，导致壹鸿公司遭受 67 万元的经济损失，并根据两人与壹鸿公司签订的劳动合同条款，两人是否应共同赔偿壹鸿公司该笔经济损失。

关于劳动者对用人单位承担赔偿责任的问题，目前《劳动法》《劳动合同法》规定了两种情形：一是违反规定解除劳动合同，二是违反劳动合同中约定的保密义务或者竞业限制。上述两种情况都以给用人单位造成损失为必要条件，但对劳动者履行职务存在过失给用人单位造成损失时，劳动者应否承担赔偿责任并未予以明确。《工资支付暂行规定》第 16 条规定："因劳动者本人原因给用人单位造成经济损失的，用人单位可按照劳动合同的约定要求其赔偿经济损失。"

综上，劳动者向用人单位承担赔偿责任的依据应包括法律规定和劳动合同约定。本案中，张某平、黄某琳作为财务这种特殊岗位的工作人员，两人与壹鸿公司签订的劳动合同中均约定了劳动者向用人单位承担赔偿责任的内容，且该约定并不存在用人单位借此免除自身法定责任，或排除劳动者法定权利的情况，故用人单位主张赔偿损失有法定和约定的依据。

在劳动关系中，由于劳动者较之用人单位处于弱势地位，归责原则的确立也应注重对劳动者的保护，因此不宜适用民事侵权领域的严格责任或过错推定责任原则，可参照适用有利于保护劳动者的过错责任原则。劳动者的过错也应限于故意或重大过失，如果仅是轻微过失或疏忽，则可以考虑免除劳动者的赔偿责任。对于劳动者过错的证明责任应由用人单位承担，由此提高用人单位的求偿门槛。本案中，张某平和黄某琳作为壹鸿公司的会计和出纳，对公司的财务支出应当负有谨慎义务，但两人在款项的支付过程中没有遵守财务工作要求，属于合同约定的违反工作岗位责任要求的情况，可以认定其具有重大过失。

在确定劳动者承担赔偿责任的范围时，应综合考虑劳动者的主观过错大小、收入情况、单位与劳动者之间就损害赔偿的约定等因素。本案中，壹鸿公司在财务管理方面亦存在疏漏，该公司未建立规范的书面财务规章制度，且未遵守财务管理制度的基本要求，将公司款项存放在黄某琳私人账户，因此，一、二审根据用人单位与劳动者各自的过错，确定由劳动者承担20%的赔偿责任较为恰当。由于张某平和黄某琳各自职务不同，虽然二人的行为相互结合导致本案损失发生，但二人对造成损失存在不同过错，并系基于各自过错分别实施行为，故应对二人承担责任的比例加以划分。

根据《工资支付暂行规定》第16条的规定和劳动合同的约定，张某平和黄某琳轻信冒充壹鸿公司董事长的QQ号码的指示，未尽到财务人员的谨慎和合理注意、核实义务，未履行基本的审批手续，擅自将壹鸿公司款项67万元转至他人账户，造成公司钱款暂时无法追回，具有重大过失，构成严重失职，应当承担一定的赔偿责任。壹鸿公司将公司款项存放于黄某琳的私人账户，违反了基本的财务管理制度，财务管理较为混乱，应当自行承担一定的责任。

综上所述，虽然张某平与黄某琳的过错共同造成了壹鸿公司的经济损失，但由于二人在公司日常款项支出流程中的主要职责存在区别，因此其过错程度也有所不同，应根据其各自的具体过错、过错大小以及其过错与损失结果之间的因果关系分别承担相应的责任。

风险提示

劳动者在履行劳动合同的过程中，因故意或严重过失，违反劳动合同或不适当履行劳动义务，给用人单位造成损失的，劳动者是否应当承担赔偿责任呢?

《劳动法》第 102 条规定:“劳动者违反本法规定的条件解除劳动合同或者违反劳动合同中约定的保密事项，对用人单位造成经济损失的，应当依法承担赔偿责任。”《劳动合同法》第 90 条规定:“劳动者违反本法规定解除劳动合同，或者违反劳动合同中约定的保密义务或者竞业限制，给用人单位造成损失的，应当承担赔偿责任。”《工资支付暂行规定》第 16 条规定:“因劳动者本人原因给用人单位造成经济损失的，用人单位可按照劳动合同的约定要求其赔偿经济损失。经济损失的赔偿，可从劳动者本人的工资中扣除。但每月扣除的部分不得超过劳动者当月工资的 20%。若扣除后的剩余工资部分低于当地月最低工资标准，则按最低工资标准支付。”显然，现行法律法规强调，在用人单位与劳动者有约定损失赔偿的情形下，劳动者应承担赔偿责任，但并没有明确在双方没有约定时，劳动者应否承担赔偿责任。

一般情况下，劳动者实施与其工作内容相关的业务活动而使用人单位遭受损失的，应当由用人单位承担责任，这是用人单位在选择劳动者时所应承担的用人风险，但若劳动者因故意或重大过失履职不当，给用人单位造成重大经济损失却可以不承担相应责任，将会造成劳动者疏于履行职责，违反劳动合同规定和用人单位的规章制度。因此，对劳动者施加合理的损害赔偿责任，有利于平衡劳资双方的利益，督促劳动者勤勉履职。实务中，对双方没有约定损失赔偿的情形，法院通常也会从劳动者的职责内容及其是否存在履职不当或严重失职等行为、用人单位经济损失的大小、劳动者的过错行为与用人单位的经济损失之间是否存在直接因果关系等方面审查劳动者应否承担赔偿责任。

劳动者进行职务行为是为了用人单位的利益，其劳动创造的价值远远大于其领取的劳动报酬，劳动与报酬也非对等，根据风险和利益共享原则，劳动者职务行为的风险也应归于用人单位，因此，要明确用人单位是经营风险的首要承担者，劳动者在正常履行职责的情况下，不用承担赔偿责任。通常情况下，只有在劳动者由于故意或重大过失，给用人单位造成经济损失的情况下，劳动者才需负赔偿责任，且其赔偿责任应与其过错程度相适应。

对“与其过错程度相适应”一般的理解为，劳动者的赔偿比例不宜过高，应综合考虑劳动者的过错程度、用人单位损失的大小、劳动者是否受到了必要的技能培训、劳动者履职是否受用人单位指示、用人单位对损失的发生是否存在管理不当、用人单位的损失是否可以通过其他方式补救、劳动者的工资收入等因素酌情进行确定。

法条链接

《工资支付暂行规定》

第十六条 因劳动者本人原因给用人单位造成经济损失的，用人单位可按照劳动合同的约定要求其赔偿经济损失。经济损失的赔偿，可从劳动者本人的工资中扣除。但每月扣除的部分不得超过劳动者当月工资的20%。若扣除后的剩余工资部分低于当地月最低工资标准，则按最低工资标准支付。

知识拓展

劳动者赔偿责任在我国的法律体系中，主要是依据《劳动法》

《劳动合同法》和相关的行政法规来界定。在劳动关系中，劳动者和用人单位都约定了明确的权利和义务，当一方违反了这些权利和义务，特别是造成对方损失时，就可能触发赔偿责任。《劳动合同法》明确规定，在合同期限内，劳动者违反解除劳动合同的规定，或者违反劳动合同中约定的保密和竞业限制条款，从而给用人单位造成损失的，应当承担赔偿责任。但是，赔偿责任的具体金额和范围通常需要依据具体情形和劳动合同的约定来确定。此外，《工资支付暂行规定》也给予了用人单位一定的权利，允许其在劳动者由于本人原因给用人单位造成经济损失时，按照劳动合同的约定要求赔偿。

总体而言，企业风险管理是一个系统性、全面性的工作，劳动者赔偿责任只是其中的一个方面。只有企业能够全面地认识到风险，并采取适当的管理和应对措施，才能真正地为自己的稳健发展提供保障。

三、员工离职阶段常见法律纠纷

员工离职是企业发展过程中所不可避免的一种现象，但员工离职阶段可能产生的法律纠纷不容忽视。涉及劳动合同的解除、经济补偿、知识产权的保护、竞业限制等问题，都需要企业在员工离职时给予足够的关注。如何合规地处理员工离职问题，保障企业和员工的双方权益，是本节主要探讨的内容。本节通过对实际案例进行分析，以期为企业提供员工离职阶段的法律指导和建议。

（一）竞业禁止条款的认定

王某飞与施耐德电气（中国）投资有限公司上海分公司劳动争议纠纷案①

关键词

竞业禁止 违约责任 经济补偿

案情简介

王某飞于2005年8月29日到被告施耐德电气（中国）投资有限公司上海分公司（以下简称施耐德上海分公司）工作，双方签订了劳动合同，原告的工作地点在江苏省南京市。同日，双方签订了《保密和竞业禁止协议》，该协议约定了竞争业务、竞争对手、区域、披露禁止、雇员同意竞业禁止等内容。其中，竞业禁止是指雇员承诺在与公司解除雇佣关系的一年内，不得在区域内部直接或者间接地投资或从事与公司业务相竞争的业务，或成立从事竞争业务的组织，或者向竞争对手提供任何服务或向其披露任何保密信息，不得正式或临时受雇于竞争对手或作为竞争对手的代理或代表从事活动。公司同雇员签订的劳动合同终止或者解除后，作为对雇员遵守披露禁止和竞业禁止承诺的经济补偿，公司将向雇员支付相当于其离职前一个月基本工资

① 江苏省南京市鼓楼区人民法院民事判决书，（2007）鼓民三初字第429号。

的竞业禁止补偿费；如雇员违背合同义务，公司有权要求雇员停止侵害，解除与竞争对手的劳动、雇佣关系，并向公司赔偿相当于竞业禁止补偿费 3 倍的违约金。

2007 年 4 月 30 日，原告王某飞从被告施耐德上海分公司处离职。被告称其于 2007 年 7 月 7 日得知原告在菲尼克斯公司工作。被告认为菲尼克斯公司与其存在业务竞争关系，原告离职后到菲尼克斯公司工作的行为违反了双方签订的《保密和竞业禁止协议》中确定的竞业禁止义务。

2007 年 7 月 17 日，被告向上海市普陀区劳动争议仲裁委员会申请劳动仲裁，要求原告承担竞业禁止违约金 66600 元，并继续履行双方约定的竞业禁止义务。2007 年 9 月 20 日，上海市普陀区仲裁委员会裁决原告承担竞业禁止违约金 66600 元，但对施耐德上海分公司的其他请求不予支持。原告不服该仲裁裁决，于 2007 年 9 月 25 日提起诉讼。庭审中，原告认可自己在菲尼克斯公司工作，但认为该公司与被告只存在一些产品的交叉互补，不存在业务竞争关系。

判例分析

本案的争议焦点是原告王某飞与被告施耐德上海分公司签订的《保密和竞业禁止协议》所确定的竞业禁止条款是否有效，原告应否承担违约责任。

法院认为，劳动者和用人单位的合法权益均受法律保护。原告王某飞的实际工作地点在江苏省南京市，本案劳动合同的实际履行地即为江苏省南京市，故本案除适用相关法律法规外，还应当适用江苏省和南京市有关劳动争议的地方性法规。竞业禁止义务是对负有特定义务的劳动者的权利限制，即规定劳动者从原用人单位离职后，在一定期间内不得自营或为他人经营与原用人单位有直接竞争关系的业务。

2003 年《江苏省劳动合同条例》第 17 条规定："用人单位与负有保守商业秘密义务的劳动者，可以在劳动合同或者保密协议中约定竞业限制条款，并应当同时约定在解除或者终止劳动合同后，给予劳动者经济补偿。其中，年经济补偿额不得低于该劳动者离开用人单位前 12 个月从该用人单位获得的报酬总额的 1/3。用人单位未按照约定给予劳动者经济补偿的，约定的竞业限制条款对劳动者不具有约束力。"

根据上述法律、行政法规以及地方性法规的规定，用人单位与负有保守商业秘密义务的劳动者，可以在劳动合同或者保密协议中约定竞业禁止条款，限定劳动者在离职后的一定期间内不得从事与用人单位存在竞争关系的业务，以保护用人单位的合法经营利益。通常劳动者的专业与用人单位所经营的业务存在一定的联系，其求职就业又要以本人专业为依托。而劳动者从原用人单位离职后，为了个人及其家庭的生活需要，通常要寻求新的工作，如果履行竞业禁止义务，在一定期间内其可能难以找到新的工作，因而影响劳动者个人及其家庭的生活。

正是考虑到涉及劳动者个人及其家庭生活的实际问题，上述法律、行政法规和地方性法规都明确规定，用人单位与劳动者在约定竞业禁止义务的同时，还应当约定在双方解除或者终止劳动合同后，由用人单位给予劳动者一定的竞业禁止经济补偿。没有约定竞业禁止经济补偿或者补偿数额过低、不符合规定的，竞业禁止协议对劳动者没有法律约束力。

本案中，原告王某飞与被告施耐德上海分公司签订的《保密和竞业禁止协议》所约定的竞业禁止经济补偿金仅为原告离职前 1 个月的基本工资，即使根据被告的陈述，其实际支付给原告的竞业禁止经济补偿金也仅是原告 3 个月的基本工资，仍低于 2003 年《江苏省劳动合同条例》规定的标准。

因此可以认定，涉案《保密和竞业禁止协议》中的竞业禁止条款对原告不具有约束力，即使原告从被告处离职后又到菲尼克斯公司工作的行为违反了该竞业禁止义务，原告亦不应承担违约责任。被告关于原告应按照实际领取的竞业禁止补偿金的3倍支付违约金的诉讼主张不应当得到支持。

风险提示

公司特定岗位的雇员离职后，可能仍继续占有可与原公司不公平竞争的信息优势。公司可以通过与特定员工订立离职后的竞业限制协议的方式，对公司的商业秘密和与知识产权相关的保密事项进行专门保护。

由于《劳动合同法》中对竞业限制协议有一些强制性规定，因此，一份具有法律效力的竞业限制协议，既要满足合同法规定的合同成立和生效的条件，还需要注意以下几个方面的问题：根据《劳动合同法》第23条第1款的规定，竞业限制协议所保护的信息限于商业秘密和与知识产权相关的保密事项。根据《劳动合同法》第24条第2款的规定，离职后的竞业限制期限不得超过2年。基于《劳动合同法》的强制性规定，竞业限制的范围存在一些法定的限制，主要针对可约定竞业限制义务人员的范围、地域范围和竞业行为的内容。

对于与公司建立了劳动关系的劳动者来说，其中可约定竞业限制义务的人员包括公司的高级管理人员、高级技术人员和其他对商业秘密和与知识产权相关的保密事项负有保密义务的人员。可约定竞业限制义务的地域不限于国内和国外，但是考虑到对劳动者就业权的保护以及对用人单位可能滥用竞业限制的限制，约定竞业限制义务的地域范围应当以公司开展的业务现实拓展到的地域为限。违反竞业限制义务的竞业行为主要包括两类：一类是自己开业生产或者经营与公司同类的产品、从事与公司同类的业务；另一类是就职与本公司生产或者经营同类产品、从事同类业务的有竞争关系的其他公司。

制定竞业限制协议时，应当约定竞业限制经济补偿。根据《劳动合同法》的规定，约定劳动者离职后需承担竞业限制义务的，公司应当在解除或者终止劳动合同后，在竞业限制期限内按月给予劳动者经济补偿。不约定经济补偿虽然不会导致竞业限制协议无效，但是由于用人单位的原因导致 3 个月未支付经济补偿的，劳动者可以依法请求解除竞业限制协议。

劳动者离职后的竞业限制协议是双务、有偿合同，且涉及对劳动者生存权、就业权的保护，因此用人单位应当依法与劳动者进行协商约定，其形式既包括劳动合同中的竞业限制条款，也包括独立的竞业限制协议，但是不能在公司章程、员工手册、规章制度中进行笼统的规定。以公司章程、规章制度的形式规定劳动者离职后负有竞业限制义务的，可能会被认定为对劳动者一方不具有约束力。

即使竞业限制协议因劳动者不属于竞业限制义务主体而被认定为无效，但是劳动者已经依约履行竞业限制义务并请求公司支付经济补偿的，基于对信赖利益的保护，公司仍应当向劳动者支付经济补偿。竞业限制协议中未约定解除或者终止劳动合同后给予劳动者经济补偿，而劳动者履行了竞业限制义务，要求公司按照劳动者在劳动合同解除或者终止前 12 个月平均工资的 30% 按月支付经济补偿的，公司应予支付。月平均工资的 30% 低于劳动合同履行地最低工资标准的，公司应按照劳动合同履行地最低工资标准支付。劳动者离职后，在竞业限制期限内，公司可以随时单方面解除竞业限制协议。但是在解除竞业限制协议时，基于对劳动者信赖利益的保护，劳动者请求公司额外支付 3 个月竞业限制经济补偿的，公司应予支付。劳动者违反竞业限制约定，向公司支付违约金后，公司仍可以要求劳动者按照约定继续履行竞业限制义务。

法条链接

《中华人民共和国劳动合同法》

第二十四条 竞业限制的人员限于用人单位的高级管理人员、高级技术人员和其他负有保密义务的人员。竞业限制的范围、地域、期限由用人单位与劳动者约定，竞业限制的约定不得违反法律、法规的规定。

在解除或者终止劳动合同后，前款规定的人员到与本单位生产或者经营同类产品、从事同类业务的有竞争关系的其他用人单位，或者自己开业生产或者经营同类产品、从事同类业务的竞业限制期限，不得超过二年。

知识拓展

竞业禁止条款最早源自欧美国家的商业实践，随着全球化进程的加快和企业之间竞争的加剧，这一条款在各国的商业文化中日益得到重视。竞业禁止条款为企业提供了一定程度的安全保障，确保企业的核心技术、商业模式及客户资源不会轻易流失或被对手所用。

合同自由是现代商业法的基石，但约束一个员工的职业发展显然与此存在某种矛盾。因此，评估竞业禁止条款的合理性，通常需考虑以下几点：（1）时限。禁止时长是否合适。过长的禁止时限可能会被法院认为是过度约束。（2）地域。禁止地域是否合适。例如，禁止的地域仅限于某一城市或国家，还是在全球都予以禁止。（3）行业与业务范围。禁止的行业和业务范围是否明确并合理。如果公司希望员工在离职后的一段时间内不从事与公司业务竞争的工作，那么为员工提供经济补偿就成了合理的要求。经济补偿通常基于以下几点来确定：（1）员工在公司的地位和影响。高级管理人员与核心技术人员所获得的补偿通常会高于普通员工。（2）公司的业务规模及盈利情况。大型公司与高盈利公司通常会提供较高的补偿。(3) 条款的禁止时长。禁止时长越长，补偿金额通常也应越高。如果竞业禁止条款被判定为过度约束或没有提供适当的经济补偿，那么该条款在法律上可能被认定为无效。这对企业来说是巨大的风险，因为这意味着前员工可以自由加入竞争对手的公司或成立新公司从事同业业务，而企业无法对此采取任何救济措施。

（二）临时工的劳动关系及退休待遇的认定

西安交通大学与杨某君等劳动争议纠纷案[①]

关键词

退休待遇　劳动关系　临时工

案情简介

杨某君自1983年12月起被西安交通大学聘为临时工，从1983年12月至2001年10月在该校从事服务工作，双方未签订书面劳动合同，西安交通大学亦未给杨某君办理基本养老保险、失业保险及基本医疗保险。2000年3月，西安交通大学与西安交通大学接待中心分别出资2925万元、75万元成立了交大后勤公司。

2001年6月，西安交通大学将杨某君所在的学生宿舍管理服务中心划归交大后勤公司管理，杨某君也随该中心一并转入交大后勤公司并继续在原岗位工作。

2006年4月，杨某君要求西安交通大学为其办理退休事宜未果，2006年5月其被交大后勤公司口头通知解除劳动关系（解除劳动关系前，杨某君月工资为400元，陕西省西安市人民政府确定的2005年7月后劳动者最低工资为每月490元）。杨某君遂以西安交通大学、交

① 陕西省西安市中级人民法院民事判决书，（2008）西民二终字第648号。

大后勤公司为被申诉人向陕西省劳动争议仲裁委员会申请劳动仲裁，陕西省劳动争议仲裁委员会以陕劳仲字（2006）118号仲裁裁决书裁决：（1）西安交通大学支付杨某君2005年7月至2006年5月最低工资差额990元及额外经济补偿金247.50元；（2）西安交通大学支付杨某君解除劳动合同经济补偿金10780元；（3）西安交通大学按国家及陕西省、西安市有关规定为杨某君办理基本养老保险、基本医疗保险及失业保险，交纳社会保险费用。

2006年12月，西安交通大学向西安市碑林区人民法院提起诉讼，认为其与杨某君没有劳动合同关系，陕西省劳动争议仲裁委员会裁决其支付杨某君工资、经济补偿金及办理养老、医疗、社会保险无事实和法律依据，且杨某君之请求已超过诉讼时效，请求判令西安交通大学不履行仲裁裁决。

杨某君认为陕西省劳动争议仲裁委员会仲裁裁决正确，其自1983年12月至1985年11月被西安交通大学聘为临时工从事道路清扫工作，自1985年11月至2006年5月在该校学生宿舍管理服务中心从事管理服务工作，并出具了证人证言等证据来证明其与西安交通大学存在劳动关系；并反诉要求西安交通大学履行仲裁裁决确定义务，补发其自1995年至2006年加班加点工资9875元。

交大后勤公司认为，其2001年10月通过公开招聘的方式聘用了杨某君，并于2006年与其解除了事实劳动关系。因杨某君应聘时隐瞒了真实年龄，故对其支付经济补偿金及办理三金等社会保险之请求不应支持，但同意支付杨某君2005年7月至2006年5月的最低工资差额990元及经济补偿金247.5元。

判例分析

本案的争议焦点主要集中于：杨某君与西安交通大学及交大后勤

公司之间是否存在劳动关系及其性质如何；西安交通大学、交大后勤公司是否应支付杨某君相应的工资差额、经济补偿金及其他相关待遇；杨某君与西安交通大学的工龄是否应计算为其在交大后勤公司的工龄；交大后勤公司是否应承担按月给杨某君发放退休金的责任；相关保险与退休金的处理方法。

杨某君自1983年12月至2006年5月与西安交通大学及交大后勤公司先后形成事实劳动关系，西安交通大学将杨某君所在的学生宿舍管理服务中心和杨某君一道划归交大后勤公司管理后，杨某君与西安交通大学的劳动关系因此变更为其与交大后勤公司的劳动关系。

由于西安交通大学是交大后勤公司的出资人和股东，故杨某君在西安交通大学的工龄应合并计算为其在交大后勤公司的工龄。根据《劳动法》《社会保险法》等相关法律规定，杨某君理应享有劳动者获得工作报酬，获得养老保险、医疗保险、失业保险等各项社会保障的权利。

现杨某君已逾法定退休年龄，但西安交通大学及交大后勤公司均未给其办理退休或社会保险参保手续，因杨某君已超过退休年龄无法补办基本养老保险，故交大后勤公司理应承担按月给杨某君发放退休金的责任。交大后勤公司应按照《国务院关于工人退休、退职的暂行办法》第2条第1项之规定，按杨某君连续工作满20年以上，以2008年西安市最低工资标准人均每月600元为基数的75%计算，自2006年6月起按月发给杨某君退休金，并随陕西省、西安市相关政策的调整而调整。杨某君自愿通过劳动监察部门与交大后勤公司协商解决医疗保险问题，符合我国现行医保政策，应当得到支持。

综上，交大后勤公司称其与杨某君的劳动关系并非由西安交通大学变更而来，以及其与杨某君之间的劳动合同应属无效之理由，与客观事实不符，不应当得到支持。

风险提示

在当今时代背景下，劳动关系对于每一个用人单位来说都是一个重要而敏感的议题。特别是涉及退休、养老金及社会保险等退休人员待遇问题时，企业在管理和应对中更需要展现出高度的专业性和人文关怀。杨某君与西安交通大学及交大后勤公司之间的案例为各用人单位提供了重要的警示。

对于任何一个企业而言，合规运营应始终作为其经营管理的核心。企业需充分认识到，随着时代的进步，员工对于自身权益保障的意识日益增强，不合规的劳动实践可能引发的法律风险和经济损失正在迅速增加。

此外，处理不当的劳动纠纷不仅关系到经济成本的问题，更可能对企业的品牌和声誉造成长期甚至不可逆的损害。退休待遇，尤其是退休金的支付，是企业对员工长期工作的回报和对其老有所养的承诺。企业在这方面出现疏忽或处理不当，无疑是对员工的不尊重，也可能成为企业未来持续发展的隐患。

由于员工的退休待遇涉及多方面的计算和考量，如工龄、岗位、工资标准等，企业在设定和执行退休政策时必须确保透明、公正、合规。一旦退休政策或实践被质疑，或在执行过程中出现纰漏，企业则可能面临法律诉讼和巨额赔偿，内部员工对企业丧失信心，从而导致人才流失和团队士气的低落。在如今信息高度透明的互联网时代，一旦劳动纠纷被放大，企业遭受的形象和声誉损害将更为明显，消除这些不利影响也更为困难。

最后，企业在规划退休人员待遇时，还需考虑到宏观经济环境的变化，如通货膨胀、生活成本上升等因素。这意味着，仅按照规定或合同支付退休金，可能不足以确保退休员工的生活品质。为此，企业应积极研究和采纳新的管理模式和政策，如建立企业年金制度，或通过与第三方保险公司合作，为员工提供更加完善和有竞争力的退休保障。

总之，对于雇主来说，合理、合规、人性化地处理退休人员待遇问题，不仅是企业积极承担社会责任的体现，也是企业长远发展的重要保障。对此，企业应当做到以下两点：（1）明确目的。公司的人力资源部门需确认公司所需用工的方式，如针对季节性的临时用工，到底是采取劳务用工还是劳务派遣的形式。（2）事前防范。人力资源部门决定采用劳务用工形式后，建议制定劳务用工制度，与法律事务部沟通明确劳务用工需要以及无须遵守哪些公司制度，确定劳务合同的范本，明确劳务关系。企业应避免采用逆向劳务派遣进行用工形式的转变，确需改变的，应提前与法律事务部进行沟通。每一个企业都应该树立起正确的价值观，视员工为最宝贵的财富，确保员工的合法权益得到充分保障，从而达到企业与员工双赢的局面。

法条链接

《中华人民共和国劳动合同法》

第六十六条 劳动合同用工是我国的企业基本用工形式。劳务派遣用工是补充形式，只能在临时性、辅助性或者替代性的工作岗位上实施。

前款规定的临时性工作岗位是指存续时间不超过六个月的岗位；辅助性工作岗位是指为主营业务岗位提供服务的非主营业务岗位；替代性工作岗位是指用工单位的劳动者因脱产学习、休假等原因无法工作的一定期间内，可以由其他劳动者替代工作的岗位。

用工单位应当严格控制劳务派遣用工数量，不得超过其用工总量的一定比例，具体比例由国务院劳动行政部门规定。

知识拓展

企业在管理退休制度时，基于法律实务层面的考量至关重要。对退休制度的设计、执行与调整，必须在法律的框架下进行，以确保企业行为的合法性和公正性。

首先，雇主必须了解并严格遵循国家的劳动法律规定，包括对退休年龄的界定、退休金的计算方法、社会保险的缴纳规定等。与此同时，对于跨国公司而言，还需要关注各个业务运营国家的法律规定，以确保全球范围内的制度合规。

其次，退休制度中涉及的各种员工权益，如工资、奖金、股票期权、健康保险等，都可能涉及税收、合同法、公司法等多方面的法律内容。雇主需要与法务部门或外部法律顾问紧密合作，确保相关权益的设计和提供都是合法的。在面对员工关于退休制度的争议时，雇主应当遵循法定的程序，如劳动仲裁、法院诉讼等，确保争议的合法、公正、高效解决。对于涉及大量员工的集体争议，还需要注意遵守集体合同、集体谈判等方面的相关法律规定。

再次，雇主在设计退休制度时，还应关注国家对于退休制度的政策导向。例如，很多国家为了应对人口老龄化，都鼓励雇主为员工提供更多的退休储蓄计划、补充养老保险等。这些政策不仅可能为企业带来税收优惠、补贴等政策支持，也有助于提高员工的满意度和塑造良好的企业形象。

最后，随着社会的发展，法律对于退休制度的规定也在不断演变。雇主需要建立法律信息的更新机制，定期进行退休制度的法律审查，确保其具有长期的合法性和适应性。

综上所述，退休制度在法律实务上的重要性不言而喻。对于雇主，只有深入了解和恪守法律规定，才能确保退休制度的长期稳定、公正和有效，从而为企业带来持续的法律和经济上的双重利益。

（三）职位调整导致的劳动合同解除与年终奖权益保障

房某与中美联泰大都会人寿保险有限公司劳动合同纠纷案[①]

关键词

劳动合同　年终奖　职位调整

案情简介

2011 年 1 月，房某与中美联泰大都会人寿保险有限公司建立劳动关系。双方签订的最后一份劳动合同期限为 2015 年 7 月 1 日至 2017 年 6 月 30 日，约定由房某担任该公司战略部高级经理一职。

2017 年 10 月，中美联泰大都会人寿保险有限公司对其组织架构进行调整，决定撤销战略部，房某所任职的岗位因此被取消。双方就变更劳动合同等事宜展开了近两个月的协商，未果。

2017 年 12 月 29 日，由于组织架构调整、战略部被裁撤等原因，公司以客观情况发生重大变化、双方未能就变更劳动合同协商达成一致为由，向房某发出《解除劳动合同通知书》，单方解除了与房某的劳动关系。房某对解除决定不服，遂向上海市黄浦区劳动人事争议仲裁委员会提起了劳动仲裁，要求公司继续履行劳动合同，并向其支付 2017 年度年终奖等款项。经劳动仲裁程序后，房某起诉要求恢复与中

① 上海市第二中级人民法院民事判决书，（2018）沪 02 民终 11292 号。

美联泰大都会人寿保险有限公司之间的劳动关系并要求该公司支付2017年8月至12月未签订劳动合同的二倍工资差额、2017年度奖金等。该公司《员工手册》规定，年终奖金根据公司政策，按公司业绩、员工表现计发，前提是该员工在当年度10月1日前已入职，若员工在奖金发放月或之前离职，则不能享有。据查，某公司每年度年终奖会在次年3月左右发放。

关于本案争议焦点之一的年终奖，该公司辩称，年终奖一般会在次年3月左右发放，且该公司《员工手册》（已经房某签字确认）中明确规定：年终奖金根据公司政策，按公司业绩、员工表现计发，若员工在奖金发放月或之前离职，则不能享有。房某在年终奖发放前已离职，因此不应当享有该年度年终奖。

本案的仲裁委员会及一审法院上海市黄浦区人民法院均支持了公司的上述主张，认为年终奖系企业根据本年度的经济效益、结合员工工作成绩，对员工进行奖励的一种制度，企业具有一定的自主权，而房某离职属于公司奖金发放规则明确规定的不予发放的情形，因此，公司无须支付房某2017年度的奖金。

判例分析

本案的争议焦点系用人单位以客观情况发生重大变化为依据解除劳动合同，导致劳动者不符合员工手册规定的年终奖发放条件时，劳动者是否可以获得相应的年终奖。

一审法院认为，中美联泰大都会人寿保险有限公司的《员工手册》中明确规定了奖金发放情形，房某在公司发放2017年度奖金之前已经离职，不符合奖金发放情形，故对房某要求发放2017年度奖金之请求不予支持。

但二审法院经审理后认为，中美联泰大都会人寿保险有限公司对其组织架构进行调整，双方未能就劳动合同的变更达成一致，导致劳动合同被解除。房某在公司工作至2017年12月29日，此后两日系双休日，表明房某在2017年度已在公司工作满一年；在公司未举证房某的2017年度工作业绩、表现等方面不符合规定的情况下，可以认定房某在该年度为公司付出了一整年的劳动且正常履行了职责，为公司作出了应有的贡献。

对于年终奖发放前离职的劳动者主张用人单位支付年终奖的，应当结合劳动者的离职原因、离职时间、工作表现以及对单位的贡献程度等因素进行综合考量。用人单位的规章制度规定年终奖发放前离职的劳动者不能享有年终奖，但劳动合同的解除非因劳动者单方过失或主动辞职所导致，且劳动者已经完成年度工作任务，用人单位不能证明劳动者的工作业绩及表现不符合年终奖发放标准，年终奖发放前离职的劳动者主张用人单位支付年终奖的，应得到支持。

虽然本案中该公司的规章制度中有关于“员工在奖金发放之前离职则无权享有奖金”的明确规定，但房某并非主动辞职或因过失被辞退，而是因为公司对组织架构进行调整而导致其劳动合同被解除。

另外，房某的离职时间为12月29日，且12月30日和31日为周末，表明其在2017年度已在该公司工作满1年。在公司没有提出相反证据的情况下，应当推定房某已经完成了年度工作任务且符合年终奖的发放条件。

综上所述，应当认定该公司仅凭房某在年终奖发放之前已离职为由而不应享有该笔奖金的主张缺乏合理性，从而支持房某要求公司支付2017年度年终奖的诉求。

风险提示

对于“员工在奖金发放之前离职则无权享有奖金”或者“年终奖

发放只针对发放日仍在职的员工”等类似奖金发放规则（以下简称离职奖金发放规则）的效力问题，司法实务中此前一直存在两种相反的观点。

一种观点认为，劳动者享有取得劳动报酬的权利，年终奖亦是其劳动报酬的组成部分，无论是在劳动合同中约定还是在规章制度中规定前述离职奖金发放规则，均构成用人单位免除自身义务、限制劳动者依法获得劳动报酬的权利，违反了《劳动合同法》第 26 条或《劳动法》第 18 条的规定，因此应当属于无效条款。

另一种观点则认为，《劳动法》第 47 条规定，“用人单位根据本单位的生产经营特点和经济效益，依法自主确定本单位的工资分配方式和工资水平”，而年终奖的发放属于该等由用人单位自主确定的范畴，因此应当尊重用人单位依据用工管理自主权制定并实施合理的奖金制度的权利，只要用人单位的规章制度有关于离职奖金发放规则的明确规定，且该等规章制度已依法经过民主和公示程序，就应当认定为有效。

本案例为最高人民法院指导案例 183 号。根据相关法律、法规及参考本案例，笔者认为离职奖金发放规则目前仍是对企业较为有利的规则，但企业需要依据公平合理原则和最新司法实践对企业内部规章制度及管理实操进行调整和完善，具体如下：

首先，尽管离职奖金发放规则存在被认定为违反公平合理原则的可能，但在员工主动辞职或因其自身过失导致离职的情况下仍有一定的适用空间，能够在一定程度上保护企业的合法权益。因此，建议企业按照最高人民法院指导案例 183 号的要求，在员工手册等内部规章制度中设置相关条款，或按照最高人民法院指导案例 183 号的要求对现有离职奖金发放规则进行完善，如基于不同离职理由对能否获得年终奖的情形进行区分和细化。

其次，企业应当确保该等规章制度已经履行了《劳动合同法》第

4条所规定的民主程序和公示程序，从程序上保证该等条款的合法性。

再次，企业应当将对员工是否有权获得奖金的认定回归到对实质要件的判断，建议企业在相关规章制度或与员工签订的协议中明确设置绩效类年终奖的发放要件和标准，而不仅将员工是否在职作为其能否获得年终奖的唯一标准。

最后，在员工离职过程中，企业应注意收集和保存离职员工关于奖金发放实质要件是否达成的相关证据（如工作表现标准、业绩完成度等），尤其是对于公司方主动解除或终止劳动合同的情形，更不能忽视离职前员工绩效考核的评估情况。而对于主动离职的员工，为了减少日后潜在的奖金争议，也可以在其离职流程中设置相关环节，要求员工对其不再享有年终奖的事实进行书面确认。

法条链接

《中华人民共和国劳动合同法》

第二十八条 劳动合同被确认无效，劳动者已付出劳动的，用人单位应当向劳动者支付劳动报酬。劳动报酬的数额，参照本单位相同或者相近岗位劳动者的劳动报酬确定。

第五十五条 集体合同中劳动报酬和劳动条件等标准不得低于当地人民政府规定的最低标准；用人单位与劳动者订立的劳动合同中劳动报酬和劳动条件等标准不得低于集体合同规定的标准。

第八十五条 用人单位有下列情形之一的，由劳动行政部门责令限期支付劳动报酬、加班费或者经济补偿；劳动报酬低于当地最低工资标准的，应当支付其差额部分；逾期不支付的，责令用人单位按应付金额百分之五十以上百分之一百以下的标准向劳动者加付赔偿金：

（一）未按照劳动合同的约定或者国家规定及时足额支付劳动者劳动报酬的；

（二）低于当地最低工资标准支付劳动者工资的；

（三）安排加班不支付加班费的；

（四）解除或者终止劳动合同，未依照本法规定向劳动者支付经济补偿的。

《中华人民共和国劳动法》

第三条 劳动者享有平等就业和选择职业的权利、取得劳动报酬的权利、休息休假的权利、获得劳动安全卫生保护的权利、接受职业技能培训的权利、享受社会保险和福利的权利、提请劳动争议处理的权利以及法律规定的其他劳动权利。

劳动者应当完成劳动任务，提高职业技能，执行劳动安全卫生规程，遵守劳动纪律和职业道德。

知识拓展

最高人民法院指导案例183号明确了在个案中应当从以下几方面对离职奖金发放规则的合理性进行实体性审查，维护劳动者的合法权益：从离职原因上，应审查员工是否为主动辞职或因自身过失而离职；从离职时间上，应审查员工离职时是否已完成一年的工作；从工作表现上，应审查公司是否有证据证明员工业绩表现不佳。

根据最高人民法院指导案例183号，在同时满足上述三项审查标准时，用人单位很可能需要支付员工相应的年终奖。但是，该指导案例未就上述三项审查标准仅部分满足的情况下（如员工虽然已完成全年工作任务且工作表现良好，但在年终奖发放前主动辞职或因过错而导致其被解除劳动关系的情形），用人单位的离职奖金发放规则是否能够得到支持和适用作出明确回应。

值得注意的是，在最高人民法院指导案例183号中，一审和二审法院均认定公司单方解除与房某的劳动关系属于合法解除。而在违法解除案件中，即便员工离职时未能完成一年的工作且全年绩效未达标，法院也很可能会将此归为用人单位一方的过错，即用人单位非法提前中断与员工的劳动关系，由此导致员工无法完成全年工作任务或业绩无法达标，从而支持员工年终奖的诉请。例如，在（2019）京03民终10491号案中，北京市第三中级人民法院认为，员工离职系因公司违法解除，并非因其本人原因离职，公司要求严格适用公司考核制度规定不予发放年终奖属于变相剥夺员工获取年终奖的机会，最终法院依照员工在该年度的工作时长（7个月）认定公司应按比例支付相应的年终奖。

（四）特殊职业解除劳动合同的权利认定及违约赔偿计算

阎某与中国东方航空股份有限公司西北分公司劳动争议纠纷案[①]

关键词

劳动合同　解除劳动关系　违约赔偿

案情简介

1999年9月至2003年7月，原中国西北航空公司将阎某安排在中国民航飞行学院进行委托培养，阎某毕业后根据委托培养协议的约定进入该公司从事飞行工作。

2003年7月1日，原中国西北航空公司与阎某签订了劳动合同，约定：该合同为无固定期限劳动合同，自2003年7月1日起至法定或约定解除（终止）合同条件出现时止。劳动合同约定，个人要求解除合同，除约定情形可随时通知单位解除外，其他情形应提前30日以书面形式通知单位，经协商一致后方可办理解除合同手续。个人在职期间，由单位出资对个人进行技术培训，个人在约定服务年限内要求解除合同的，单位可按规定向个人收取培训费用（含培训期间工资）和招接收费用以及各类赔偿、补偿费用。由于一方过错造成该合同不

① 陕西省西安市中级人民法院民事判决书，（2016）陕01民终943号。

能履行或不能完全履行的，有过错的一方承担法律责任。任何一方违反该合同给对方造成经济损失的，应当根据后果和责任大小，向对方支付赔偿金。

2009 年 3 月阎某晋升为机长。2014 年 11 月 12 日阎某向中国东方航空股份有限公司西北分公司（以下简称东航西北分公司）发出书面辞职信，称其因个人原因向公司提出辞职，希望于 2014 年 12 月 13 日离职，请公司出具解除劳动合同证明并办理相关手续。2014 年 12 月 5 日，东航西北分公司出具关于对阎某同志提出解除劳动合同申请的意见：公司不同意解除劳动合同，公司真诚挽留其继续履行与公司的合同。此后，东航西北分公司再未给阎某安排工作内容。2014 年 12 月 12 日，阎某离开公司，公司为其发放工资至该月，以后每月按陕西省最低工资标准向其发放生活费（含代扣的个人应承担的社会保险费用）。

阎某离职后，向陕西省劳动争议仲裁委员会申请仲裁，请求裁决：解除其与东航西北分公司的劳动关系；东航西北分公司向其出具解除劳动关系证明，为其办理劳动人事档案及社会保险关系转移手续，移交其航空人员身体档案、飞行技术档案等人事、资格档案。

东航西北分公司提出反申请，要求阎某承担单方解除劳动合同违约赔偿金 600 万元。陕西省劳动争议仲裁委员会经审查，作出陕劳仲案字（2014）846 号裁决书，裁决：确认阎某与东航西北分公司之间的劳动关系于 2014 年 12 月 12 日解除；东航西北分公司向阎某出具解除劳动关系证明，并办理劳动人事档案和社会保险关系的转移手续；阎某补偿东航西北分公司人民币 210 万元。双方诉至法院。

判例分析

本案的争议焦点主要有四个：（1）飞行员的身份如何界定？是否

属于应分层管理保护的劳动者？法律法规对飞行员的身份有无特殊保护？（2）飞行员离职，航空公司是否有义务移交飞行员的个人档案资料？（3）飞行员档案转移纠纷是否属于劳动争议范畴？（4）飞行员离职的违约责任如何承担？

劳动者依法享有就业和选择职业的权利，辞职是劳动者的法定权利。原告阎某2014年11月12日以书面形式向被告东航西北分公司提出解除劳动合同，并于同年12月12日离开公司，未再向被告公司提供劳动，虽被告表示不同意解除劳动合同，但双方未能达成继续劳动关系的合意，应当认定双方劳动关系于2014年12月12日解除。

双方劳动关系解除，被告应依法为原告出具解除劳动合同证明，办理劳动人事档案和社会保险关系转移手续。飞行技术履历档案、驾驶员飞行记录簿、飞行员执照关系、空勤登记证、离职空勤人员安保评价、健康记录本等是飞行员从事飞行工作的资格证书，也是飞行安全的保障。为了确保飞行安全，国家民航管理机构对飞行技术档案实施严格的飞行准入制度和飞行员资质管理。被告应当将原告的飞行技术履历档案等材料和相关手续移交中国民用航空西北地区管理局暂存保管，并为原告出具离职空勤人员安保评价。故被告东航西北分公司诉称原告解除劳动合同的行为违反合同约定不具有法律效力，双方应当继续履行，被告无须为原告办理劳动档案关系、社会保险关系的转移手续之诉请，以及航空人员身体档案、民航系统安保评估证明等不属于劳动争议案件的受案范围，原告无权要求转移该档案和资料之辩论意见，理由均不能成立，不应当得到支持。

关于赔偿金部分，原告阎某在劳动合同履行期限内未与单位协商一致，单方提出解除劳动合同，依法应当支付违约金。依据原国家民航总局《关于贯彻落实规范飞行人员流动管理保证民航飞行队伍稳定意见有关问题的通知》（民航人发〔2005〕109号）等规定，根据阎某在东航西北分公司工作的年限，其应赔偿金额为210万元。故原告诉称其无须向被告支付补偿金 210 万元之诉请，理由不能成立，不予支持。被告要求原告支付因单方解除劳动合同违反服务期约定的赔偿金 600 万元，其中超出部分不应支持。

综上所述，阎某解除劳动合同是其法定权利，东航西北分公司应依法为其办理相关手续并移交档案，但阎某需支付合理的违约金 210 万元，公司提出的 600 万元赔偿金数额过高，不应当得到支持。

风险提示

飞行员作为社会稀缺的高技能人才，航空公司需投入大量资金和时间对其进行培养，故大部分航空公司会与飞行员签署无固定期限劳动合同，有些甚至约定劳动合同期限至法定退休年龄。在此种情况下，劳动者是否享有辞职权？其能否单方提前解除劳动合同？

根据《劳动合同法》第 37 条之规定，劳动者提前 30 日以书面形式通知用人单位，可以解除劳动合同。劳动者在试用期内提前 3 日通知用人单位，可以解除劳动合同。故劳动者的“辞职权”具有法定性、单方性、形成性的特征。飞行员虽为一类特殊的劳动者，但其与航空公司之间的劳动合同关系亦受《劳动合同法》调整。因此飞行员也具有《劳动合同法》第 37 条所赋予的劳动者单方劳动合同解除权，即“预告辞职”权。故虽双方签署的是无固定期限劳动合同，但飞行员仍有权单方提出解除劳动合同。

用人单位为了提高劳动者的劳动技能和劳动熟练程度，往往需要对劳动者进行职业技能的培训。劳动者获取培训是用人单位的一项义务，但用人单位不能因为向劳动者提供一般的职业培训就要求与劳动者约定服务期和违约金。约定服务期的前提是用人单位为劳动者提供了专项培训，但并非只要用人单位为劳动者提供培训均可视为专项培训。

根据《劳动合同法》第17条第2款及《劳动合同法》第22条规定，服务期系约定义务而非法定义务，用人单位在为劳动者提供专项培训后可以与劳动者约定服务期，也可以不与劳动者约定服务期。该规定的立法原意是在法定条件成就时让劳动者能够承担责任，以较好地保护用人单位的权益，并以此限制劳动者随意解除劳动关系。一般情况下，如果用人单位为劳动者提供专项培训，则会与劳动者签订专业技术培训协议，该协议与劳动合同的内容不相同，主要约定的是劳资双方在专项培训的基础上所产生的劳动法上的相关权利义务内容。

根据《劳动合同法实施条例》第16条规定，培训费用包括用人单位为了对劳动者进行专业技术培训而支付的有凭证的培训费用、培训期间的差旅费用以及因培训产生的用于该劳动者的其他直接费用。故用人单位对劳动者进行专项技能培训需要支付高额的培训费，且用人单位可能还需要为此另外付出交通费、食宿费、培训津贴等附加费用。结合飞行员领域的实际情况，航空公司确能举证证明部分有货币支付凭证的专项培训费，但诚如前所述，对于飞行经历费等不合理的费用因无货币支付凭证，往往不能得到仲裁委员会或者人民法院的支持。

因此，笔者建议用人单位首先要坚持公平合理的原则，不得肆意滥用权力。其次，用人单位与劳动者约定的服务期较长的，用人单位应当按照工资调整机制提高劳动者在服务期间的劳动报酬。在飞行员离职纠纷案件中，不少裁判者混淆无固定期限劳动合同与服务期的区别，认为无固定期限劳动合同与服务期等同。此观点存在两个误区：第一，无固定期限劳动合同是指用人单位和劳动者双方约定无确定终止时间的劳动合同，并非劳动合同应当履行至劳动者达到法定退休年龄；第二，无固定期限劳动合同属于劳动合同的一种，劳动合同期限属于劳动合同的必备条款，而服务期属于约定条款，有约定则有义务，无约定则无义务。

用人单位要求劳动者承担违约金的前提条件之一是用人单位为劳动者提供了特殊技能的专项培训；用人单位提供专项培训后，要求劳动者承担违约金的另一个前提条件是用人单位需与劳动者对服务期进行明确约定，切忌模糊不清。用人单位为劳动者提供专项培训后，需提前保留为劳动者提供专项培训的货币支付凭证，必要时需劳动者签署专项培训费用明细清单，以便在劳动者违反服务期条款涉诉时进行举证。

法条链接

《中华人民共和国劳动合同法》

第八十二条 用人单位自用工之日起超过一个月不满一年未与劳动者订立书面劳动合同的，应当向劳动者每月支付二倍的工资。

用人单位违反本法规定不与劳动者订立无固定期限劳动合同的，自应当订立无固定期限劳动合同之日起向劳动者每月支付二倍的工资。

知识拓展

在劳动关系与合同履行的背景下，尤其是在航空业的特定环境中，各方往往面临各种法律风险。

首先，双方必须考虑合同履行风险。在如今的商业环境中，当劳动合同中有明确的条款，但一方未能履行其承诺时，可能会面临严重的法律责任。这不仅可能给公司导致直接的经济损失，还可能对公司的声誉产生长期的负面影响。

其次，当双方在合同履行期间出现分歧，而合同未能明确某些条款或义务时，这种模糊不清可能会导致进一步的争议和诉讼。考虑到航空业的特性，飞行员的档案和证书管理风险是一个关键点。航空公司未能及时正确地向离职飞行员移交其相关的飞行技术履历档案和其他资格证书，会对这些飞行员的职业前景产生严重影响。因为这些资格证书不仅是飞行员职业发展的关键，而且对于确保航空安全也至关重要。

再次，赔偿金的计算和支付也是一个需要特别注意的风险点。在劳动合同中，如果双方对于赔偿金额的计算没有明确的约定，或者依据不同的法规或标准进行计算，都可能造成双方之间的进一步争议。例如，如果一名飞行员在没有得到航空公司同意的情况下单方面解除劳动合同，他可能需要支付违约金。但是，这笔违约金的确切数额以及如何计算可能成为双方进一步争议的焦点。此外，如果航空公司表示不同意解除劳动合同，但又未能为员工提供合适的工作，那么航空公司可能还需要为此承担未支付工资的法律责任。对于航空公司来说，还有一个与国家法规和通知紧密相关的风险点，其在处理与飞行员有关的问题时，必须严格遵循国家民航局的规定和通知，任何的疏忽或违反都可能导致严重的法律后果和经济损失。

最后，不得不提的是司法诉讼风险。无论是对企事业单位还是对员工，法律诉讼都可能导致付出巨大的经济成本和时间成本。不仅如此，法律诉讼的结果并不总是如预期般顺利，这也增加了进一步的不确定性和风险。因此，对于所有涉及劳动关系和合同履行的争议，建议双方尽量寻求和解或调解，避免进入漫长和复杂的司法诉讼程序。

第四章 合规视角下的企业知识产权法律风险审查

在全球化的背景下，知识产权已经成为现代企业最为核心的资产之一。它既代表了企业的创新能力，也是企业在激烈的市场竞争中获得优势的关键因素。然而，随着知识产权的价值逐渐被各界认识和重视，其相关的法律风险也随之上升。从专利权、商标权、著作权到商业秘密，企业在进行商业活动时，无论是在知识产权的创造、应用还是转让阶段，都可能面临诸多法律问题与风险。近年来，知识产权侵权、知识产权滥用等问题不断被媒体关注，造成的直接损失和间接损失让许多企业倍感压力。如何在追求商业利益的同时，确保自身知识产权的完整性和安全，是每一个企业的管理者和法务部门所面临的挑战。

本章将深入探讨合规视角下的企业知识产权法律风险，通过实际的案例，对专利权、商标权、著作权、商业秘密等企业在知识产权领域常见的法律问题进行分析，并提供相应的风险防范和应对策略。希望本章能为企业在知识产权领域的合规审查提供有价值的参考和指导。

一、专利侵权法律风险

随着科技发展和创新活动的加速，企业在产品研发、技术创新方面投入的资源逐年增加，这使专利成为企业核心竞争力的重要组成部分。同时，随之带来的专利侵权纠纷也日益增多，给企业带来了巨大的经济和声誉风险。在这种背景下，如何更早地识别、评估及应对专利侵权的法律风险，成为每一个企业管理者和企业法务部门必须重点考虑的问题。

本章将围绕专利侵权的法律风险进行深入探讨。通过实际的司法判例，本章将深入了解专利侵权的典型情形及其对企业可能带来的直接和间接后果。此外，本章还将讨论企业在面对专利侵权威胁时的应对策略，包括如何通过前期专利布局、专利交叉授权、技术合作等方式，有效降低被侵权的风险。针对企业可能遭遇的专利侵权纠纷，本章还将提供一系列风险防范和应对建议，旨在帮助企业在保护自身核心技术的同时，能够有效维护其市场地位和品牌声誉。

(一) 外观设计专利在先取得的权利冲突认定

国家知识产权局专利复审委员会与河南省正龙食品有限公司申请宣告专利无效纠纷案[①]

关键词

在先取得　专利授权　专利无效

案情简介

2009年8月4日，河南省正龙食品有限公司（以下简称正龙公司）针对由陈某晖于2000年10月16日向国家知识产权局提出申请，于2001年5月2日被授权公告的名称为“食品包装袋”的00333252.7号外观设计专利向国家知识产权局专利复审委员会提出无效宣告请求，理由是该专利与其在先注册的第1506193号“白象”商标专用权相冲突，不符合2000年《专利法》第23条的规定，并提交了相应证据。该商标为“白象”文字商标，其申请日为1997年12月12日，初审公告日为2000年10月14日，核准注册日为2001年1月14日，注册商标专用权期限至2011年1月13日，核定使用商品为方便面、挂面、豆沙、谷类制品、面粉、面条、豆粉。2004年5月10日，该注册商标专用权被转让给正龙公司。

---

① 北京市高级人民法院民事判决书，(2011) 高行终字第1733号。

河南省郑州市中级人民法院于2008年1月31日作出（2008）郑民三初字第46号民事判决书，河南省高级人民法院于2008年11月26日作出（2008）豫法民三终字第37号民事判决书，上述判决认定，该案被告四川白家食品有限公司（其法定代表人为本案第三人陈某晖）于2007年在其生产的方便粉丝产品上使用“白家”标识，构成对正龙公司第1506193号“白象”注册商标专用权的侵犯。

2009年12月8日，专利复审委员会作出第14261号决定认为：正龙公司以附件1至附件4、附件6、附件8的结合证明该专利与其在先权利相冲突，但上述附件中第1506193号“白象”商标的核准注册日为2001年1月14日，在该专利申请日之后。在判断该商标是否为在先取得的合法权利时，应以其核准注册日而非申请日作为判断基准，因此，附件1所述商标不属于《专利法》第23条规定的在先权利，正龙公司据此证明该专利与他人在先取得的合法权利相冲突的主张不能成立。综上，专利复审委员会决定维持该专利权有效。

正龙公司向一审法院提起诉讼的起诉状载明，正龙公司因该专利的显要标识部分与其在先申请并已授权的商标相冲突，故向专利复审委员会提出无效宣告请求，要求宣告该专利无效。并且，正龙公司进一步指出，“既然专利法有着申请权的概念，商标法也同样应有申请权的概念，商标申请人提交申请日也应视为一种合法取得的申请权利，在该商标授权后，其申请日即获得了实质意义上的、具有法律效力的日期确认”，故该专利构成了《专利法》第23条所规定的无效情形，对原告（正龙公司）所在先申请的商标权形成了侵权式冲突，应宣告其无效。

判例分析

本案的争议焦点为正龙公司该注册商标专用权相对于该专利而言

是否属于在先取得的权利，该专利与正龙公司在先的注册商标专用权是否构成权利冲突。

该专利的申请日及授权日在 2009 年 10 月 1 日前，因此本案应适用 2000 年《专利法》进行审理。本案中，正龙公司主张该专利与其在先的注册商标专用权构成冲突，故该专利不符合 2000 年《专利法》第 23 条的规定。鉴于注册商标专用权属于 2000 年《专利法》第 23 条规定的合法权利，而正龙公司的该商标亦已被核准注册，故正龙公司上述主张是否成立的关键在于正龙公司的该注册商标专用权相对于该专利是否属于在先取得的权利，以及该专利是否与该注册商标专用权相冲突。

在确定他人的合法权利相对于外观设计专利权而言是否属于在先取得的权利时，应以外观设计专利权的授权公告日而非专利申请日作为判断在先权利的时间标准，即在专利授权公告日之前已合法产生的权利构成外观设计专利权的在先权利。

具体到本案，因该专利授权公告日为 2001 年 5 月 2 日，正龙公司主张的注册商标专用权的核准注册日为 2001 年 1 月 14 日，早于该专利授权公告日，因此，正龙公司享有该注册商标专用权产生的时间早于该专利，该注册商标专用权构成该专利的在先权利。第 14261 号决定中以该专利申请日作为认定在先权利的时间点，该观点有误。

因只有在外观设计专利授权后的正常使用行为将会侵犯他人在先的注册商标专用权时，才可能产生该两种权利的冲突，故判断外观设计专利权是否与在先注册商标专用权产生冲突，应依据商标法中有关侵犯注册商标专用权行为的相应规定予以判定。

首先，由专利附图可以看出，“白家”文字显著标识于产品左上方，因该专利名称为“食品包装袋”，而这一标识方式系包装袋上商标的常用标识方式，故相关公众通常会认为其指代的是该产品的商标，该专利中对于“白家”的使用属于商标意义上的使用行为。

其次，将该专利中使用的“白家”标识与正龙公司的在先注册商标“白象”相比可以看出，二者在文字构成、排列方式及表达形式上均较为近似，故二者属于近似商标。

最后，虽然该专利名称为“食品包装袋”，但这一产品在实践中通常会附着于另一特定产品，而不会直接向最终消费者销售。鉴于该专利明确且显著地标识有“酸辣粉丝”字样，故该专利最终附着的商品为酸辣粉丝。因这一商品与正龙公司在先注册商标核准使用的商品方便面、挂面、面条等在功能、用途及消费对象、销售渠道等方面均较为相近，故上述商品构成类似商品。

综合考虑上述因素，该专利的使用会使相关公众误以为该产品来源于正龙公司，从而产生混淆误认，该专利的使用行为构成对正龙公司注册商标专用权的侵犯，据此，该专利与正龙公司在先的注册商标专用权相冲突，该专利不符合2000年《专利法》第23条的规定，应当宣告无效。

风险提示

研发创新能力对于科技型企业来说非常重要，企业在进行研发创新过程中，不仅要“低头拉车”，还需要“抬头看路”，“低头拉车”是在企业内部搞研发创新的过程，“抬头看路”是企业充分地认识自我和了解对手的过程，知己知彼才能更好地为企业制定正确的研发创新战略和目标。在企业的研发创新中，专利信息是非常好的技术情报。据世界知识产权组织统计，专利文献记载了人类90%以上的新技术信息，特别是知识产权制度已经非常成熟的欧美国家的创新主体，往往在研发产品问世前就已经全方位地布局了大量的专利组合，所以充分利用好专利技术情报，可以更好地辅助企业在“抬头看路”中作决策，高效进行研发创新。在企业使用专利技术情报的过程中，企业通过分析相关技术的行业龙头以及友商的专利情况，可以了解该技术的发展脉络，并可以知道友商的技术特点。但在专利技术情报的使用过程中，企业往往会忽视对失效专利的使用，企业往往会认为专利已经失效，就失去了使用价值。实际上这是一种误解，专利虽已失效，但是其专利价值仍在，只要运用得当，对企业依然有很大帮助。

外观设计专利和商标注册逐渐成为知识产权领域的核心要素。这两种权利在为企业和个体提供保护的同时，也经常引发双方之间的权利冲突。当这些冲突发生时，除了可能带来的法律纠纷外，还可能对企业的声誉和财务状况产生长远的负面影响。很多企业和创新者在申请外观设计专利时，往往只关心设计的新颖性和创新度，却忽略了与现有商标可能产生的潜在冲突。例如，当一个外观设计专利中的形状、颜色或图案与已注册的商标相似或几乎相同时，就有可能使消费者产生混淆，从而导致其对产品或服务来源产生误解。这种混淆不仅可能损害消费者的权益，还可能导致企业面临巨额的法律赔偿。更糟糕的是，如果一项设计专利与已注册的商标存在明显的冲突，那么这项专利可能会被宣告无效，从而使企业损失大量的时间、金钱和资源。

为了规避此类风险，企业和创新者必须采取一系列的预防措施。

首先，在申请外观设计专利之前，企业应该进行全面而深入的商标和专利搜索。这不仅可以帮助企业了解市场上已存在的知识产权，还可以确保新的设计不会与它们产生冲突。

其次，企业也应该定期咨询知识产权律师或专家，了解行业的最新动态，确保自身的权利不会被侵犯。

再次，企业在设计新产品时，应该尽量避免使用与已注册商标相似的图案、颜色或形状，以减少潜在的权利冲突。

最后，企业还应该建立一套有效的知识产权监控机制。这意味着企业不仅要定期检查市场上的新产品，还要关注知识产权局和其他相关机构的公告，确保本企业的权益不受到侵犯。同时，与行业内的其他企业建立良好的沟通机制也非常重要。当双方都对彼此的权益表示尊重时，可以更有效地避免不必要的法律纠纷和经济损失。

综上所述，虽然申请外观设计专利和注册商标都是知识产权保护的重要手段，但它们之间的潜在冲突也不容忽视。为了确保企业和个体的权益得到充分的保护，必须采取一系列的策略和行动，确保他们的知识产权不受侵犯。

法条链接

《中华人民共和国商标法》

第三十一条 两个或者两个以上的商标注册申请人，在同一种商品或者类似商品上，以相同或者近似的商标申请注册的，初步审定并公告申请在先的商标；同一天申请的，初步审定并公告使用在先的商标，驳回其他人的申请，不予公告。

第三十二条 申请商标注册不得损害他人现有的在先权利，也不得以不正当手段抢先注册他人已经使用并有一定影响的商标。

《中华人民共和国专利法》

第二十三条 授予专利权的外观设计，应当不属于现有设计；也没有任何单位或者个人就同样的外观设计在申请日以前向国务院专利行政部门提出过申请，并记载在申请日以后公告的专利文件中。

授予专利权的外观设计与现有设计或者现有设计特征的组合相比，应当具有明显区别。授予专利权的外观设计不得与他人在申请日以前已经取得的合法权利相冲突。

本法所称现有设计，是指申请日以前在国内外为公众所知的设计。

知识拓展

结合外观设计与商标客体的特征可知，外观设计专利权与商标权指向的客体本质上具有明显差异，但是由于构成要素有相似性，在特定的形状或样式上仍可能存在重叠。当产品的外观设计获得了符合《商标法》要求的识别性时，就有受到《商标法》保护的可能性。同样，当立体商标既有非功能的实用性又有美感时，也有可能获得外观设计专利权的保护。商标与外观设计发生权利竞合或冲突的首要原因在于两者构成要素的可重叠性以及客体的可共存性。商标与外观设计的构成要素均包含图案、色彩及其组合，或者图案、形状、色彩及其组合。受到智能经济的影响，外观设计有向“非实体产品”、纯图像设计扩张的趋势，因此，与商标在表现形式上越发类似，外观设计与商标在构成要素上具有重叠性，导致同一对象上亦可能会存在两种权利，难免造成权利主体之间的冲突。

就性质而言，商标申请权应属民法上的期待权。所谓期待权，是一种“附条件之权利”，是为保护将来可能取得的权利之期待，而被承认现在的权利，此应与“附条件之将来的权利”（因条件成就而能取得之权利）相区别。但通说将该二者混为一谈。就商标申请权而言，属于前述“附条件之权利”，即“为保护将来可能取得的权利之期待，而被承认的现在之权利”。

从本质上讲，商标申请权是现在的权利而非将来的权利。因为在申请人提出商标注册申请时，其商标是否获准注册有待于商标注册主管机关之审查判断，商标注册申请能否获得准许仍不可知，但此时相关法律法规，如《商标法》第 29 条、《商标法实施条例》第 17 条第 2 款和《商标评审规则》第 8 条等，已对其给予保护，形成了现实存在的合法权益。此处，与商标申请权相对应的“将来可能取得的权利”，即为商标专用权；此处所称的“条件”，即“附条件之权利”中的“条件”，是指商标注册申请获得商标主管机关之核准、商标获得注册并予公告，即商标注册申请人最终获得注册商标专用权这一不确定之事实。只有这一条件成就，即商标注册申请人最终获得注册商标专用权，商标申请权才得以存在；若该条件不成就，商标申请权即不复存在。换言之，注册商标专用权的取得，使商标注册申请人溯及既往地获得了商标申请权；反之，商标注册申请人则不能享有商标申请权。

（二）专利纠纷重复侵权的构成条件

深圳市基本生活用品有限公司与深圳市思派硅胶电子有限公司侵害外观设计专利权纠纷案①

关键词

重复侵权　外观设计　许诺销售

案情简介

2010年10月9日，深圳市基本生活用品有限公司（以下简称基本生活公司）法定代理人陈某向国家知识产权局申请了名称为“名片盒（S3308）”的外观设计专利，并于2011年4月6日获得授权，专利号为ZL201030547929.9。2011年5月6日，专利权人陈某与基本生活公司签订了《专利实施许可授权书》。

涉案专利由不同角度的七幅图组成，设计要点在于形状，最能表明该外观设计要点的视图是主视图。从主视图看，整体呈长方形状，由盒身和盒盖组成，盒身中部有一类似长方形的镂空，靠近盒身开口即镂空顶部的部位有一圆形突出物，内置磁铁，为盒盖开合固定之物；盒盖是与盒身相连的矩形物体，盒盖向内侧折叠，形成封口，盒盖内侧与盒身相连的部分作锯齿状处理，盒盖内侧靠近顶端的部分有

① 广东省高级人民法院民事判决书，（2016）粤高法民三终字第1036号。

一个圆形的磁铁，盒盖折叠后与盒身的磁铁相吸引，形成闭合名片盒。

2012 年 2 月 9 日，基本生活公司曾以深圳市思派硅胶电子有限公司（以下简称思派公司）制造、销售被诉侵权产品，侵害涉案外观设计专利权为由，将思派公司、维汶旎公司诉至深圳市中级人民法院。请求法院：（1）责令两被告立即停止生产、销售侵权产品，并立即销毁用于生产该侵权产品的专用模具及库存侵权产品；（2）判令两被告赔偿经济损失 10 万元，两被告负连带责任；（3）判令两被告负担诉讼费和维权费用共计 2000 元。2014 年 5 月 28 日，基本生活公司的委托代理人在公证员监督下，使用公证处电脑在网上购买了被诉侵权产品。基本生活公司委托代理人与公证员现场收取了装有被诉侵权产品的包裹，取得被诉侵权产品（白色硅胶卡包）。经比对，被诉侵权产品设计与涉案专利外观设计相同。

广东省深圳市中级人民法院作出（2014）深中法知民初字第 552 号民事判决：（1）思派公司立即停止许诺销售侵害基本生活公司 ZL201030547929. 9 号专利权的产品；（2）思派公司于判决生效之日起 10 日内赔偿基本生活公司维权合理开支人民币 5587. 86 元；（3）驳回基本生活公司的其他诉讼请求。宣判后，基本生活公司提起上诉。

另查明，基本生活公司与维汶旎公司、思派公司侵害外观设计专利权另有侵害外观设计专利权纠纷一案（专利号：ZL201030547929. 9）。基本生活公司认为，维汶旎公司在其经营的 alife 最生活官方网站、最生活旗舰店和最生活官网网点销售的产品（货号为 G－3802）与基本生活公司的“名片盒（S3308）”专利产品相同；思派公司在其经营的网站销售与基本生活公司涉案专利产品相同的产品，并在其网站上写明供货给维汶旎公司，二者行为严重侵害了基本生活公司依法享有的专利权及经济利益。广东省高级人民法院作出的（2012）粤高法民三终字第 406 号民事判决认为，原审法院认定维汶旎公司是被诉侵权产品的生产者、思派公司亦是被控侵权产品的销售者、生产者，应承担制造和销售的侵权责任，依据确凿，应予维持。

判例分析

本案的争议焦点为：基本生活公司在第一次诉讼判决生效后，再次起诉思派公司，这两次诉讼是否为同一诉讼内容；思派公司在前诉判决生效后是否继续侵权；在有前诉判决的情况下，被告再次进行相同的侵权行为，是否应当受到更为严格的法律制裁。

《最高人民法院关于适用〈中华人民共和国民事诉讼法〉的解释》第247条规定，当事人就已经提起诉讼的事项在诉讼过程中或者裁判生效后再次起诉，同时符合下列条件的，构成重复起诉：（1）后诉与前诉的当事人相同；（2）后诉与前诉的诉讼标的相同；（3）后诉与前诉的诉讼请求相同，或者后诉的诉讼请求实质上否定前诉裁判结果。当事人重复起诉的，裁定不予受理；已经受理的，裁定驳回起诉，但法律、司法解释另有规定的除外。

从本案的情况来看，第一，基本生活公司在（2012）粤高法民三终字第406号民事判决生效之后，再次将思派公司诉至法院，前诉的原告和后诉的原告均为基本生活公司，前诉的被告之一思派公司与后诉的被告思派公司相同，因此前后诉的当事人基本相同。第二，前诉的诉讼标的是确认思派公司是否在2012年2月有制造、销售被诉侵权产品的行为，后诉的诉讼标的是确认前诉判决生效之后，思派公司是否在2014年5月、6月有制造、销售、许诺销售被诉侵权产品的行为。前诉、后诉的诉讼标的所指向的侵权行为时段不相同。第三，基本生活公司在前诉中的诉讼请求是：责令思派公司立即停止2012年2月发现的生产、销售侵权行为，销毁专用模具及库存侵权产品；赔偿经济损失10万元，并负担诉讼费和维权费用。基本生活公司在后诉中的诉讼请求是：判令思派公司立即停止前诉生效后2014年5月、6月再次发现思派公司的生产、销售、许诺销售侵权行为，销毁库存侵权产品及专用生产模具；赔偿基本生活公司经济损失及为制止侵权所支出的合理费用共计100万元，并承担本案所有诉讼费用。由此可见，后诉与前诉的诉讼请求不相同，后诉的诉讼请求也不会从实质上否定前诉裁判结果。综上，后诉与前诉并不符合法律规定的重复起诉的构成要件。

思派公司的行为应当认定为构成重复侵权行为。第一，前诉制造、销售被诉侵权产品行为的时间是2012年2月，终审判决生效时间为2012年11月5日，后诉在网站上的许诺销售以及销售的时间是2014年5月、6月，前诉判决生效之日距后诉再次发现侵权行为之日长达一年半，可以排除思派公司在前诉判决生效后，短时间内客观上难以回收并销毁被诉侵权产品的情形。

第二，后诉针对的是思派公司在本公司网站上许诺销售，并由公司直接销售被诉侵权产品的行为，可以排除被诉侵权产品是前诉的侵权产品遗漏在市场上被偶然发现，也可以排除是人为栽赃思派公司的行为。

第三，思派公司主张其在网站上的许诺销售行为是两年来因疏忽没有撤下，主张公证购买的被诉侵权产品是其两年来销售的唯一产品，均与常情常理不符，不应予以采信。

第四，后诉被诉侵权产品与前诉被诉侵权产品外观设计相同，在前诉生效判决已经确认构成侵权的情况下，被诉侵权产品属于涉案专利保护范围的事实清楚，不存在对是否构成侵权难以判断的问题。

第五，如果按照一审判决思路，只要前诉曾经就被告制造、销售侵权产品等侵权行为进行过判决，原告就不得再就同类侵权行为起诉被告，就意味着被告在前诉判决生效之后，即使再次实施同类侵权行为，也没有被再次起诉侵权之虞。这显然不符合对重复侵权行为应当从重处罚的立法本意，将会放纵恶意侵权行为。

综上所述，思派公司销售被诉侵权产品的行为构成重复侵权行为，一审判决认定基本生活公司构成重复起诉不当，应予纠正。

风险提示

在知识产权领域，因其客体具有无形性、非竞争性、侵权形式多样性等特点，相比于其他民事权利，重复侵权发生的概率更高。而产生这种现象的根本原因在于侵权获利与成本之间的比例问题，当侵权行为获利大于侵权成本时，行为人选择再次实施相同行为几乎是必然的，因此规制重复侵权行为的关键就在于纠正这一比例问题。

权利人发现重复侵权后，首先应当确定该重复侵权行为的发生时间，若处于执行期间内，应当申请强制执行，此时并非重复侵权适用的情形；若处于旧案执行终结未满 6 个月的，权利人可以申请排除执行妨害，但对于扩大的损失，可以另行起诉索赔；旧案执行终结后超过 6 个月的，权利人应重新起诉。

申请行为保全和先行判决停止侵害是两种权利人可以采取的救济途径，虽然其适用法律不同，但均可以在诉讼流程结束前，实现对侵权人行为的禁止，因此在这一部分一并提出。(1) 申请行为保全，依据《民事诉讼法》第 103 条和第 104 条的有关规定，可以依当事人及利害关系人申请或法院认为必要时，裁定采取保全措施，其中包括财产保全和行为保全。两者的区别之一在于，财产保全的目的是保证后续执行，而行为保全除了这一目的外，更重要的目的是对不法行为的制止，本书旨在讨论重复侵权情形下的应对策略，因此在这里集中讨论行为保全的相关情况。依据《最高人民法院关于审查知识产权纠纷行为保全案件适用法律若干问题的规定》（以下简称《行为保全规定》)，对于侵权行为，可以依申请或法院裁定适用行为保全，但在实践中应当注意对于管辖法院的确定以及所提交申请书、证据等应当满足《行为保全规定》的有关要求。（2）申请先行判决停止侵害，依据《民事诉讼法》第 156 条的规定，人民法院审理案件，其中一部分事实已经清楚，可以就该部分先行判决。先行判决的本质是针对诉讼请求之一或者数项诉讼标的之一所作出的部分判决，对于已查明的侵权事实部分，当事人可以申请法院就该问题先行作出认定，以达到及时制止侵权行为的目的。

此外，诉前调解已经成为多地法院处理法律纠纷的一个必经程序，尤其是对于案情并不复杂的侵权纠纷，双方当事人往往乐于通过诉讼解决赔偿等事宜，因此，如果前侵权纠纷通过调解解决，那么在达成和解协议时，权利人为了避免被重复侵权，可以在协议中事先约定重复侵权的赔偿数额。通过目前的司法实践可以发现，因为在先民事调解书中的协议系当事人双方自愿、协商一致达成，其内容仅涉及私权处分，不涉及社会公共利益、第三人利益，也不存在法律规定的其他无效情形，且经人民法院审查后进行了确认，所以应当合法有效。并且由于当事人对再次侵权行为事先约定赔偿数额的主要目的在于阻遏重复侵权、恶意侵权，兼具补偿与惩罚双重功能，与合同法基于当事人之间的基础交易关系和为保障交易义务履行而规定的违约金须符合损害填平原则有所不同，所以通常可以获得法院支持。为避免出现约定数额随时间波动导致约定赔偿额低于实际能够获得的判赔额等情形，可以考虑在调解协议中设定多个标准，包括双方合意确定的数额、实际计算的赔偿额的相应倍数等，并以高者为准。

当发现重复侵权行为时，权利人可以先行与侵权人进行沟通，由于前侵权行为的存在，双方当事人对于重复侵权行为的性质、后果应当都存在相对正确的认知，此时通过协商或者诉前调解程序，可以避免过高的诉讼成本，节省司法资源，简化维权流程等。如果能够达成共识，也可以为权利人提供更好的救济。同时，鉴于重复侵权行为常出现屡禁不止的情况，在重复侵权的诉前调解中，也可以对后续重复侵权的赔偿事宜进行约定。

法条链接

《中华人民共和国专利法》

第十一条 发明和实用新型专利权被授予后，除本法另有规定的以外，任何单位或者个人未经专利权人许可，都不得实施其专利，即不得为生产经营目的制造、使用、许诺销售、销售、进口其专利产品，或者使用其专利方法以及使用、许诺销售、销售、进口依照该专利方法直接获得的产品。

外观设计专利权被授予后，任何单位或者个人未经专利权人许可，都不得实施其专利，即不得为生产经营目的制造、许诺销售、销售、进口其外观设计专利产品。

知识拓展

在知识产权诉讼中，重复侵权作为一种情节严重的故意侵权行为，始终是人民法院制裁的重点。在判断是否构成重复侵权时，侵权人的主观要件是关键，但鉴于主观要件需要根据侵权人的客观表现来判断，本书归纳了以下三个要件，以帮助判断侵权人是否构成情节严重的故意侵权。

第一，前诉判决生效之日距后诉再次发现侵权行为之日应间隔合理期间，以排除前诉判决生效后，短时间内客观上难以回收并销毁被诉侵权产品的情形。浙江省高级人民法院在司法实践中曾以“裁判执行完毕六个月”为期，作为是否认定重复侵权的时间界限。虽然从前诉判决生效之日起，侵权人再次实施侵权行为即构成重复侵权，但考虑到侵权人需要合理时间清理市场，不宜一律按情节严重的故意侵权行为处理。在前诉判决生效之日起半年内发生的侵权行为，可以参照《最高人民法院关于适用〈中华人民共和国民事诉讼法〉的解释》第519条之规定，“在执行终结六个月内，被执行人或者其他人对已执行的标的有妨害行为的，人民法院可以依申请排除妨害”。权利人可依据前诉判决重新申请执行，要求停止侵权。

第二，前诉与后诉系由同一侵权人实施侵权行为，以排除被诉侵权产品是前诉的侵权产品遗漏在市场上被偶然发现，以及他人栽赃的情形。对同一侵权人，应当作广义的理解，即不一定是同一民事主体，也可能是有密切联系的企业，如两个企业的法定代表人相同等情形，以防止侵权人恶意规避法律的情形。

第三，后诉被诉侵权产品与前诉被诉侵权产品应相同或者基本相同，在前诉生效判决已经确认构成侵权的情况下，被诉侵权产品构成侵权事实清楚，不存在难以判断的问题。此要件主要是考虑到对知识产权侵权，特别是对专利侵权的判断专业性较高。如果不是专业人士，很难确定是否构成侵权，因此不能对社会公众过多苛责。这样可以排除被诉侵权产品被判侵权后，侵权人为了规避专利权，已经对产品作了改变，但改变后的产品仍然可能侵权的情形。

二、商标权侵权法律风险

商标不仅是企业品牌的标志，更是消费者辨识商品来源的关键因素。近年来，商标权侵权问题日渐凸显，不仅使企业遭受巨大的经济利益损失，而且可能对企业的品牌形象和市场信誉造成不可估量的伤害。对此，如何准确识别并妥善处理商标权侵权风险，已成为每一个企业不可回避的议题。

本章旨在深入剖析商标权侵权的法律风险，探讨其背后的原因与影响，并为企业提供防范与应对策略。通过对典型的商标权侵权案例进行分析，揭示商标权侵权产生的原因、常见的侵权方式及其对受害企业的实际影响。此外，本章还针对企业在日常运营中可能面临的各种商标权侵权风险，提出具体的防范措施和应对建议。本章的目的不仅仅是提醒企业商标权的重要性，更希望能够为企业提供一套完整的商标权侵权风险识别和管理方案，使其在激烈的市场竞争中始终保持领先地位。

（一）商标权归属的认定

重庆江小白酒业有限公司与国家知识产权局、第三人重庆市江津酒厂（集团）有限公司商标权无效宣告行政纠纷案[①]

关键词

商标注册　在先使用　代理人

案情简介

重庆市江津区糖酒有限责任公司［包括重庆市江津酒厂（集团）有限公司（以下简称江津酒厂）等关联单位］与新蓝图公司（包括下属各地子公司、办事处等关联单位）于 2012 年 2 月 20 日签订销售合同和定制产品销售合同。定制产品销售合同明确约定江津酒厂授权新蓝图公司销售的产品为“几江”牌系列酒定制产品，其中并未涉及“江小白”商标。而且定制产品销售合同第 1 条约定，“甲方（江津酒厂）授权乙方（新蓝图公司）为‘几江牌’江津老白干‘清香一、二、三号’系列超清纯系列、年份陈酿系列酒定制产品经销商”；第 6 条之 2 明确约定，“乙方负责产品概念的创意、产品的包装设计、广告宣传的策划和实施、产品的二级经销渠道招商和维护，甲方给予全力配合。乙方的产品概念、包装设计、广告图案、广告用语、市场推

① 最高人民法院行政判决书，（2019）最高法行再 224 号。

广策划方案，甲方应予以尊重，未经乙方授权，不得用于甲方直接销售或者甲方其他客户销售的产品上使用”。

2016 年 5 月，江津酒厂针对诉争商标向原国家工商行政管理总局商标评审委员会（以下简称商标评审委员会）提出无效宣告请求。商标评审委员会认为，在诉争商标申请日之前，重庆江小白酒业有限公司（以下简称江小白公司）对江津酒厂的“江小白”商标理应知晓，诉争商标的注册已构成 2001 年《商标法》第 15 条所指的不予注册并禁止使用之情形，故裁定对诉争商标予以宣告无效。江小白公司不服，提起行政诉讼。

北京知识产权法院于 2017 年 12 月 25 日作出（2017）京 73 行初 1213 号行政判决：（1）撤销商标评审委员会作出的商评字（2016）第 117088 号关于第 10325554 号“江小白”商标的无效宣告请求裁定；（2）商标评审委员会针对江津酒厂就第 10325554 号“江小白”商标提出的无效宣告请求重新作出裁定。商标评审委员会、江津酒厂不服，上诉至北京市高级人民法院。北京市高级人民法院于 2018 年 11 月 22 日作出（2018）京行终 2122 号行政判决：（1）撤销北京知识产权法院（2017）京 73 行初 1213 号行政判决；（2）驳回江小白公司的诉讼请求。江小白公司不服，向最高人民法院申请再审。

判例分析

本案主要涉及两大法律问题：一是诉争商标的申请注册是否违反了 2001 年《商标法》第 15 条的规定；二是如何根据 2001 年《商标法》第 15 条的内容正确解读“被代理人或者被代表人的商标”的权属问题。

本案主要的法律问题之一在于诉争商标的申请注册是否违反 2001 年《商标法》第 15 条之规定。首先，江津酒厂提供的证据不足以证明其在先使用诉争商标。其次，虽然江津酒厂与新蓝图公司存在经销关系，但双方的定制产品销售合同同时约定定制产品的产品概念、广告用语等权利归新蓝图公司所有。本案中的定制产品销售合同约定的经营模式在酒类行业中也存在并被媒体报道，相关经营者也应当知晓。最后，江津酒厂与新蓝图公司合作期间的往来邮件等证据证明，“江小白”的名称及相关产品设计系由时任新蓝图公司的法定代表人陶某泉在先提出。综上，诉争商标的申请注册未违反2001年《商标法》第15条之规定。

本案涉及的法律问题之二在于2001年《商标法》第15条的适用，特别是其中规定的“被代理人或者被代表人的商标”的认定问题。2001年《商标法》第15条规定：“未经授权，代理人或者代表人以自己的名义将被代理人或者被代表人的商标进行注册，被代理人或者被代表人提出异议的，不予注册并禁止使用。”2013年修改《商标法》时第15条增加了一款，扩张了适用范围，但基本精神一致。2001年《商标法》修正案增加第15条关于遏制代理人恶意抢注商标制度的规定，是根据《巴黎公约》第6条之七的要求，并考虑到我国恶意注册他人商标现象日益增多的实际情况。《巴黎公约》第6条之七主要用于解决跨国品牌代理或者经销中出现的经销商等代理人恶意注册被代理人品牌的问题。跨国品牌代理或者经销是生产者与销售者之间的一种合作模式，本案不涉及跨国品牌，但实质上也反映了在商品的生产者与销售者之间存在定制产品合作模式的情况下如何认定商品所使用的商标的权属问题。

本案中，江津酒厂主张其在先使用诉争商标的证据绝大多数为诉争商标申请日之后形成的证据，涉及诉争商标申请日之前相关行为的证据有江津酒厂与森欧公司的销售合同、产品送货单、审计报告。上述证据不足以证明江津酒厂在先使用诉争商标“江小白”。此外，江津酒厂还主张，诉争商标是新蓝图公司为江津酒厂所设计，但是，根据江津酒厂与新蓝图公司合作期间的往来邮件等证据可知，“江小白”的名称及相关产品设计系由时任新蓝图公司的法定代表人陶某泉提出，现有证据不足以证明新蓝图公司是为江津酒厂设计商标。

综上所述，江津酒厂无法充分证明其在先使用“江小白”商标，同时“江小白”的商标概念和设计早已由新蓝图公司的法定代表人陶某泉提出。基于现有证据和法律规定，应当认为诉争商标的申请注册并未违反2001年《商标法》第15条的相关规定，并且在商品的生产者与销售者之间的定制产品合作模式下，“江小白”的商标权属应归于新蓝图公司。

风险提示

近年来，随着全球化和技术创新的加快，商标的作用越发显著，被视为企业的宝贵资产。它不仅反映了企业的文化和形象，也直接影响了消费者的选择和信任，但随之而来的风险也日益增多。如今的市场竞争中，常有企业故意利用知名企业、知名商标的美誉度，在企业名称注册登记或商标注册登记上“打擦边球”“傍名牌”，攀附知名企业或知名商标的声誉，从而获取利益。对此，可通过以下法律程序进行处理。

对于在后企业名称侵犯在先商标权的，属于经营者在企业名称使用过程中实施混淆行为误导公众以为是他人商品或者与他人存在特定联系，构成不正当竞争行为，应依据《商标法》《反不正当竞争法》的有关规定，根据实际使用情况进行认定和解决。《商标法》第58条规定，将他人注册商标、未注册的驰名商标作为企业名称中的字号使用，误导公众，构成不正当竞争行为的，依照《反不正当竞争法》处理。

如新百伦商标侵权案，2004年，周某买下了一个注册于1996年，名为“百伦”的商标，随后其又注册了包括“新百伦”在内的一系列联合商标，并在2008年拿到“新百伦”商标的批准。而早年曾以“纽巴伦”为名在国内进行宣传的美国New Balance公司，因其2006年成立的上海公司名为“新百伦”，便开始使用“新百伦”作为中文名，于是拥有中文商标的企业向广州市中级人民法院提起侵权诉讼。广州市中级人民法院对这起商标权纠纷案作出一审判决，该院认为，美国New Balance公司在中国的关联公司——新百伦贸易（中国）有限公司因使用他人已注册商标“新百伦”，构成对他人商标专用权的侵犯，须赔偿对方9800万元。二审法院最终认定，新百伦公司赔偿对方500万元。

对于新百伦公司来说，本案最严重的后果不是500万元赔偿，而是立即停止将“新百伦”用于产品的标识及宣传，以及败诉对新百伦公司商誉造成的负面影响。对于New Balance这个品牌的长远影响，损失是不可估量的，继续使用“新百伦”所能带来的商业利益也可能远不止9800万元。

《商标法》还规定了商标异议和商标无效程序来保护在先企业名称权。《商标法》第32条规定，申请注册商标，不得损害他人现有的在先权利。企业名称权属于该条规定的在先权利的范畴。对于在后商标侵犯在先企业名称权的，若在后商标在初步审定公告期内，则企业名称权人其可以依照《商标法》第33条的规定提起商标异议程序；若在后商标已注册，则其可以依照《商标法》第44条的规定申请注册商标无效。

在企业名称登记时，应当遵循诚实信用原则，合理避让他人的在先注册商标，避免不当使用企业字号的行为构成侵权或不正当竞争。同时，建议企业应尽可能保持企业字号和商标的统一性，在办理企业注册的同时同步办理商标注册，对于已经存在并具有一定知名度而商标还未注册的企业，要及时通过商标注册申请保护企业字号，必要时可以考虑通过变更企业名称实现企业字号和商标的统一。

最后，企业应当建立健全的商标策略，从选品、注册、使用、维权到再创新，形成一个完整的管理和保护体系，确保其品牌形象和价值得到最大化的维护和提升。

法条链接

《中华人民共和国商标法》

第十五条 未经授权，代理人或者代表人以自己的名义将被代理人或者被代表人的商标进行注册，被代理人或者被代表人提出异议的，不予注册并禁止使用。

就同一种商品或者类似商品申请注册的商标与他人在先使用的未注册商标相同或者近似，申请人与该他人具有前款规定以外的合同、业务往来关系或者其他关系而明知该他人商标存在，该他人提出异议的，不予注册。

知识拓展

遍布城市各个角落的“嗨家”等生活便利店，在中国拥有众多加盟店的肯德基、麦当劳等，都是通过品牌授权，实现在各大城市乃至全球范围内的品牌拓展与营销，并收取不菲的品牌授权费。品牌授权当中最重要的一环是商标的授权。这些企业正是通过对于其商标全方位的保护，为企业品牌构建了极强的防御系统，再结合企业名称、外观设计等授权，进行规范化管理，任何人都无法轻易打破其商标保护体系，参照其模式构建同类竞争企业。

商标授权许可的模式一般有以下三种：（1）普通许可。“薄利多销”的形式。许可人允许被许可人在规定的地域范围内使用合同项下的注册商标。同时，许可人保留自己在该地区内使用该注册商标和再授予第三人使用该注册商标的权利。

（2）独占许可。可对抗商标所有人的独家使用。在规定地域范围内，被许可人对授权使用的注册商标享有独占使用权。许可人不得再将同一商标许可给第三人，许可人自己也不得在该地域内使用该商标。

（3）排他许可。商标权人和被许可人的使用并行。在此种情况下，除许可人给予被许可人使用其注册商标的权利外，被许可人还可享有排除第三人使用的权利。许可人不得把同一许可再给予任何第三人，但许可人保留自己使用同一注册商标的权利。排他许可仅仅是排除第三方在该地域内使用该商标。

（二）商标申请权作为在先权利的认定

广东好太太科技集团股份有限公司与国家知识产权局商标行政裁决纠纷案①

关键词

在先取得　商标核准　驰名商标

案情简介

2011 年 5 月 23 日，凯达能公司申请注册诉争商标后被核准注册，核定使用在第 20 类餐具柜等商品上。凯达能公司此前申请注册了第 3563073 号“Haotaitai”商标，使用在厨房用抽油烟机、燃气灶等商品上。

广东好太太科技集团股份有限公司（以下简称好太太公司）的引证商标一核定使用在第 21 类晾衣架等商品上，引证商标三核定使用在第 20 类家具等商品上。好太太公司对诉争商标向原国家工商行政管理总局商标评审委员会（以下简称商标评审委员会）提出无效宣告请求。

商标评审委员会于 2018 年 12 月 14 日作出商评字（2018）第 236749 号关于第 9501078 号“好太太 Haotaitai 及图”商标无效宣告

① 最高人民法院行政判决书，（2022）最高法行再 3 号。

请求裁定书，即被诉裁定，该裁定认定诉争商标的注册为凯达能公司在先商标权利的合理延审，并没有复制、摹仿好太太公司“好太太”商标的主观故意，亦不易造成消费者的混淆误认，故诉争商标的注册未违反《商标法》第 13 条第 3 款的规定。

诉争商标与引证商标三未构成使用在同一种或类似商品上的近似商标。好太太公司提交的证据不足以证明在诉争商标申请注册之前，在与诉争商标核定使用商品相类似行业内，使用与诉争商标相同或相近似商号并达到有一定影响的程度，故诉争商标的注册未违反《商标法》第 32 条的规定，裁定诉争商标予以维持。

好太太公司不服，提起本案行政诉讼，请求撤销被诉裁定，判令被告重新作出裁定。

判例分析

本案的争议焦点为：凯达能公司注册的“好太太 Haotaitai 及图”商标与好太太公司的“好太太”商标及其相关系列标识是否构成近似，进而导致公众混淆，从而侵犯了好太太公司在先的商标权利。

最高人民法院再审认为，就标识本身而言，诉争商标与引证商标三为近似标识，且二者核定使用的商品构成相同或类似商品。虽然诉争商标中包含的拼音“Haotaitai”与凯达能公司在先获准注册并曾被认定为驰名商标的第 3563073 号商标标志相同，但诉争商标显著部分是文字“好太太”，被引证商标三完整包含。在诉争商标与引证商标三核定使用的商品构成相同或类似商品的情形下，若二者同时使用在上述商品上，易造成消费者的混淆误认。因此，诉争商标与引证商标三构成《商标法》第 30 条所规定的近似商标，被诉裁定及原审判决对此认定不当。

根据在先系列生效判决的认定，引证商标一在诉争商标申请注册前已经在晾衣架商品上广为公众所熟知，达到驰名程度。诉争商标标志显然与第 3563073 号商标并不相同，诉争商标能否注册应当依据《商标法》的相关规定进行判断。被诉裁定认定诉争商标是凯达能公司在先商标权利的合理延伸注册，没有法律依据。原审判决认为第 3563073 号商标与诉争商标注册有关联关系，并将其作为诉争商标注册的因素考虑亦缺乏法律依据。诉争商标显著识别部分文字“好太太”与引证商标一中的文字相同，构成近似标识。诉争商标核定使用的餐具柜等商品与引证商标一赖以驰名的晾衣架商品均为常见的家居用品，同时在家装市场上销售，相关消费群体存在一定的重叠，相关商品具有一定的关联。加之凯达能公司曾使用“广东好太太电器有限公司”的名称，被行政机关认定损害好太太公司驰名商标权益而被责令更名，以及在诉争商标申请注册前就有生效裁判认定凯达能公司在经营活动中存在侵害好太太公司引证商标一商标权的行为，因此，诉争商标的申请注册构成对好太太公司驰名商标的复制、摹仿，误导公众，致使好太太公司的利益可能受到损害，构成《商标法》第 13 条第 3 款规定的不予注册的情形。

综上所述，虽然好太太公司提交的证据能够证明，诉争商标申请注册前，引证商标一在核定使用的晾衣架商品上具有一定知名度，但好太太公司提交的证据不足以证明其在诉争商标申请注册前，在与诉争商标核定使用的相同或类似商品上使用了“好太太”商号，并使之具有一定知名度，被诉裁定及原审判决对此的相关认定并无不当。最高人民法院再审改判，撤销一、二审行政判决和被诉裁定，判令国家知识产权局重新作出裁定。

风险提示

商标是企业商誉的载体，企业只有取得商标的专用权，禁止他人任意使用自身商标，才能避免商标被淡化或者混淆，保护承载于商标之上的商誉。

许多创业者在创业初期，由于商标注册意识淡薄，未能及时对使用的商标申请注册取得专用权。随着其创业逐渐成功，商标的市场影响扩大，引起相关市场经营者的注意，此时其未注册商标极可能被人仿冒，但由于未取得专用权而无法禁止，导致商标逐渐失去显著性和价值，企业围绕商标的大量投入成为泡影；或者商标被抢注反而被他人禁止使用；又或者需要花费大量的时间和精力通过维权拿回商标专用权。建议企业对拟使用的商标在投入市场前向商标局申请注册，尽早取得商标专用权。

文字、图形是商标的重要构成要素，通常来讲，一件独创的富有美感的商标标识，往往也是受著作权法保护的作品。若企业在未取得商标标识著作权的情况下将该标识作为商标进行注册和使用，既可能侵害在先的著作权，也可能使企业的商标处于不稳定状态，导致该商标被宣告无效或者需支付高昂许可使用费。

注册商标侵害在先字体著作权的纠纷近年来较为多发。有些经营者在进行注册商标标识设计时，在未获得授权的情况下直接从互联网下载某些字体作为注册商标标识并成功进行了注册。随着商标的宣传、推广、使用，商标具有了较大的市场知名度和美誉度，随着商标影响力的扩大，往往会引起字体著作权人的注意。此时，字体著作权人通常会通过发律师函、提起诉讼等方式要求商标权利人支付许可费获得使用授权，未获得授权的商标则可能面临被禁用的风险。商标如被禁用，则之前在该商标上的所有投入和积累的商誉都将付诸东流。

商标标识的内容应进行专门设计取得著作权，避免未经许可直接使用他人享有著作权的图形、字体等作品。委托他人进行商标设计时，应通过签署委托设计合同明确取得相应设计作品的著作权。企业内部职工所设计的商标，也需要通过合同明确取得商标标识的著作权。商标权利人应注意保留著作权取得证据，如委托合同、设计费支付凭证、创作底稿等，同时通过版权登记、时间戳等方式固定创作内容和创作时间。

商标使用证据是指能够证明企业实际使用过商标的材料，包括商标宣传广告资料、商标用于包装的证明材料等。商标使用证据留存是否充分直接关系到在商标撤销程序中商标权人能否防止商标被撤销，关系到商标权人在遭遇侵权后的维权中能否成功拿到侵权赔偿，意义重大。依据《商标法》第49条的规定，注册商标没有正当理由连续3年不使用的，任何单位或者个人可以向商标局申请撤销该注册商标（以下简称撤三程序）。在撤三程序中，提供商标使用证据的责任在于商标权人，如果商标权人不能提供商标使用证据，则商标极大可能被撤销。依据《商标法》第64条的规定，能否提供证明此前3年内实际使用过该注册商标的证据，是商标权人在侵权诉讼中能否拿到赔偿的关键。

建议商标权人积极留存将商标使用在广告宣传、产品包装、销售合同、商业展览等场合的证据，避免因不能举证导致商标被撤销、无法索赔等。如果商标权人能够积极留存商标所获各种荣誉的证据，也可以为争取较高赔偿打下基础。

企业也应当建立商标监测制度，安排专人或者委托专业机构对商标情况进行监测。通过商标局发布的商标公告及时掌控近似商标注册状况，监测商标续展时间防止超期和监测商标被侵权情况。通过对近似商标注册状况和侵权情况进行分析，在专业机构的帮助下商标权人可以及时采取正确的应对措施。

法条链接

《中华人民共和国商标法》

第三十一条 两个或者两个以上的商标注册申请人，在同一种商品或者类似商品上，以相同或者近似的商标申请注册的，初步审定并公告申请在先的商标；同一天申请的，初步审定并公告使用在先的商标，驳回其他人的申请，不予公告。

第三十二条　申请商标注册不得损害他人现有的在先权利，也不得以不正当手段抢先注册他人已经使用并有一定影响的商标。

知识拓展

根据《商标法》第49条第2款的规定，注册商标成为其核定使用的商品的通用名称或者没有正当理由连续三年不使用的，任何单位或者个人可以向商标局申请撤销该注册商标（以下简称撤三）。“撤回撤三”是指原撤三申请人对撤三申请提出取消申请。例如，由于申请人后续商标布局的变化等因素，或与被撤销方达成协议等，而需要撤回撤三申请的，可以在合理的期限内递交该申请。申请人在提交撤回撤三申请时，商标注册部门对该案的相关审查程序应尚未终结。

“撤回撤三”的提交撤回时间点对撤回成功率有不同影响，具体可以分为如下情况：一是申请人刚递交撤三申请到提供证据之前。自撤三申请人递交撤销申请、商标局受理其申请起，至商标局受理其申请起，至商标局向商标注册人发出《关于提供注册商标使用证据的通知》，这中间往往会有2~3个月的时间，即在商标局向商标注册人发出提供使用证据通知书之前，撤三申请人无疑可向商标局撤回其撤三申请。此时撤三申请的撤回成功率相对较高。二是商标注册人收到提供证据通知后递交的撤回申请。自商标局向商标注册人发出《关于提供注册商标使用证据的通知》起，至商标注册人提交使用证据，这中间有2个月的时间。在这期间，撤三申请人能否被允许撤回撤三申请，则相对模糊。

三、著作权侵权法律风险

著作权作为知识产权的核心部分之一，在商业运营和市场竞争中的地位日益显著。从音乐、文学到软件和数据库，著作权的涵盖面广泛，为创作者和持有者带来了丰厚的经济利益。然而，数字技术的普及也意味着著作权作品更易于被复制和传播，对于企业来说，无论是作为著作权的持有者还是使用者，都需要深入了解和审视与著作权相关的法律风险，确保自身的商业行为不违反相关法律规定，从而避免可能出现的巨额赔偿和损害声誉的风险。

本章将通过对典型案例的分析，为企业提供一个明确的著作权风险防控框架，以助其在追求商业成功的同时，也能确保法律合规和遵守业界道德标准。同时，本章将探讨如何构建有效的著作权管理和保护机制，帮助企业在全球化的市场环境中，确保其创新成果得到充分的法律保护，同时尊重其他创作者和企业的合法权益。在著作权日益成为竞争武器的今天，如何理解并妥善管理著作权风险，已成为每一个企业不可忽视的重要议题。

（一）著作权的侵权认定

山东省济宁市罗盒网络科技有限公司与广东省广州市玩友网络科技有限公司等侵害计算机软件著作权纠纷案[①]

关键词

商业授权　开源代码　著作权侵权

案情简介

山东省济宁市罗盒网络科技有限公司（以下简称罗盒公司）经登记依法享有“罗盒（VirtualApp）插件化框架虚拟引擎系统”（以下简称涉案软件）著作权的全部权利，其在国际软件托管平台 GitHub 上公开了 Virtual App 的源代码，并声明任何人如需将 Virtual App 用于商业用途，需向罗盒公司购买商业授权。广东省广州市玩友网络科技有限公司（以下简称玩友公司）开发的“微信视频美颜版”“微信视频美颜相机版 App”“微信视频美颜相机”“微信视频美颜相机版”软件（以下简称被诉侵权软件）通过多个互联网平台提供下载、安装和运营服务。冠准航公司、奥斯坦公司、祥运公司分别通过微信和支付宝向被诉侵权软件的用户收取会员费。经罗盒公司委托鉴定机构鉴定，被诉侵权软件与涉案软件构成实质相似。罗盒公司主张玩友公司

① 广州知识产权法院民事判决书，（2019）粤 73 知民初 207 号。

收取会员费和不提供开源代码的行为违反限制商业使用条款和 GPL V3 协议构成侵权，请求判令玩友公司停止提供被诉侵权软件的下载、安装和运营服务，并赔偿经济损失 1500 万元和维权合理费用 15 万元，另三被告承担连带责任。

罗盒公司于 2017 年 11 月 8 日通过受让方式取得了涉案软件的著作权并登记。涉案软件由罗盒公司的股东之一罗某开发完成初始版本，于 2016 年 7 月 7 日首次上传该软件开源项目至 GitHub 并适用 LGPL 3.0 许可协议开源，2016 年 9 月 10 日罗盒公司将开源许可协议更换为 GPL 3.0 许可协议，2017 年 1 月 24 日罗盒公司更新声明任何人不得免费使用该源代码，随后罗盒公司又多次更新声明需要购买商业授权才能使用源代码，2017 年 10 月 29 日罗盒公司删除了 GPL 3.0 许可协议并于 2017 年 12 月 30 日停止更新该项目，转为开发不开源的商业版本。罗盒公司明确其主张的是涉案软件在 GitHub 上的 2017 年 12 月 30 日的版本，并确认该版本与撤回 GPL V3 协议即 2019 年 10 月 29 日前的版本差别不大。玩友公司开发了 4 款被诉侵权的微信视频美颜相机 App 并上传于各平台供用户下载，但并未提供源代码下载，用户可免费试用半小时，之后需付会员费才可继续使用，该费用由冠准航公司、奥斯坦公司、祥运公司代为收取。经鉴定机构鉴定，涉案软件和被诉侵权软件中的沙盒分身功能部分源代码构成相似。

判例分析

本案的争议焦点为，罗盒公司是否为涉案软件的著作权人，以及是否具有起诉资格；GPL V3 协议的性质和效力，以及罗盒公司在其后对商业使用所作的限制是否有效；玩友公司收取会员费的行为是否违反 GPL V3 协议。

法院认为，根据涉案软件著作权登记证书及 GitHub 官网上的项目简介，可认定罗盒公司是涉案软件的著作权人，就在案证据无法认定涉案软件是否属于合作作品，即使属于合作作品，开源软件贡献者互不相识且散布全球各地，若要求必须经过所有贡献者授权才能起诉，将导致开源软件维权无从提起，故罗盒公司有权单独提起本案诉讼。

GPL V3协议具有合同性质，是授权方和用户订立的格式化著作权协议，属于我国民法调整的范围。即使授权方删除GPL V3协议也无回溯力，适用GPL V3协议的版本将永久保持开源。罗盒公司在涉案项目中添加商业使用限制保留条款限制了用户使用源代码的目的和用户范围，与GPL V3协议的特性矛盾。软件开源不等于免费，也可商用，且玩友公司收取会员费是用于被诉侵权软件的运营维护和技术支持，而下载软件是免费的，故其并不违反GPL V3协议。

GPL协议在开源软件许可协议中最为严苛，具有高传染性，对于在逻辑上与开源代码有关联性且整体发布的衍生作品，只要其中有一部分适用了GPL V3协议发布，那么整个衍生作品都必须适用GPL V3协议而开源。

本案中，沙盒分身功能的部分代码是作为被诉侵权软件的衍生部分而整体发布的，故玩友公司应开源整个被诉侵权软件的源代码，玩友公司未提供被诉侵权软件的源代码下载，违反了GPL V3协议。GPL V3协议属于附解除条件的非典型著作权许可使用合同，许可条款是版权许可的条件，如果用户违背条款规定，那么许可的前提条件已不复存在，则用户因GPL V3协议获得的授权也将自动终止。

玩友公司违反GPL V3协议的约定，其依据GPL V3协议获得的授权自动终止，玩友公司再使用涉案软件已没有法律和合同依据，故其构成对涉案软件的侵权。另三被告实施收款行为前已对被诉侵权软件的著作权登记证书作了初步审查，本身无过错，故无须承担连带责任。

综上所述，应当判决玩友公司停止提供含有侵权沙盒分身功能源代码的四款软件的下载、安装和运营服务，并赔偿罗盒公司的经济损失及维权合理开支。

风险提示

当前，国际开源授权许可协议众多，而我国直至2021年才发布中国首个开源协议——木兰宽松许可协议（MulanPSL）。但是，目前国内没有涉及开源软件的法律、司法解释，涉及开源软件的案件也屈指可数，涉及开源协议的裁判规则更是几乎空白。如开源软件的最主要贡献者能否单独提起侵权诉讼、已适用开源协议的软件能否撤销许可、能否在开源协议中增加限制商业使用条款、利用开源软件开发的商业软件能否对其他人使用该商业软件进行收费、使用开源软件开发的商业软件需整体还是部分公开该商业软件的源代码、开源协议的性质及违反协议是否构成侵权等问题，我国司法实践尚未形成成熟的处理意见。

开源社区是一个典型的例子，其中涉及的开源许可证多种多样，从宽松的MIT和BSD许可证到更为严格的GPL许可证。选择哪种许可证是一个重要的决策，因为不同的许可证对代码的使用、修改和分发都有不同的要求，如一些许可证要求在分发软件时公开所有的源代码，而其他许可证则没有这种要求。但即使是开源代码，也不能简单地等同于“免费”或“无版权”。开源意味着源代码是公开的，但使用、修改或分发这些代码仍然受到许可证的约束，企业不遵守这些规定可能会导致版权侵权，从而导致法律诉讼和其他潜在的经济损失。

除了开源代码之外，许多公司和开发者在开发过程中也常常使用第三方库或工具。在这种情况下，也必须确保遵循相关的许可协议。有时，即使是一个很小的代码片段或功能，也可能涉及版权问题。因此，细致地审查和合规检查在软件开发中显得尤为重要。此外，当涉及跨国软件销售和分发时，还必须考虑国际著作权法律的差异，某些在一个国家被视为合法的做法，在另一个国家可能被视为侵权。在现今的互联网环境下，软件的传播速度异常迅速，这也意味着一旦发生侵权，损失可能会在短时间内迅速变大。为此，公司不仅要确保自己的产品不侵犯他人的版权，还应该实时监控市场，确保没有其他实体侵犯其自身的知识产权。特别是在移动应用市场，由于审核机制相对宽松，很容易出现盗版和仿冒应用，这对原始开发者来说无疑是巨大的经济损失。为了规避这些风险，一些企业甚至选择建立自己的知识产权部门，专门负责处理与版权、专利和商标等知识产权相关的问题。而对于小型开发者或初创公司而言，他们可能没有足够的资源来建立这样的部门，但其仍然可以考虑咨询法律专家或使用第三方知识产权管理服务来确保合规。无论采取哪种方式，对知识产权的尊重和保护都是任何企业和个人可持续发展的关键。

总之，在数字化的世界中，著作权和其他知识产权问题的重要性日益增加。只有充分认识到这些法律风险，采取适当的预防措施，才能确保企业和个人的长期稳健发展。

法条链接

《最高人民法院关于审理著作权民事纠纷案件适用法律若干问题的解释》

第二十一条 计算机软件用户未经许可或者超过许可范围商业使用计算机软件的，依据著作权法第四十八条第（一）项、《计算机软件保护条例》第二十四条第（一）项的规定承担民事责任。

《计算机软件保护条例》

第八条 软件著作权人享有下列各项权利：

（一）发表权，即决定软件是否公之于众的权利；

（二）署名权，即表明开发者身份，在软件上署名的权利；

（三）修改权，即对软件进行增补、删节，或者改变指令、语句顺序的权利；

（四）复制权，即将软件制作一份或者多份的权利；

（五）发行权，即以出售或者赠与方式向公众提供软件的原件或者复制件的权利；

（六）出租权，即有偿许可他人临时使用软件的权利，但是软件不是出租的主要标的的除外；

（七）信息网络传播权，即以有线或者无线方式向公众提供软件，使公众可以在其个人选定的时间和地点获得软件的权利；

（八）翻译权，即将原软件从一种自然语言文字转换成另一种自然语言文字的权利；

（九）应当由软件著作权人享有的其他权利。

软件著作权人可以许可他人行使其软件著作权，并有权获得报酬。

软件著作权人可以全部或者部分转让其软件著作权，并有权获得报酬。

第十条 由两个以上的自然人、法人或者其他组织合作开发的软件，其著作权的归属由合作开发者签订书面合同约定。无书面合同或者合同未作明确约定，合作开发的软件可以分割使用的，开发者对各自开发的部分可以单独享有著作权；但是，行使著作权时，不得扩展到合作开发的软件整体的著作权。合作开发的软件不能分割使用的，其著作权由各合作开发者共同享有，通过协商一致行使；不能协商一致，又无正当理由的，任何一方不得阻止他方行使除转让权以外的其他权利，但是所得收益应当合理分配给所有合作开发者。

知识拓展

开源软件与商业软件的最大区别就在于开源软件的作者将其全部著作财产权利让渡给了使用者，开源软件是以放弃著作权相关权利的形式所进行的一种软件开发模式。虽然开源软件作者将著作财产权利让渡给软件使用者，但其并没有放弃用商业化的方式促进开源软件产业的发展，开源软件不等于不能有商业开发。

GPL V3 协议序言规定，所谓自由软件，强调的是自由，而非价格免费，GPL V3 协议之设计系用于确保用户享有发布自由软件副本的自由（如果用户愿意，亦可以为此服务收费）。这说明开源软件仍然可以用于商业运作模式，只是其本身并不被当作商品对待，但所有的商业运作其实是围绕着开源软件的衍生产品进行的，如进行软件支持、软件服务、集成开源软件创新、以开源软件为基础开发附加值产品等。

开放源代码首创行动组织（Open Source Initiative）对开源软件的10 个定义中包含“不能歧视任何领域”，如不得规定软件不能用于商业目的。在商业开发的过程中，因多种开源许可协议的限制不同，开发者或公司对软件源代码的控制力也不同，故其能提供的服务也不同。专有商业软件所有权人通常通过控制软件源代码、出售软件许可来获益。开源商业软件的盈利模式多样，其主要通过商业化服务模式来获得商业利益，具体而言，其盈利模式包括硬件捆绑、广告业务、技术维护、培训支持等。开发者或公司在参与开源中为开源软件找到合适的商业模式从而获益，这是其长期支持开源的动力，也是开源社区能长期蓬勃发展的基础。

而 GPL V3 协议是一种针对软件和其他作品的“著作权”（Copyleft）许可协议，使软件可以被自由使用。GPL V3 协议保证用户拥有共享和修改一个程序全部版本的自由，使软件面向所有用户均保持为自由软件的状态。罗盒公司的商业使用限制保留条款对于用户使用其源代码的目的进行了限制，从而也限制了用户范围，即只有非商业用途的用户才可以使用其源代码，这显然与 GPL V3 协议的“著作权”特性相矛盾。

（二）影视作品角色形象的权利归属

上海华创公司诉湖北新一佳公司侵害著作权纠纷案①

关键词

角色形象　复制权　权利归属

案情简介

1996 年 4 月，日本·圆谷制作株式会社摄制完成影视作品《迪迦奥特曼》，该影片塑造了“迪迦奥特曼”这一角色形象，其特征为：头部为头盔形，眼睛突起呈椭圆形，两眼中间延至头顶部有突出物，两耳呈长方形，无眉，无发。

2009 年 2 月，日本·圆谷制作株式会社签署著作权授权证明，授权上海世纪华创文化形象管理有限公司（以下简称上海华创公司）在中国大陆独占性行使该影视作品的发行权、放映权、上映权以及使用该作品的商品化权等。

2010 年 7 月，原告上海华创公司发现被告湖北新一佳超市有限公司（以下简称湖北新一佳公司）擅自将“迪迦奥特曼”的角色形象在其销售的玩具包装盒上作为商品包装装潢予以复制使用，原告认为被告的上述行为侵犯其“迪迦奥特曼”角色形象权，遂诉至法院，请

① 湖北省高级人民法院民事判决书，（2012）鄂民三终字第 23 号。

求判令：被告立即停止销售侵犯原告“迪迦奥特曼”角色形象权的“百变超人”玩具并立即销毁涉案尚未售出的侵权样品、半成品、产成品及相关标识；被告赔偿原告直接经济损失 3 万元并公开赔礼道歉；被告承担本案诉讼费用。

湖北新一佳公司认为，《迪迦奥特曼》影视作品制片人仅对该影视作品享有整体著作权，并不当然享有“迪迦奥特曼”角色形象的著作权，原告通过受让方式取得的是影视作品的发行、放映等权利，因此，其以截取影视作品中的一帧画面作为权利基础，指控被告构成复制权侵权，于法无据。

判例分析

本案的争议焦点是“迪迦奥特曼”角色形象的权利归属，而界定该权利归属的关键在于“迪迦奥特曼”角色形象是否属于独立于影视作品整体的可以被单独使用的作品。

法院认为，影视作品《迪迦奥特曼》采用虚拟夸张的创作手法塑造了一个为儿童喜爱的“迪迦奥特曼”角色形象，该角色形象随着剧情、音乐、场景、动作的变化，呈现不同的表情、神态，但该角色形象的性格内涵及外部表现具备一些明确而固定的基本特征——眼睛突起呈椭圆形，两耳呈长方形，无眉，无发等，究其本质仍属于利用线条、色彩等勾勒的富有美感且具有独创性表达方式的美术作品。依托美术作品富有美感的艺术造型，结合类似摄制电影的技术方式，摄制而成的影视作品与在先美术作品无论是在观念上还是在表达方式上均是可以分离的，且依赖美术作品塑造的动态的角色形象缺乏独创性的表达方式，并不能构成新的作品。因此，“迪迦奥特曼”角色形象属于 2010 年《著作权法》第 15 条第 2 款规定的可以单独使用的美术作品。

本案中，原告认为“迪迦奥特曼”角色形象属于《迪迦奥特曼》影视作品的组成部分，该角色形象的完整著作权应该归影视作品的制片人所有，作为受让人，原告根据授权证明享有该角色形象的完整著作权。法院认为，“迪迦奥特曼”角色形象可以从影视作品中分离出来，属于可以单独使用的美术作品，原告并未提供证据证明其获得相应美术作品的权利类型、区域、期限等，仅以截取影视作品中的一帧画面作为权利基础，指控被告涉嫌侵权行为，属于权利证据不足。

本案中，原告依托影视作品《迪迦奥特曼》及授权协议享有的仅是传播利用该影视作品所必需的权利，原告仅截取影视作品中的一帧画面作为权利载体指控被告侵权，但因“迪迦奥特曼”角色形象属于可以单独使用的美术作品，著作权人只是许可制片人将其摄制成影视作品并加以传播利用，原告并没有提交证据证明制片人享有除此之外的任何权利，原告通过受让并截取其中一帧画面主张被告侵权缺乏权利基础。

综上所述，虽然“迪迦奥特曼”角色形象在其影视作品中占据重要地位，并具有明确和独有的特征，但它可以被单独使用并被归类为美术作品。原告仅基于影视作品的授权协议，并以影视作品中的一帧画面为权利载体来主张被告的侵权行为，不足以为其提供充分的权利基础。因为“迪迦奥特曼”角色形象是一个可以单独使用的美术作品，仅仅对影视作品的授权并不直接赋予原告对该角色形象的所有权利。没有足够的证据证明制片人除了传播利用之外还享有其他权利，所以原告的诉讼请求因缺乏足够的证据支持而不能得到保护。

风险提示

角色形象是指作品中塑造的具有鲜明个性特征的人物或动物形象。被商品化利用的角色形象通常来源于美术作品、影视作品、文学作品等，其既可以表现为视觉性角色形象，也可以表现为非视觉性角色形象。角色形象商品化权益，是指由角色形象的知名度所衍生出的权益。将具有一定知名度的角色形象与商品进行结合，利用角色的知名度与吸引力，来提高商品的市场销量和市场竞争力的行为，就是角色商品化行为。因为商品化背后蕴藏着巨大的经济利益，所以经常会出现他人未经许可就将权利人的角色形象用在商品上或者广告宣传中的情况。我国法律对于商品化权益的保护态度也是不同的，从“邦德007案”到“功夫熊猫案”，电影角色的“商品化权”在司法实践中逐渐被认可，其所依据的法律规定也多有不同，人格权法、商标法、著作权法以及反不正当竞争法等法律，为商品化权益的保护提供了多种保护路径。当企业在进行产品设计、宣传、销售等环节时，若未充分了解和掌握相关法律规定，很可能会陷入法律纠纷，甚至遭受巨大的经济损失。

首先，企业在创作或引进角色形象时，必须明确角色形象的权利归属和授权范围。角色形象的权利归属是一个相对复杂的问题，不同的国家、地区对此可能存在不同的法律规定。在某些国家，影视作品的制片人仅享有整体著作权，角色形象则归原创者所有；而在其他国家，制片人则可能同时享有角色形象的著作权。企业在获取授权时，不仅要明确角色形象的权利归属，还需要明确授权的区域、期限、方式和范围等。例如，被授权在中国大陆独家销售某影视作品的商品，并不意味着企业拥有该作品中角色形象的所有权。如果企业在未获得明确授权的情况下，将角色形象用于其他商品或广告宣传，则可能会被认定为实施了侵权行为。

其次，企业在使用角色形象时，不仅要确保自身的合法权益，还要预防第三方的侵权行为。即使企业已经获得了角色形象的授权，也不能掉以轻心。在实践中，可能会出现第三方擅自使用、复制或模仿该角色形象，导致企业的合法权益受到损害的情况。此时，企业需要及时采取法律手段，维护自身的合法权益。

最后，企业还需要注意，即使是被认为侵权的第三方，也可能有自己的合法权益。例如，第三方可能基于原创者的授权，对角色形象进行了合法使用。因此，企业在处理这类纠纷时，必须小心谨慎，确保自己的行为基于充分的法律依据，避免因误判而引发更大的法律风险。

综上所述，角色形象权利的保护和管理，既是企业创新和发展的重要保障，也是企业运营中的潜在风险。企业必须结合自身的实际情况，充分了解和掌握相关法律规定，在确保自身的合法权益得到有效保障的同时，防范潜在的法律风险。

法条链接

《中华人民共和国著作权法》

第十七条　视听作品中的电影作品、电视剧作品的著作权由制作者享有，但编剧、导演、摄影、作词、作曲等作者享有署名权，并有权按照与制作者签订的合同获得报酬。

前款规定以外的视听作品的著作权归属由当事人约定；没有约定或者约定不明确的，由制作者享有，但作者享有署名权和获得报酬的权利。

视听作品中的剧本、音乐等可以单独使用的作品的作者有权单独行使其著作权。

知识拓展

角色形象，在许多文化产品中，尤其是影视、动画、游戏等媒介中，经常被人们提及。角色不仅仅是某部作品的一部分，很多时候它们本身就代表着一种文化符号，具有巨大的市场价值。例如，迪士尼的米老鼠、《哈利·波特》中的哈利形象、漫威宇宙的超级英雄们等，这些都是角色形象在商业上被广泛应用的经典例子。

法律上，角色形象往往被视为知识产权的一部分，它与著作权、商标权等有关。一个角色形象的诞生，往往涉及原创性、独创性和识别性三个关键要素。原创性意味着这个角色不是对其他已知角色的简单复制；独创性则表示该角色具有一定的新颖性；而识别性则意味着公众可以通过该角色识别某个品牌或来源。正是基于这些要素，角色形象得以在法律上得到保护。但对角色形象的保护并不意味着其他创作者不能再创作与之类似的角色。法律保护的是角色形象的独特性和与原创作品的关联性，而不是某一通用特征或基本构思。

因此，只有当新角色与原角色之间存在实质性的相似性，且可能导致公众混淆时，才可能构成侵权。随着全球化的发展，许多角色形象已经跨越国界，成为国际知名的IP。这也意味着，角色形象的权利保护需要在全球范围内得到实施，这一实施过程中涉及的主要法律工具是国际公约和双边协议。例如，《伯尔尼公约》是关于著作权保护的主要国际公约，为加入该公约的国家提供了最低的著作权保护标准。然而，即使存在这样的国际公约，跨境保护角色形象仍面临许多挑战。不同国家的法律制度、文化背景、审查机制都可能导致角色形象权的实施存在差异。例如，一些国家可能更强调角色的原创性，而其他国家则可能更看重角色与某品牌或产品的关联性。

四、商业秘密侵权法律风险

商业秘密不仅代表着企业的技术积累、管理经验和客户资源，更关乎其在市场中的地位、竞争优势和未来的可持续发展。然而，商业秘密的泄露和盗窃行为日趋猖獗，给众多企业带来了巨大的经济损失与品牌伤害。在此背景下，对商业秘密侵权的法律风险进行全面审查和评估，已成为企业合规工作的核心环节之一。

本节将重点探讨如何正确界定与保护企业的商业秘密，以及如何预防、应对和解决因商业秘密泄露或被窃取所引发的法律纠纷。通过具体的法律规定和典型的司法判例，深入分析商业秘密的法律性质、保护范围及其与其他知识产权之间的界定问题，同时本节还将探索在实际经营活动中，企业如何建立有效的商业秘密管理制度，确保其在日常运营中的合规性，以及如何在商业秘密遭受侵害时，迅速采取法律手段，维护自身的合法权益。希望通过本部分的深入剖析，为企业在商业秘密管理和保护方面提供有价值的指导和建议，助力企业更好地应对与预防商业秘密侵权法律风险。

（一）商业秘密侵权惩罚性赔偿的适用

广州天赐公司、九江天赐公司与华某、刘某、安徽纽曼公司等侵害技术秘密纠纷案[①]

关键词

技术秘密　连续性　惩罚性赔偿

案情简介

广州天赐公司主要从事卡波产品技术的自主研发。2007 年 12 月 30 日，华某与广州天赐公司签订《劳动合同》及《商业保密、竞业限制协议》，并签收了公司的《员工手册》，就商业秘密的保密义务、竞业限制等方面进行了约定。广州天赐公司提供的《离职证明》显示，华某离职的生效日期是 2013 年 11 月 8 日。

2012 年至 2013 年，华某利用其卡波产品研发负责人的身份，以撰写论文为由向九江天赐公司的生产车间主任李某索取了卡波生产工艺技术的反应釜和干燥机设备图纸，还违反广州天赐公司管理制度，多次从其在广州天赐公司的办公电脑里将天赐公司的卡波生产项目工艺设备的资料拷贝到外部存储介质中。华某非法获取天赐公司卡波生产技术中的生产工艺资料后，先后通过 U 盘拷贝或电子邮件发送的方

① 最高人民法院民事判决书，（2019）最高法知民终 562 号。

式发送给安徽纽曼公司的刘某等人。安徽纽曼公司利用华某从天赐公司非法获取的卡波生产工艺、设备技术生产卡波产品，并向国内外销售。

在本案之前，2018 年 1 月 19 日，江西省湖口县人民法院作出（2017）赣 0429 刑初 49 号刑事判决，认定华某、刘某等人的行为构成侵犯商业秘密罪。后江西省九江市中级人民法院作出（2018）赣 04 刑终 90 号刑事判决，确认原审判决认定的事实，除改判其中一人的刑事处罚外，其余维持原判。

两天赐公司于 2017 年 10 月向广州知识产权法院提起诉讼，主张华某、刘某、安徽纽曼公司等共同侵害了两天赐公司卡波配方、工艺、流程、设备的技术秘密，且侵权行为给两天赐公司造成了巨大的经济损失，要求华某、刘某、安徽纽曼公司等立即停止侵害技术秘密，销毁生产卡波的原材料、专用生产设备、配方及工艺资料，共同赔偿两天赐公司的经济损失及维权费用。

广州知识产权法院作出（2017）粤 73 民初 2163 号民事判决，判令：（1）华某、刘某、安徽纽曼公司等于判决生效之日起立即停止侵害两天赐公司涉案技术秘密，并销毁记载涉案技术秘密的工艺资料；（2）安徽纽曼公司于判决生效之日起 10 日内赔偿两天赐公司经济损失 3000 万元及合理开支 40 万元，华某、刘某等人对前述赔偿数额分别在 500 万元、100 万元范围内承担连带责任；（3）驳回天赐公司的其他诉讼请求。两天赐公司、华某、刘某、安徽纽曼公司均不服，向最高人民法院提起上诉。

判例分析

本案的争议焦点在于判断安徽纽曼公司等是否实施了侵害技术秘密的行为，以及若存在侵权行为应如何确定法律责任。

本案中，华某分别介绍朱某、胡某担任安徽纽曼公司的生产安全、环保顾问及负责生产工艺设计；华某利用其广州天赐公司卡波研发负责人身份，以撰写论文为由获取九江天赐公司卡波设备图纸，并违反广州天赐公司管理制度，将其掌握的卡波工艺设备资料披露给刘某、朱某、胡某；华某、刘某、朱某、胡某对卡波生产工艺原版图纸进行了使用探讨，其间，朱某和胡某均提出是否侵犯九江天赐公司相关权利的问题，华某遂指示胡某设计时不要做得跟九江天赐公司一模一样；胡某按华某要求对图纸进行了修改，并委托案外人设计、制造出相关设备；安徽纽曼公司利用广州天赐公司工艺设备技术生产出卡波产品并进行销售。从上述事实可以看出，相关被告明知其行为侵害天赐公司涉及卡波产品的技术秘密而仍实施，显然属于故意侵权。

安徽纽曼公司自成立以来，便以生产卡波产品为经营业务，庭审中其虽辩称生产其他产品，但并未提交证据加以佐证，且其所生产的卡波产品名称虽有差别，但均由同一套设备加工完成，足以认定其完全以侵权为业，长期恶意从事侵权活动。当一审法院责令安徽纽曼公司限期提供获利数据并附财务账册和原始凭证时，安徽纽曼公司虽提交资产负债表和利润表，但其无正当理由拒不提供财务账册和原始凭证，导致本案最终无法查明全部侵权获利，构成举证妨碍。

当安徽纽曼公司前法定代表人刘某因侵害商业秘密行为被追究刑事责任，相关生产工艺、流程及设备涉嫌侵害技术秘密后，安徽纽曼公司仍未停止生产，天赐公司提交的二审证据显示其在一审判决之后并未停止侵权行为，其行为具有连续性，且侵权规模巨大，持续时间长。综合以上因素，足见安徽纽曼公司等侵权主观故意之深重、侵权情节之严重。

综上所述，安徽纽曼公司明确知悉其行为侵犯了天赐公司的技术秘密且持续进行侵权活动，导致天赐公司遭受重大经济损失。安徽纽曼公司的侵权规模巨大、连续性长，涉及的技术秘密对产品生产起到核心作用，其通过侵权获得的利润极高。刘某作为安徽纽曼公司的法定代表人和实际控制人，其行为在整个侵权活动中占有主导和核心地位。纽曼公司应当赔偿广州天赐公司、九江天赐公司经济损失及合理开支，华某、刘某、胡某、朱某应当对前述赔偿数额分别在各自责任范围内承担连带责任。

风险提示

技术秘密成为企业的核心竞争力，尤其在高新技术领域更是如此。技术秘密的泄露不仅可能导致企业出现经济损失，还可能对企业的长期竞争力造成不可逆的打击。因此，对技术秘密的保护是每个企业都应该重视的问题。

首先，企业应建立完善的技术秘密管理制度。企业需要明确什么是技术秘密，并将其与普通的商业信息区别开来，以确保这些技术秘密得到适当的保护。明确技术秘密的定义，有助于企业职员理解其重要性和需要保密的内容。

其次，企业应建立起严格的访问权限制度，确保只有获得授权的员工可以接触技术秘密。这既包括物理层面的访问限制，如锁定的文件柜、密码保护的电脑等，也包括数字化的信息安全策略，如数据加密和安全备份等。此外，在企业与员工、合作伙伴和供应商签订的合同中，应明确约定商业秘密保护条款。这些条款不仅应描述什么是受保护的信息，还应规定如果违反保密协议将面临的法律后果。

再次，企业应定期对员工进行知识产权和商业秘密保护的培训，确保每位员工都了解并遵守相关的规定。随着全球化的深入发展，企业之间的竞争日益激烈，一些不法分子为了迅速获取市场份额和利益，可能会采取侵犯他人知识产权的手段。对于企业而言，仅仅依靠内部的保密机制是远远不够的，还需要加强与外部环境的互动，以确保其技术秘密不被外部因素所侵犯。为此，企业应建立完善的技术秘密保护体系，与专业的知识产权律师和法律顾问合作，确保其技术秘密得到法律上的保护。当企业发现其技术秘密被侵犯时，应迅速采取法律手段，如发出警告、起诉侵权方等，以维护自身的权益。

复次，企业还应加强与政府、行业组织的合作，参与各种保护知识产权的活动，共同努力打击侵犯技术秘密的行为。在国际化背景下，企业还需要注意跨境的技术秘密保护问题。由于不同国家的法律制度和文化背景存在差异，企业在海外的技术秘密保护可能会面临更多的挑战。因此，企业在进入新的海外市场之前，应深入研究当地的知识产权保护法律，与当地的律师和法律顾问合作，制定合适的保护策略。

最后，企业也可以通过国际条约和协议，如《与贸易有关的知识产权协定》（TRIPs）等，来获得对技术秘密的额外保护。总之，技术秘密是企业的宝贵财富，对其进行有效的保护不仅可以避免经济损失，还可以确保企业在激烈的市场竞争中保持领先地位。

法条链接

《中华人民共和国反不正当竞争法》

第十七条 经营者违反本法规定，给他人造成损害的，应当依法承担民事责任。

经营者的合法权益受到不正当竞争行为损害的，可以向人民法院提起诉讼。

因不正当竞争行为受到损害的经营者的赔偿数额，按照其因被侵权所受到的实际损失确定；实际损失难以计算的，按照侵权人因侵权所获得的利益确定。经营者恶意实施侵犯商业秘密行为，情节严重的，可以在按照上述方法确定数额的一倍以上五倍以下确定赔偿数额。赔偿数额还应当包括经营者为制止侵权行为所支付的合理开支。

经营者违反本法第六条、第九条规定，权利人因被侵权所受到的实际损失、侵权人因侵权所获得的利益难以确定的，由人民法院根据侵权行为的情节判决给予权利人五百万元以下的赔偿。

第三十二条　在侵犯商业秘密的民事审判程序中，商业秘密权利人提供初步证据，证明其已经对所主张的商业秘密采取保密措施，且合理表明商业秘密被侵犯，涉嫌侵权人应当证明权利人所主张的商业秘密不属于本法规定的商业秘密。

商业秘密权利人提供初步证据合理表明商业秘密被侵犯，且提供以下证据之一的，涉嫌侵权人应当证明其不存在侵犯商业秘密的行为：

（一）有证据表明涉嫌侵权人有渠道或者机会获取商业秘密，且其使用的信息与该商业秘密实质上相同；

（二）有证据表明商业秘密已经被涉嫌侵权人披露、使用或者有被披露、使用的风险；

（三）有其他证据表明商业秘密被涉嫌侵权人侵犯。

知识拓展

《反不正当竞争法》于2019年4月23日修改时增加了关于惩罚性赔偿的规定并于当日起施行。惩罚性赔偿是一种严厉的民事救济手段，原则上只能适用于法律施行后的行为，对发生于法律施行之前的行为不宜溯及适用。

惩罚性赔偿作为对侵权人的加重处罚，对侵权行为的可责性提出了更高的要求，应仅针对故意侵权。故意又可分为直接故意与间接故意，实践中对直接故意与间接故意的区分本身存在较大困难，在道德上具有几乎相同的可责难性，在惩罚性赔偿中进行同等对待是较为合理的做法。在具体案件中，对于行为人是直接故意还是间接故意的心理状态的区别，可以体现在最终惩罚性赔偿倍数的确定中。并且，惩罚性赔偿是否适用以及倍数之确定，还应结合侵权情节的严重程度，并非单以主观恶性之大小确定。

故意侵权这一主观要件满足后，确定情节严重与否，是衡量是否适用惩罚性赔偿、惩罚倍数如何确定的主要因素。适用惩罚性赔偿需要判断侵权情节是否严重，《民法典》和各知识产权单行法中皆将“情节严重”作为惩罚性赔偿适用的客观要件。司法实践中，如果存在下列情形，可以初步认定被告具有情节严重的情形：（1）因侵犯商业秘密被行政处罚或者法院裁判其承担责任后，再次实施相同或者类似侵权行为；（2）以侵犯商业秘密为业；（3）伪造、毁坏或者隐匿侵权证据；（4）拒不履行保全裁定；（5）侵权获利或者权利人受损巨大；（6）侵权行为可能危害国家安全、公共利益或者人身健康；（7）侵权行为持续时间长；（8）诉讼中被告构成举证妨碍等。

在惩罚性赔偿的适用条件方面，在认定侵权行为人具有侵权直接故意的基础上，综合其以侵权为业、相关行为人被追究刑事责任、诉讼中构成举证妨碍、权利人的实际损失、侵权人的侵权获利、侵权行为的规模与持续时间等因素，判断侵权情节的严重程度。

总之，惩罚性赔偿制度对于打击恶意侵权行为、有效保护基于商业秘密产生的竞争优势，进而维护市场竞争秩序，具有明显的现实作用。

（二）商业秘密侵权的责任承担

上海天祥·健台制药机械有限公司与上海东富龙科技股份有限公司等侵害技术秘密纠纷案[①]

关键词

商业秘密 不正当竞争 擅自使用

案情简介

上海天祥·健台制药机械有限公司（以下简称天祥·健台公司）与上海东富龙科技股份有限公司（以下简称东富龙公司）等被告产生商业纠纷，涉及商业秘密的侵权行为。天祥·健台公司的主要业务为制药机械制造，其中特别关注压片机的制造。该公司实施严格的保密制度，认为自己的技术资料和客户信息均构成受法律保护的商业秘密。

2013年8月，东富龙公司进入压片机领域，并开始与天祥·健台公司的核心团队接触。2014年，三名员工应某愉、沈某和周某荣，从天祥·健台公司跳槽至东富龙公司，并开始参与东富龙公司压片机的研发工作。

2016年5月，天祥·健台公司发现，由明兴公司购买的东富龙公司生产的旋转式压片机与其压片机高度相似。基于这一发现，天祥·

① 上海市高级人民法院民事判决书，（2019）沪民终129号。

健台公司诉至法院，要求判令被告停止侵权行为，赔偿损失并消除影响。东富龙公司及其员工辩称，首先，他们所使用的技术资料并不构成商业秘密，因为天祥·健台公司并未采取足够的保密措施；其次，东富龙公司的压片机是自主研发的，所用的零部件如蜗轮、蜗杆均来源于第三人浙江台玖精密机械有限公司（以下简称台玖公司），因此是合法的；最后，天祥·健台公司要求的赔偿金额没有明确的事实依据。

明兴公司也提出了反驳，主要是明确其并不是此案的直接当事人，其与天祥·健台公司之间是上下游关系，没有交叉的技术秘密。明兴公司通过合法招标选择了东富龙公司为合作伙伴，是因为其设备和技术得分较高。

台玖公司则表示，其只是根据东富龙公司提供的图纸进行加工，而且仅涉及压片机中的蜗轮、蜗杆部分。经审查，天祥·健台公司的设计图纸与东富龙公司的图纸在技术参数和图形表达上基本相同。庭审中，东富龙公司承认其使用了天祥·健台公司的技术秘密，但这些技术是从台玖公司处购买所得。

判例分析

本案涉及的争议焦点是使用侵害商业秘密的产品是否构成不正当竞争行为。

根据《反不正当竞争法》第 9 条的规定，擅自使用权利人的商业秘密构成侵权。使用是最常见的侵害商业秘密的行为，但《反不正当竞争法》的规定并未明确侵害技术秘密产品的购买者在经营活动中的使用行为是否构成侵犯商业秘密，实践中对于如何认定何为反不正当竞争法规制的使用商业秘密的行为仍存在一定的争议。

《反不正当竞争法》针对侵害商业秘密的行为规定了“使用”的

定义，但这一使用的定义应关注对商业秘密内容的直接使用，而不涉及使用由商业秘密生产的侵权产品的后续销售或购买者的使用行为。

从竞争的本质来看，竞争在本质上是多个经营者在市场上为交易机会相争夺。侵权产品的终端用户并非为了与商业秘密的权利人争取市场份额，故不构成不正当竞争。如在本案中，明兴公司与天祥·健台公司之间并无直接竞争关系，故明兴公司使用的侵权产品并未导致天祥·健台公司的权益受损。

从不正当竞争的行为和后果来看，商业秘密的不正当使用主要是直接用于生产活动，获取经济利益或增强竞争优势。当侵权产品完成时，其损害效果也随之产生，对此产品的后续使用只是损害效果的延续。如在本案中，明兴公司购买并使用的侵权产品，并未进一步侵害天祥·健台公司的商业秘密。

从行为发生的场域来看，反不正当竞争法主要关注市场行为。终端用户购买的侵权产品已经退出市场竞争，不会实际侵害商业秘密权利人的利益。若终端用户使用购买的侵权产品被认为有可责性，则不利于市场交易，可能会扰乱竞争秩序。与商标法比较而言，商标法针对商标侵权行为有明确规定，但并未将购买并使用侵权商品的行为视为侵权行为。同理，反不正当竞争法作为与商标法相辅相成的法律，购买并使用侵害商业秘密的产品同样不应被视为不正当竞争行为。天祥·健台公司主张的涉案技术信息符合商业秘密的保护条件，应当受到反不正当竞争法的保护。

综上所述，周某荣、应某愉、沈某均具有接触天祥·健台公司涉案技术秘密的可能性，在天祥·健台公司处离职后均在东富龙公司处工作，均存在向东富龙公司披露涉案技术秘密的可能，但无法确定具体的披露人，故周某荣、应某愉、沈某应对东富龙公司擅自使用涉案技术秘密的不正当竞争行为承担连带责任。明兴公司系被控侵权产品的使用者，其通过公开招标程序从东富龙公司处购买被控侵权产品并使用，不属于反不正当竞争法的调整范围，且现有证据无法证明明兴公司知道该产品系侵权产品，而明兴公司能够提供该产品的购买合同，支付了相应的对价，故明兴公司不构成《反不正当竞争法》规定的擅自使用天祥·健台公司涉案技术秘密的行为，亦无须停止使用含有被控侵权蜗轮、蜗杆的压片机。

风险提示

在当前的经济环境中，商业秘密为企业的核心竞争力提供了关键支持。商业秘密可能涉及技术信息、经营策略、客户名单、市场研究报告等，任何商业秘密的泄露或不当使用可能导致企业遭受巨大的经济损失和竞争劣势。

企业应提高保护商业秘密的法律意识。技术信息和经营信息等商业秘密，是企业的无形资产和核心竞争力。当今社会市场竞争极其激烈，企业不但需要努力开发新市场，更应重视如何保护企业的商业秘密等知识产权，这是企业在市场竞争中立于不败之地的关键。企业应当增强商业秘密受法律保护的意识，严密保护企业的商业秘密，防止商业秘密遭受他人侵害给企业造成损失，同时要注意遵守相关法律法规，杜绝因侵犯他人商业秘密的行为而获刑的可能性。

企业需确定商业秘密保护的具体范围，虽然商业秘密受法律保护，但认定侵犯商业秘密并非易事。在司法实践中，商业秘密案件的审理，权利人都必须先行明确其商业秘密的范围——明确秘密点，很多案件的争议焦点就是商业秘密范围的认定。因此，笔者建议，企业应做好事前的风险防控工作，提高商业秘密管理水平，将隐患尽可能消除于萌芽状态。按照《反不正当竞争法》的规定，商业秘密是指不为公众所知悉、具有商业价值并经权利人采取相应保密措施的技术信息、经营信息等商业信息。因此，商业秘密包括技术信息和经营信息两部分。企业在商业秘密管理中应明确所需保密的技术信息和经营信息的范围。一般来说，技术信息包括技术设计、技术样品、质量控制、应用试验、工艺流程、工业配方、化学配方、制作工艺、制作方法、计算机程序等。作为技术信息的商业秘密，也被称作技术秘密、专有技术、非专利技术等，在国际贸易中往往被称为 Know – How。而经营信息则主要包括发展规划、竞争方案、管理诀窍、客户名单、货源、客户情报、价格方案、产销策略、财务状况、投融资计划、标书标底、谈判方案等。待商业秘密的内容确定后，则需要根据商业秘密的重要性将商业秘密划分为绝密、机密和秘密三个不同密级，根据不同的密级，可以设置不同级别的保护力度和保护期限。

企业需注意采取具体有效的保密措施。商业秘密作为一种通过权利人自我保护的方式而存在的重要无形资产，具备保密措施是其受法律保护的内在要求。特别是在刑事案件中，对保密措施的考察有更严格的标准。作为商业秘密保护的信息，权利人在主观上必须有将该信息作为秘密进行保护的意识，而且在客观上还应当实施了相应的保密措施。在商业秘密的三个法定构成要件中，保密性是需要通过主动措施来完成的，企业应予重视，如果保密信息得不到合理保密措施的保护，则可能因丧失秘密性而不被法律保护。

企业需注意防范因“挖人才”招致侵犯商业秘密罪的刑事风险。因人才流动带走商业秘密的问题在司法实践中十分突出，企业既要在知识产权合规管理中加强保密措施，防止因人才流动损害企业权益，也应避免通过不正当手段吸引人才、进行不正当的人才交易。企业应警惕新员工带来前东家的商业秘密，导致承担刑事责任。在江西亿铂公司等侵犯商业秘密罪案中，被告人余某宏等人违反约定，披露、使用、允许他人使用所掌握的商业秘密，被告单位江西亿铂公司、中山沃德公司使用明知是他人非法披露的商业秘密，给商业秘密权利人造成特别严重后果，其行为均已构成侵犯商业秘密罪，分别被判处罚金人民币4500万元以及罚金人民币3000万元。按照《刑法》第219条第2款之规定，“明知前款所列行为，获取、披露、使用或者允许他人使用该商业秘密的，以侵犯商业秘密论”。由此可见，如果明知或应知他人实施侵犯商业秘密的行为，仍获取、披露、使用或者允许他人使用该商业秘密的，以侵犯商业秘密罪论处。上文所提及的“侵犯商业秘密巨额罚金案”，正是企业通过挖人才侵犯了前东家的商业秘密，江西亿铂公司、中山沃德公司被判侵犯商业秘密罪、判处巨额罚金，若非知法犯法，也说明该两公司的法律意识淡薄，其他公司应引以为戒。

总之，商业秘密的使用和保护对于现代企业至关重要。企业应认真对待这一问题，采取必要的措施，确保其经营活动不会因不当使用商业秘密而遭受损失或被迫卷入相关法律诉讼。

法条链接

《中华人民共和国反不正当竞争法》

第九条 经营者不得实施下列侵犯商业秘密的行为：

（一）以盗窃、贿赂、欺诈、胁迫、电子侵入或者其他不正当手段获取权利人的商业秘密；

（二）披露、使用或者允许他人使用以前项手段获取的权利人的商业秘密；

（三）违反保密义务或者违反权利人有关保守商业秘密的要求，披露、使用或者允许他人使用其所掌握的商业秘密；

（四）教唆、引诱、帮助他人违反保密义务或者违反权利人有关保守商业秘密的要求，获取、披露、使用或者允许他人使用权利人的商业秘密。

经营者以外的其他自然人、法人和非法人组织实施前款所列违法行为的，视为侵犯商业秘密。

第三人明知或者应知商业秘密权利人的员工、前员工或者其他单位、个人实施本条第一款所列违法行为，仍获取、披露、使用或者允许他人使用该商业秘密的，视为侵犯商业秘密。

本法所称的商业秘密，是指不为公众所知悉、具有商业价值并经权利人采取相应保密措施的技术信息、经营信息等商业信息。

知识拓展

在当今全球化的经济环境中，企业之间的分工与合作日益紧密与活跃。合作伙伴企业之间的商业秘密管理，凸显出日趋重要的作用。合作伙伴企业、合作企业内部的员工，也可能是与合作伙伴有业务往来的其他公司或个人，他们可能由于经济诱惑、职业操守缺失、法律法规意识淡薄等各种原因，而选择泄露商业秘密。这种风险是无法完全避免的，企业只能通过加强内部管理和合同约束，并在风险发生时积极应对，尽可能地降低这种风险。

除泄露风险外，商业合作中有关商业秘密的风险还表现为多种形式，如窃取商业秘密，即竞争对手可能会通过不正当手段窃取企业的商业秘密。尤其是在竞争对手与商业秘密的持有者与同一个合作伙伴合作时，相互之间的参考、借鉴是不可避免的。不可否认的是，同行之间的参考、借鉴是有利于行业发展的好事，但是参考、借鉴的行为必须控制在合法的范围之内。参考、借鉴者不能窃取他人的商业秘密，否则将会涉嫌违法犯罪。而每个企业也都应采取合理、多样化的知识产权保护手段，避免本企业的知识产权被合法的“参考、借鉴”，成为他人的财富。

此外，还可能存在商业秘密被不当使用的风险，合作伙伴可能会利用其地位和权限，获取其他合作伙伴的商业秘密，为了谋求自己的利益而不正当地使用。在合作伙伴具有优势地位时，商业秘密的持有者往往处于维权不能的境地。同时，在合作过程中，企业也可能随时面对政策法规的调整、市场竞争的加剧、技术的更新换代等变化，合作双方需要保持足够的灵活性和应变能力，始终保证商业秘密处于被合理使用的状态。

第五章 其他常见企业法律风险

除前述章节内容外，企业还应当在合规建设中对环境资源评价、不正当竞争行为等进行重点审查。笔者将其他常见企业法律风险分为两大类，即宏观层面的常见法律风险与企业自身层面的常见法律风险。具体而言，宏观层面的常见法律风险，包括对环境资源评价的审查、垄断行为的审查以及对不正当竞争行为的审查等法律风险，诸如此类的法律风险，将造成企业面临难以估量的法律责任承担问题。而企业自身层面的常见法律风险，则包括招投标投资项目、个人信息保护失灵以及错误资金结算方式等可能出现的法律风险。

本章选取与之相关的具有代表性的司法判例 6 则，旨在强调环境资源评价、不正当竞争行为等企业合规审查中的重点内容，为企业提示相关法律风险，并提供具有一定参考意义的法律建议。

一、宏观层面的重点法律风险

企业对宏观层面法律风险的把握，是企业能否保持稳定且快速发展的重中之重。宏观方向的事务主要包括对环境资源评价的审查、对垄断行为的审查以及对不正当竞争行为的审查等。

在对环境资源评价的审查方面，企业需要审慎评估和利用环境资源，确保实现合理的资源配置和环境保护。这涉及对环境的综合评估，包括自然资源的使用情况和可持续性审查，以及对企业的环境影响的评估和控制。

在对垄断行为的审查方面，企业需要严格遵守反垄断法的相关规定，并主动与相关监管机构进行合作，确保市场竞争的公平和自由。除遵守法规外，企业还应加强内部建设，完善监管和控制机制，预防垄断行为的发生。同时，企业应加强市场调研和竞争分析，提高自身的竞争力，为消费者提供更好的产品和服务。

在对不正当竞争行为的审查方面，企业需要增强自身的法律意识和合规意识，加强对不正当竞争行为的识别和防范。企业应当建立健全的内部制度和流程，加强知识产权保护，与业界和相关部门联手打击各种不正当竞争行为。

（一）环境影响评价的审查

聊城德丰化工有限公司、濮阳市人民政府环境污染责任纠纷案①

关键词

环境污染责任纠纷　非法处置　环境侵权

案情简介

聊城德丰化工有限公司（以下简称德丰公司）成立于 2010 年 4 月 27 日，经营范围中包含盐酸的生产与销售。

德丰公司提交的生态环境损害磋商建议书回复意见载明，德丰公司一直向具备购销资格的如云祥公司等开展正常购销业务。濮阳市人民政府提交的德丰公司于 2019 年 3 月 29 日出具的《情况说明》显示，祥泰公司处置德丰公司的盐酸。

濮阳县人民法院（2019）豫 0928 刑初 254 号刑事判决书及濮阳市中级人民法院（2019）豫 09 刑终 254 号刑事裁定书认定：2017 年 12 月至 2018 年 3 月，吴某勋、翟某花预谋后，租用白某廷的搅拌站，由吴某勋与徐某华、徐某超（均另案处理）联系，让李某兵驾驶危险品罐车，从德丰公司运输废酸液到白某廷搅拌站共 27 车，每车装载

① 最高人民法院民事裁定书，（2021）最高法民申 5845 号。

约13吨。吴某勋、翟某花、白某廷、李某兵将4车废酸液直接排放到濮阳县回木沟，又将23车废酸液存放到白某廷搅拌站内的玻璃钢罐内，白某廷将其中6车废酸液与石沫进行搅拌中和后作为修路材料出售，吴某勋、翟某花、白某廷、李某兵将剩余17车废酸液排放到回木沟，致使回木沟及金堤河岳辛庄段严重污染。经鉴定，非法排放的酸液系具有强酸腐蚀性的危险废物。吴某勋供述称，其通过徐某华和徐某超联系，从德丰公司拉废酸，徐某华和徐某超每吨给其200元到230元、240元不等，李某兵驾驶的危险品罐车属于三类车。时任德丰公司总经理沈某华证言称，德丰公司正常生产一天会产生30吨盐酸，盐酸是其公司副产品，副产品行情好时可以卖钱，50～100元/吨，行情不好时，需要补贴200～300元/吨才能拉出去，只有八类罐车才能拉盐酸，从德丰公司装盐酸，要提供危险品驾驶证、行驶证、车辆营运证、押运证。

天地人公司于2018年5月26日出具《濮阳市金堤河子岸段河水污染应急处置决算报告书》，载明应急处置费用1389000元。2018年12月18日，天地人公司向濮阳县环境保护局开具1389000元的河南增值税普通发票。2019年11月9日，濮阳市人民政府与乾坤公司签订《技术咨询合同》，委托乾坤公司对“关于被告人吴某勋等四人污染环境一案”涉及的回木沟和金堤河损害进行价值评估，支付评估费80000元。乾坤公司于2019年11月出具《涉“关于被告人吴某勋等四人污染环境一案”回木沟和金堤河损害价值评估报告》，该评估报告载明：本次环境污染事件中废液间断性地倾倒入地表河流中，地表水环境不能通过修复或恢复工程完全恢复。

判例分析

本案系河南省首例由地级市人民政府作为原告提起的生态环境损

害案件，受污染的金堤河更是黄河下游重要的支流。濮阳因位于古黄河重要支流之一濮水之北而得名，母亲河黄河孕育了灿烂的濮阳文化，素有“中华龙乡”“颛顼之都”之美称，黄河流经濮阳 167.5 公里后，在台前县进入德丰公司的注册地山东省。濮阳市人民政府对业已确定的损失提起诉讼，依法应予支持；对于未提起诉讼的其他本案审理时未发现的生态环境损失，有权提起民事公益诉讼的机关或社会组织、有权提起生态环境损害诉讼的主体可依据《最高人民法院关于审理生态环境损害赔偿案件的若干规定（试行）》第 18 条的规定另行起诉。濮阳市人民政府虽未诉请德丰公司赔礼道歉，但德丰公司负有污染防治的义务和社会责任，应主动赔礼道歉，以警示其他企业，提升全社会生态环境保护意识。

一审法院认为，德丰公司将副产品盐酸交由不具备处置资质的主体处置，导致生态环境受到严重损害，应当承担赔偿责任。同时，为促进市场主体积极投身生态环境保护事业，酌定德丰公司参与生态环境治理、技术改造、购买环境责任保险等事项的投入费用，可在本案环境损害赔偿费一定额度内按比例折抵。最终判决德丰公司赔偿濮阳市人民政府应急处置费 138.90 万元、评估费 8 万元、环境损害赔偿费 404.74 万元，其中环境损害赔偿费可由德丰公司以参与相关水域生态环境治理工程支出的费用、技术改造、购买环境污染责任险等方式在一定额度内予以抵扣。河南省高级人民法院二审维持原判。

最高人民法院认为，本案所涉盐酸是德丰公司在生产过程中产生的副产品盐酸，具有强烈的腐蚀性，属于危险化学品。德丰公司将副产品盐酸提供给祥泰公司、云祥公司，实质是将副产品盐酸交由祥泰公司、云祥公司进行处置，并向其支付相应的费用。在无证据证明云祥公司、祥泰公司具有处置危险废物资质的情况下，德丰公司将副产品盐酸提供给两公司处置，违反法律规定。吴某勋、翟某花等人按徐某华、徐某超的指示到德丰公司运输副产品盐酸，并将副产品盐酸非法倒入回木沟造成环境污染。德丰公司向吴某勋、翟某花等人提供副产品盐酸且放任其非法处置的行为，与案涉环境污染损害结果之间具有因果关系。一审、二审法院认定德丰公司承担相应的生态环境损害赔偿法律责任，并无不当。

最终最高人民法院驳回了聊城德丰化工有限公司的再审申请。

风险提示

企业在进行合规审查时，必须对环境影响评价领域涉及的相关风险进行评估。环境影响评价是一项重要的程序，旨在评估企业活动对环境造成的潜在影响，并为决策提供科学依据。然而，在进行环境影响评价审查时，以下几点需要注意。

首先，企业在进行环境影响评价的合规审查时，可能存在缺乏全面、准确和及时的数据或信息，导致评估结果不准确或片面的情况。因此，在进行合规审查时，应确保收集充分的数据和信息，并进行合理的分析和解释。

其次，企业可以与相关政府部门或独立机构合作，以获取最新的环境数据、监测报告和相关研究成果。这些数据和信息可以涵盖空气质量、水质、土壤污染、噪声等方面的指标，帮助企业全面了解环境状况。企业还可以通过与当地社区、居民和环保组织的合作，获取更详细的信息。例如，企业可以邀请当地居民参与环境影响评价过程，听取他们对环境问题的看法和担忧。同时，企业还可以就环境影响评价方案进行公开征求意见，并召开公众参与会议，以便收集更多的观点和建议。在收集到充分的数据和信息后，企业应进行合理的分析和解释。企业应聘请专业的环境顾问或科研人员，根据收集到的数据和信息，运用专业方法和工具进行科学分析。该分析结果应该真实可信，并能够解释评估结果的合规性和可靠性。在解释分析结果时，企业应尽量避免片面或主观，应该以客观、全面和科学的方式来解释评估结果。此外，企业还应就评估结果与可行的环保措施之间的关系进行清晰的说明，以便为企业的决策提供科学依据。

最后，企业合规审查可能受到政策和法律法规的影响，特别是环境保护相关的政策和法律法规。企业在进行合规审查时，需要遵循相关法律法规要求，确保评价工作的合法性和合规性。企业合规审查中的环境影响评价审查风险提示企业需要重视并全面评估环境状况，以确保环境影响评价工作的科学性、准确性和合规性，避免可能由此产生的难以估量的法律责任。

法条链接

《中华人民共和国民法典》

第一千二百二十九条 因污染环境、破坏生态造成他人损害的，侵权人应当承担侵权责任。

第一千二百三十条 因污染环境、破坏生态发生纠纷，行为人应当就法律规定的不承担责任或者减轻责任的情形及其行为与损害之间不存在因果关系承担举证责任。

第一千二百三十一条 两个以上侵权人污染环境、破坏生态的，承担责任的大小，根据污染物的种类、浓度、排放量，破坏生态的方式、范围、程度，以及行为对损害后果所起的作用等因素确定。

《中华人民共和国环境保护法》

第六条 一切单位和个人都有保护环境的义务。

地方各级人民政府应当对本行政区域的环境质量负责。

企业事业单位和其他生产经营者应当防止、减少环境污染和生态破坏，对所造成的损害依法承担责任。

公民应当增强环境保护意识，采取低碳、节俭的生活方式，自觉履行环境保护义务。

知识拓展

企业进行环境影响评价的合规审查是为了评估企业在进行新项目或者改建项目时对环境产生的影响，相关审查结果直接关系到企业决策和运营的方向，可能会带来重大影响。因此，在评估相关法律风险时，企业需要进行全面的分析，综合考虑各种因素，并采取相应的措施以降低潜在的风险。

首先，企业在审查过程中需要详细了解并评估项目可能对环境带来的影响，包括对大气、水质和土壤等方面的潜在风险进行细致的分析。例如，如果企业计划在某个区域建设工厂，就需要考虑工厂在运营过程中可能排放的废气对当地大气质量的影响，以及废水排放可能对附近水源造成的污染风险。

其次，环境影响评价的审查还需要考虑社会和经济因素。企业需要评估项目可能给当地居民带来的社会影响，如就业机会、社会服务设施的增加等，这有助于企业更好地了解项目对当地社区的价值和可持续性。同时，企业还需要评估项目对企业自身经济利益的影响，包括投资成本、运营成本和预期收益等。

最后，为了降低潜在的风险，企业需要采取相应的环境措施。这些措施可能包括改善工艺技术减少排放物的产生，优化资源利用降低环境负荷，制订环保措施和应急预案等。此外，企业还需要制订适合项目的监测和评估计划，以及定期进行环境性能评估。

企业在进行环境影响评价的合规审查时需要全面评估风险，并采取各种相应的措施来降低潜在的影响。通过深入研究和考虑各种因素，企业可以更好地管理和控制项目对环境和社会的影响，实现可持续发展。

（二）垄断行为的认定

北京奇虎科技有限公司与腾讯科技（深圳）有限公司、深圳市腾讯计算机系统有限公司滥用市场支配地位纠纷案[①]

关键词

滥用市场支配地位　垄断　捆绑销售

案情简介

北京奇虎科技有限公司（以下简称奇虎公司）、奇智软件（北京）有限公司于2010年10月29日发布扣扣保镖软件。2010年11月3日，腾讯科技（深圳）有限公司（以下简称腾讯公司）发布《致广大QQ用户的一封信》，在装有360软件的电脑上停止运行QQ软件。11月4日，奇虎公司宣布召回扣扣保镖软件。同日，360安全中心亦宣布，在国家有关部门的强力干预下，目前QQ和360软件已经实现了完全兼容。2010年9月，QQ即时通信软件与QQ软件管理一起打包安装，安装过程中并未提示用户将同时安装QQ软件管理。2010年9月21日，某公司发出公告称，正在使用的QQ软件管理和QQ医生将自动升级为QQ电脑管家。

奇虎公司诉至广东省高级人民法院，指控腾讯公司滥用其在即时

① 最高人民法院民事判决书，（2013）民三终字第4号。

通信软件及服务相关市场的市场支配地位。奇虎公司主张，腾讯公司和深圳市腾讯计算机系统有限公司（以下简称腾讯计算机公司）在即时通信软件及服务相关市场具有市场支配地位，两公司明示禁止其用户使用奇虎公司的 360 软件，否则停止 QQ 软件服务；拒绝向安装有 360 软件的用户提供相关的软件服务，强制用户删除 360 软件；采取技术手段，阻止安装了 360 浏览器的用户访问 QQ 空间，上述行为构成限制交易；腾讯公司和腾讯计算机公司将 QQ 软件管家与即时通信软件相捆绑，以升级 QQ 软件管家的名义安装 QQ 医生，构成捆绑销售。请求判令腾讯公司和腾讯计算机公司立即停止滥用市场支配地位的垄断行为，连带赔偿奇虎公司经济损失 1.5 亿元。

判例分析

法院认为，本案中涉及的争议焦点有以下几个：一是如何界定本案中的相关市场；二是被上诉人是否具有市场支配地位；三是被上诉人是否构成反垄断法所禁止的滥用市场支配地位行为。

关于如何界定本案中的相关市场问题。法院认为，本案相关市场应界定为中国即时通信服务市场，既包括个人电脑端即时通信服务，又包括移动端即时通信服务；既包括综合性即时通信服务，又包括文字、音频以及视频等非综合性即时通信服务。

关于腾讯公司是否具有市场支配地位问题。法院从市场份额，相关市场的竞争状况，被诉经营者控制商品价格、数量或者其他交易条件的能力，该经营者的财力和技术条件、其他经营者对该经营者在交易上的依赖程度，其他经营者进入相关市场的难易程度等方面，对腾讯公司是否具有市场支配地位进行考量和分析，最终认定本案现有证据不足以支持腾讯公司具有市场支配地位的结论。

关于腾讯公司是否构成反垄断法所禁止的滥用市场支配地位行为

问题。对此本案主要涉及两个方面：一是关于腾讯公司实施的“产品不兼容”行为（用户二选一）是否构成反垄断法禁止的限制交易行为。法院认为，虽然其实施的“产品不兼容”行为给用户造成了不便，但是并未导致排除或者限制竞争的明显效果。这一方面说明腾讯实施的“产品不兼容”行为不构成反垄断法所禁止的滥用市场支配地位行为，也从另一方面佐证了其不具有市场支配地位的结论。二是腾讯公司是否构成反垄断法所禁止的搭售行为，对此法院认为，奇虎公司所述的“腾讯公司将 QQ 软件管家与即时通信软件捆绑搭售，并且以升级 QQ 软件管家的名义安装 QQ 医生，不符合交易惯例、消费习惯或者商品的功能，消费者的选择权受到了限制”的上诉观点不具有正当理由。

奇虎公司提起上诉，最高人民法院驳回了奇虎公司的上诉请求，维持原判。

对滥用市场支配地位行为的裁判，一般从对相关市场的界定、对市场支配地位的认定以及判断是否存在滥用市场支配地位行为三个方面进行。

从法院裁判思路不难发现，对于上述三个方面而言，界定相关市场通常是重要的分析步骤，是评估经营者的市场力量及被诉垄断行为对市场竞争影响的重要工具，但是并非在每一个滥用市场支配地位的案件中均必须明确而清楚地界定相关市场，即使不明确界定相关市场，也可以通过排除或者妨碍竞争的直接证据对被诉经营者的市场地位及被诉垄断行为可能的市场影响进行评估。而对于企业主体而言，一般以市场份额作为判断其市场支配地位的重要依据，但是在互联网背景下，企业主体之间的竞争存在高度的动态性，相关市场的边界远不如传统领域清晰，且具有市场支配地位本身并不违法，实际上企业的市场支配地位可能受互联网企业主体的经营模式、用户数量、网络效应、数据处理能力、市场影响力等众多因素的影响。

风险提示

在互联网时代背景下，互联网企业主体借助行业特性及自身战略等因素得以野蛮生长，在造就了众多行业巨头的同时，对其实施垄断行为的调查也随之而来。对于企业而言，在面临反垄断执法机构的调查时，应当积极履行自身所应当履行的义务，正确对待反垄断执法机构的调查，消除或降低涉嫌垄断行为的不利影响。

具体而言，企业应当对自身开展反垄断合规检查，必要时聘请第三方评估机构进行反垄断合规评估，若存在达成或实施垄断协议、滥用市场支配地位，未经申报而实施的经营者集中行为等情形，应及时主动地向反垄断执法机构报告，在行为尚未被发现之前就主动报告或揭发检举违法、违规行为，以期达到责任的部分免除或全部免除。对于达成横向垄断协议的经营者，可以注意对宽大制度的适用，即通过主动向反垄断执法机构自首，报告所达成的垄断协议并提供重要证据，反垄断执法机构可以酌情减轻或者免除对该经营者的处罚。

在已经面临反垄断执法机构的调查时，经营者应当配合反垄断执法机构的调查，积极履行协助调查的义务，提供相关证据、资料，不从事任何阻碍调查，隐匿、销毁、转移证据，或者提供虚假或误导性材料、信息的行为。经营者可以在反垄断调查过程中向反垄断执法机构提出承诺，在固定的期限内纠正自身行为并主动采取措施消除行为后果，提出中止调查的书面申请。在反垄断执法机构接受承诺的情况下，积极采取措施以争取获得终止调查的最优结果。

对于大型企业而言，建议聘请反垄断领域的专家或律师，向其咨询企业反垄断合规过程中遇到的问题。

法条链接

《中华人民共和国反垄断法》

第二十二条 禁止具有市场支配地位的经营者从事下列滥用市场支配地位的行为：

（一）以不公平的高价销售商品或者以不公平的低价购买商品；

（二）没有正当理由，以低于成本的价格销售商品；

（三）没有正当理由，拒绝与交易相对人进行交易；

（四）没有正当理由，限定交易相对人只能与其进行交易或者只能与其指定的经营者进行交易；

（五）没有正当理由搭售商品，或者在交易时附加其他不合理的交易条件；

（六）没有正当理由，对条件相同的交易相对人在交易价格等交易条件上实行差别待遇；

（七）国务院反垄断执法机构认定的其他滥用市场支配地位的行为。

具有市场支配地位的经营者不得利用数据和算法、技术以及平台规则等从事前款规定的滥用市场支配地位的行为。

本法所称市场支配地位，是指经营者在相关市场内具有能够控制商品价格、数量或者其他交易条件，或者能够阻碍、影响其他经营者进入相关市场能力的市场地位。

知识拓展

笔者对典型的滥用市场支配地位的行为进行了归纳，以期为企业垄断行为的合规审查提供参考。

1. 关于商品或服务的价格

一是以不公平的高价销售商品或者以不公平的低价购买商品，即具有市场支配地位的经营者，在相同或者相似的市场条件下，以明显不合理的价格销售或购买同种商品或者可比较商品，或以明显不合理的比例大幅降低商品购买价格，都有可能构成不公平价格行为。

二是没有正当理由，以低于成本的价格销售商品，即经营者是否以低于成本的价格排挤具有竞争关系的其他经营者，是否可能在将其他经营者排挤出市场后再提高价格以获取不当利益、损害市场公平竞争和消费者合法权益等情况。例如，经营者通过对消费者发放大额补贴、优惠券等方式，获得用户规模、将竞争对手排挤出市场后，取消补贴，加高商品或服务价格以获取不当利益，就将面临较高的可能性被认定为滥用市场支配地位行为。但是，基于开展新业务、吸引新用户、进行商品或服务的促销等原因，在合理期限内通过补贴、优惠等方式提供商品和服务，一般可以认为是《反垄断法》第 22 条所述的正当理由。

2. 针对交易本身

一是没有正当理由，拒绝与交易相对人进行交易。具有市场支配地位的平台经营者，没有正当理由而干涉平台内经营者的平台使用，或其与交易相对方已经存在与可能发生的正常交易，或通过技术手段，直接或间接地阻断相关交易，就将面临较高的垄断行为风险。

二是没有正当理由，限定交易相对人只能与其进行交易或者只能与其指定的经营者进行交易，既包括通过合同等方式进行直接限定，也包括“利诱”等方式在内的间接限定。互联网经济中，最典型的限定交易方式就是“二选一”的独家交易方式，即通过独家协议等方式，要求交易相对人进行“二选一”，排除和限制现在或潜在的竞争者，除非有可以采信的正当理由，否则此类行为将面临较大的限定行为认定风险。

三是没有正当理由搭售商品，或者在交易时附加其他不合理的交易条件，即本案例中法院的裁判依据。经营者利用其市场支配地位，将不同商品或服务项目的费用捆绑在一起向消费者收取，侵害了消费者的消费选择权，不利于其他服务提供者进入相关市场。如常见的在用户产品软件或应用程序的下载过程中，捆绑下载其他软件或应用程序的行为，就可能被认定为属于滥用市场支配地位的行为。因此，企业主体应当以适当方式告知用户，保障用户选择权，降低法律风险。

3. 对于不同相对方的差别待遇

没有正当理由，对条件相同的交易相对人在交易价格等交易条件上实行差别待遇。对于互联网经营者而言，由于其在经营过程中获取了大量的交易相对人的消费习惯、支付能力等数据信息，可能借此实现差异的价格或交易条件，包括不同的价格定位，不同的付款方式、优惠折扣等交易条件，这将会造成对消费者的差别待遇。部分企业主体利用数据优势，通过技术手段向已有客户收取“高价”，通过“低价”吸引潜在客户，对消费者在同一商品或服务上实施差异化待遇的“大数据杀熟”行为，也具有较高的垄断行为风险。

（三）不正当竞争行为的认定

浙江苏泊尔股份有限公司与浙江巴赫厨具有限公司、浙江中康厨具有限公司商业诋毁纠纷案[1]

关键词

不正当竞争　商业诋毁　商业信誉

案情简介

2019年10月21日，《羊城晚报》A3版面刊登整版广告，内容为："苏白尔：感谢你，要不是你的模仿，无人知晓蜂窝不粘锅原创发明者是我。专利号：ZL20131008××××.6KBH康巴赫10月23日广州香格里拉大酒店见分晓扫码见证原创"，附有二维码。扫描上述二维码，跳转显示为一份《声明》，内容包括"我公司发现浙江苏泊尔股份有限公司在未经授权的情况下，盗用康巴赫'蜂窝不粘专利技术'并仿造、销售侵权产品，严重损害了康巴赫的合法权益""其他厂商或个人，生产、推广、销售含有'蜂窝不粘专利技术'的产品，均已构成侵权""令人遗憾的是，作为国际巨头赛博集团的子公司，苏泊尔却在未经康巴赫许可授权的情况下，盗用康巴赫'蜂窝不粘专利技术'，并围绕该专利技术生产、销售了一系列的侵权产品

① 浙江省高级人民法院民事判决书，（2021）浙民终250号。

（包括但不限于苏泊尔 CC32JA1 套装），严重损害了康巴赫的合法权益”“康巴赫敬告苏泊尔，请立即停止生产并及时召回涉嫌侵权的所有产品；同时，康巴赫保留追究苏泊尔相关法律责任的权利”。

2019 年 10 月 28 日，《人民日报》《国际金融报》刊载报道《独家丨康巴赫诉苏泊尔侵害专利一案已正式立案，维权大战正式开启》。

2019 年 11 月 13 日，浙江巴赫厨具有限公司（以下简称巴赫公司）官网及“康巴赫”微信公众号上发布《德国康巴赫勇夺双十一三连冠，蜂窝锅 C 位出道》一文，载明：“据悉，德国康巴赫以蜂窝锅原创发明者的身份在双十一前夕召开发布会，号召行业和消费者共同保护知识产权，维护产权拥有者的合法权利，共创健康有序的行业秩序。虽然事件本身并未有司法层面的论断，但双十一的销售额数据也充分说明消费者对于‘原创发明者’称号归谁这一问题早在心中有了论断。”

2019 年 11 月 23 日，巴赫公司官网发布《康巴赫诉苏泊尔百亿专利侵权案进展：康巴赫守住蜂窝核心专利》一文，载明“虽然目前针对专利维权的案件暂未得出司法上的判决结果，但康巴赫在无效案件中的取胜，其实已经预示着品牌在专利维权案中，占据上风的局势越发明朗”“康巴哈尔蜂窝锅销售额也超过苏泊尔、爱仕达等传统锅销售额”“双十一的销售数据也从侧面说明消费者对于‘原创发明者称号归谁’这一问题在心中有了论断”。

巴赫公司在庭审中认可浙江苏泊尔股份有限公司（以下简称苏泊尔公司）在本案中所指控的 7 项被控侵权行为中，公司网站、微信公众号与微博中发布的信息为自行实施，其他均由与其存在合同关系的第三方实施。

苏泊尔公司在小型家电及炊具的制造、销售、技术开发等领域享有较高商誉，其认为巴赫公司通过上述行为接连发布明示或暗示苏泊尔公司生产、销售的“X 晶盾不锈钢炒锅”侵害其“蜂窝不粘锅”专利权的言论，致使其社会评价降低，给其商誉造成严重损失，构成商业诋毁。中康公司与巴赫公司在人员、业务、财务等方面交叉混同，应对被诉行为承担连带责任。苏泊尔公司遂诉至法院，请求巴赫公司、中康公司停止侵害、消除影响及赔偿经济损失1500万元（包括合理维权费用）。

判例分析

本案的主要争议焦点在于巴赫公司的被诉侵权行为是否构成商业诋毁。

法院认为，构成商业诋毁需要具备以下要件：（1）主体要件：行为主体为具有竞争关系的经营者；（2）行为要件：该经营者实施了编造、传播行为；（3）客体要件：所编造、传播的信息为虚假信息或误导性信息；（4）结果要件：对竞争对手的商业信誉、商品声誉造成损害。

1. 巴赫公司为与苏泊尔公司具有同业竞争关系的经营者

根据已查明的事实，苏泊尔公司与巴赫公司均为市场经营者，且均主要经营厨房用品，二者之间具有直接竞争关系。

2. 巴赫公司实施了被控行为

本案庭审中，巴赫公司认可前述行为中公司网站、微信公众号与微博中发布的信息均为其自行实施，其他均由与其存在合同关系的第三方实施；但否认雇佣微博大V和小号参与话题讨论、内容互动等运营微博话题的行为，认为总阅读量系微博用户自发性地蹭热度所致。法院认为，综合相关因素，根据民事诉讼高度可能性的证明标准，已足以认定大量微博转发与讨论的内容并非完全由博主自愿参与，至少有多位博主的转发系基于巴赫公司的推动，即巴赫公司实施了炒作行为，应承担相应的法律后果。

3. 前述信息构成虚假信息或误导性信息

巴赫公司所发布一系列信息的核心含义为苏泊尔公司侵害其专利

权。但巴赫公司发布上述信息时，缺乏事实依据，易对相关公众形成误导，使人误认为苏泊尔公司侵害巴赫公司专利权已属既定事实。巴赫公司所发布的上述信息属于反不正当竞争法所规制的虚假、误导性信息。

4. 巴赫公司前述行为对苏泊尔公司的商业信誉、商品声誉造成损害

首先，相关公众可以知晓巴赫公司所发布信息针对的对象为苏泊尔公司。其次，巴赫公司在缺乏事实依据的前提下，通过线上线下、传统媒体与自媒体、自有平台与第三方平台相结合的形式，大面积对外公开传递苏泊尔公司侵害其专利权的信息，甚至直接使用“虚伪”“跳梁小丑”“浑水摸鱼”“恶劣地模仿”等贬义性词汇。此举易使相关公众产生苏泊尔公司不尊重他人知识产权、凭借自身实力攫取他人智力成果，苏泊尔公司产品为侵害专利权产品的印象，进而使相关公众对苏泊尔公司的产品品质产生怀疑，显然对苏泊尔公司的商业信誉和商品声誉造成了负面影响。

综上，巴赫公司的行为违反了《反不正当竞争法》第 11 条之规定，构成了对苏泊尔公司的商业诋毁。

一审法院运用诉前临时禁令，在被诉方召开新闻发布会前送达行为保全裁定，有效阻止了商业诋毁信息的进一步扩散。二审法院在认定被诉方实施推动自媒体用户参与涉案话题讨论行为的基础上，判决其对相关的微博话题和微博内容承担停止侵害、消除影响的民事责任，并赔偿经济损失 300 万元。

风险提示

本案是规制经营者实施商业诋毁行为的典型案例。涉案商业诋毁行为的传播渠道既包括传统媒体，也包括微博、直播等网络媒介。本

案从裁判内容到判决执行乃至采取司法处罚等各环节，充分体现了人民法院依法严厉制裁商业诋毁行为、维护公平竞争市场秩序的司法导向。

随着移动互联网和电子商务的迅猛发展，各类社交平台的影响力越发扩大，大量的社交活动乃至于实质性的商品服务交易，都可以通过一部智能手机实现。微信、微博、抖音等众多社交软件的蓬勃发展，正在且已经引发了社交与信息传播的革命性变化，其所带来的影响力在相当程度上已经超越了传统的媒体方式。而商誉，则是企业主体在长期的市场经营中基于自身产品及服务等所建立起的良性的企业形象和社会评价，对于企业的未来发展具有积极的推动意义。

不法分子利用社交平台的巨大影响力，通过编造、传播虚假信息或者误导性信息，可以在相当程度上达到损害竞争对手商誉的目的。应对这一问题，企业主体首先应当审查自身行为，对员工行为作出规制，避免类似诋毁商誉类的不正当竞争行为的出现。依据《反不正当竞争法》中确立的损失赔偿规则，经营者在实施不正当竞争行为的情况下，其赔偿责任的承担与其所获得的利益相关。故即使该类不正当竞争行为的实施者可以依据该行为获利，其也将承担获利部分的赔偿责任，属“伤敌八百，自损一千”的不明智行为，得不偿失。

而企业主体在面对类似诋毁商誉类的不正当竞争行为时，首先应当做到保存相关证据，包括但不限于社交平台截图、互相沟通信息截图等证据材料，确保在后续可能的诉讼程序中握有起诉依据。同时，企业主体应当积极采取措施以避免影响的进一步扩大，一方面应与行为实施者进行沟通协商，要求其通过撤销、发布道歉声明等方式，消除产生的不良影响；另一方面也应当通过社交平台公告、出具律师函等方式，对诋毁自身商誉的行为进行回应，避免不特定公众人群受到不法分子的一面之词影响，造成自身损失的进一步扩大。在作出回应的过程中，企业主体同样应当注意证明材料的保存。在协商等方式无法解决实际问题的情况下，企业应当积极采取诉讼的途径，起诉要求不正当竞争行为实施人赔礼道歉、消除影响，并承担相应的赔偿责任。对于损害商业信誉、商品声誉，造成重大损失或者有其他严重情节的行为，还可以依据《刑法》第221条之规定，要求其承担刑事责任，最大限度地维护自身的合法权益。

法条链接

《中华人民共和国反不正当竞争法》

第十一条 经营者不得编造、传播虚假信息或者误导性信息，损害竞争对手的商业信誉、商品声誉。

第十七条 经营者违反本法规定，给他人造成损害的，应当依法承担民事责任。

经营者的合法权益受到不正当竞争行为损害的，可以向人民法院提起诉讼。

因不正当竞争行为受到损害的经营者的赔偿数额，按照其因被侵权所受到的实际损失确定；实际损失难以计算的，按照侵权人因侵权所获得的利益确定。经营者恶意实施侵犯商业秘密行为，情节严重的，可以在按照上述方法确定数额的一倍以上五倍以下确定赔偿数额。赔偿数额还应当包括经营者为制止侵权行为所支付的合理开支。

经营者违反本法第六条、第九条规定，权利人因被侵权所受到的实际损失、侵权人因侵权所获得的利益难以确定的，由人民法院根据侵权行为的情节判决给予权利人五百万元以下的赔偿。

知识拓展

企业主体对于在生产经营中基于商业判断所作出的商业行为，应当判断其是否属于不正当竞争行为，以规避可能面临的法律风险。基于上述判例，建议企业主体从以下两个层面对自身作出的商业行为作出是否属于不正当竞争行为的商业判断。

第一，企业主体应当判断所作出的商业行为是否为《反不正当竞争法》中所列举的不正当竞争行为，具体包括：

(1) 经营者在市场经营活动中，以不实手法对商品或服务作虚假表示、说明或承诺，或不当利用他人的智力劳动成果推销自己的商品或服务，使用户或者消费者产生误解，扰乱市场秩序、损害同业竞争者的利益或者消费者利益的行为。

(2) 经营者为争取交易机会，暗中给予交易对方有关人员和能够影响交易的其他相关人员以财物或其他好处的行为。

(3) 经营者利用广告和其他方法，对产品的质量、性能、成分、用途、产地等所作的引人误解的不实宣传行为。

(4) 经营者以不当手段获取披露、使用他人商业秘密的行为。

(5) 经营者以排挤竞争对手为目的，以低于成本的价格销售商品的行为。

(6) 经营者违反诚实信用原则和公平竞争原则，利用物质、金钱或其他经济利益引诱购买者与之交易，排挤竞争对手的不正当竞争行为。

(7) 经营者捏造、散布虚假事实、损害竞争对手的商业信誉、商品声誉，从而削弱其竞争力，为自己取得竞争优势的行为。

第二，企业主体应当判断所作出的商业行为是否属于《反不正当竞争法》第2条所规定的情形。

根据最高人民法院民事审判第三庭的观点，关于不正当竞争行为的判定，运用一般条款认定市场竞争行为正当与否的核心是判断经营者是否违反了商业道德，即经营者是否违反了特定商业领域普遍遵循和认可的行为规范。对于企业主体而言，应当综合考虑行业规则和商业惯例，参考行业主管部门、行业协会或者自律组织制定的从业规范、技术规范、自律公约等，判断其自身所作出的商业行为是否符合所处领域的普遍遵循和认可的行为规范。对于企业主体在判断商业行为过程中所遇到的问题，建议咨询专业律师获取建议。

二、企业自身层面的重点法律风险

与市场评判行为相对，企业是否能够保持稳定且快速的发展节奏，与企业处理内部专项事务的能力密切相关。法律技巧与对策是企业的保护屏障，是企业能够稳定向前的前提，它体现得更多的是处理专项事务时应当具备的法律逻辑思维能力及意识。

对投资项目、个人信息保护、资金结算方式等制度的审查，都是企业合规建设中应当尤其重视的问题。第一，企业专项事务中的项目投资指的是企业以某个特定的项目为投资对象进行长期投资的一种行为，项目投资是企业实现盈利的重要途径，因此控制项目投资风险就显得尤为重要。第二，随着我国公民隐私保护意识的逐步提升，使用用户对企业保护客户隐私的能力和意愿的重视程度越发提高。第三，资金结算方式的错误选择，则可能使企业面临不必要的法律风险。本节将结合相关判例对此进行重点提示。

（一）企业投资项目的审查

重庆恒森实业集团有限公司、宁夏中拓公铁银通物流有限公司合同纠纷案[①]

关键词

项目投资　禁止性法律规定　真实意思表示

案情简介

2014年3月6日，宁夏中拓公铁银通物流有限公司（以下简称中拓物流公司）、重庆恒森实业集团有限公司（以下简称重庆恒森公司）、案外人永宁中拓公司以及银川中拓公司订立了《增资扩股和股权认购合同》，约定中拓物流公司以7822.03万元受让银川中拓公司西夏国际公铁物流项目中271.09亩土地（项目二期）的开发权益，其中4800万元以增资扩股方式支付给银川中拓公司专用于支付土地款。同日，各方根据《增资扩股和股权认购合同》又订立了《投资合作协议》，约定项目一期开发权益由重庆恒森公司与永宁中拓公司共同享有，二期项目开发权益由中拓物流公司单独享有；同时约定银川中拓公司需向中拓物流公司等投资主体签署《项目投资和开发权益证明》和《项目投资和开发权益授权委托书》，且在中拓物流公司支付

① 最高人民法院民事判决书，（2017）最高法民终59号。

了4800万元后重庆恒森公司与永宁中拓公司即应通知银川中拓公司行使二期投资和开发权益。该《投资合作协议》约定，在一期项目建设工程通过五方验收之日起3日内中拓物流公司支付2000万元。同时约定，丙方（中拓物流公司）如逾期支付本协议约定的土地开发权益应付受让价款的，本协议任何一方均有权解除合同。还约定，如丙方（中拓物流公司）未完全履行本合同项下的义务，则甲方（永宁中拓公司）或乙方（重庆恒森公司）有权单方以丙方（中拓物流公司）享有的271.09亩的土地使用权和开发权、收益权主张丙方（中拓物流公司）应履行的剩余应付款3022.03万元。前述合同订立后，中拓物流公司于2014年3月6日向银川中拓公司支付了4800万元，银川中拓公司向银川市财政局交纳了土地出让金4586万元，取得项目土地权属证书。2016年1月7日，重庆恒森公司通知中拓物流公司解除《投资合作协议》。中拓物流公司认为，重庆恒森公司解除《投资合作协议》无依据，对中拓物流公司不发生法律效力，当属无效。同时，重庆恒森公司还应按约通知项目公司授权中拓物流公司行使西夏国际物流城二期投资和开发权益并签署《项目投资和开发权益证明》及《项目投资和开发权益授权委托书》。中拓物流公司因此诉至原审法院，请求依法支持其诉请。

判例分析

本案的争议焦点是，中拓物流公司请求确认重庆恒森公司解除《投资合作协议》行为无效的诉讼请求能否成立。

最高人民法院认为，各方当事人的权利义务及履约情况应结合案涉《增资扩股和股权认购合同》及《投资合作协议》的内容综合分析、认定和评判。《增资扩股和股权认购合同》第6条第3款约定，银川中拓公司收取中拓物流公司认缴的增资扩股出资款4800万元；

第6条第4款约定，中拓物流公司应支付的二期建设用地开发权益转让总价款为7822.03万元，此款包含增资扩股的出资额4800万元和剩余建设用地开发权益转让款3022.03万元；第11条第2款约定，中拓物流公司逾期支付本合同约定认缴的出资款的，本合同其他任何一方均有权立即解除合同。以上条款表明，各方当事人约定解除合同的条件是：中拓物流公司逾期支付4800万元的出资款，而非重庆恒森公司主张的剩余2000万元的开发权益转让款。各方当事人对中拓物流公司应当支付的开发权益转让款7822.03万元的组成、用途和支付时间约定清楚，即明确约定4800万元为增资扩股出资款，剩余3022.03万元为开发权益转让款。

结合《投资合作协议》第3条第3款对银川中拓公司签署向永宁中拓公司、重庆恒森公司和中拓物流公司出具《项目投资和开发权益证明》和《项目投资和开发权益授权委托书》的约定，第4条第2款关于永宁中拓公司、重庆恒森公司确认并通知银川中拓公司授权中拓物流公司行使二期项目建设用地的投资和开发权益的时间是中拓物流公司将4800万元划付到银川中拓公司的银行账户时的约定，以及第6条第5款关于其他股东对银川中拓公司独立行使土地开发等权益不得拖延干涉的约定，可以认定各方当事人的真实意思是，中拓物流公司支付4800万元的出资款后，银川中拓公司即应出具《项目投资和开发权益证明》和《项目投资和开发权益授权委托书》。中拓物流公司已于协议签订当日向银川中拓公司支付了4800万元出资款，但银川中拓公司并未依约出具《项目投资和开发权益证明》和《项目投资和开发权益授权委托书》，已构成违约。且根据银川中拓公司和永宁中拓公司出具的《情况说明》证明，银川中拓公司未能出具的原因是重庆恒森公司不同意。由于重庆恒森公司违约在先，不配合银川中拓公司向中拓物流公司出具相应材料，中拓物流公司为避免损失扩大，暂停支付剩余的2000万元开发权益转让款，是依法行使先履行抗辩权的行为，于法有据，并不违约。

最终，最高人民法院认定中拓物流公司请求确认重庆恒森公司解除《投资合作协议》行为无效的诉讼请求成立，应予支持。

风险提示

投资合同一旦签订，就应该依约履行，任何一方均不得随意违约，否则另一方即可能享有投资协议约定的权利及损失赔偿。企业在招投标项目的投资和履行中应当注意以下几点：首先，投资协议是一个完整的整体。实践中，许多企业合同经办人员主要负责参与合同的拟订管理工作，对于合同的风险难以把控。很多情况下，合同经办人员只注重合同文本字面内容，忽略从整体来看，合同条款是否完整，是否能够涵盖整个交易过程中可能存在的风险等。同时，企业往往会过于重视合同签订前的审查，却忽视了对合同履行过程的监控。在合同履行过程中，企业相关人员对于合同条款理解不充分，极有可能在合同履行过程中出现违约或者怠于行使权利的情况，从而导致事态发展变得被动，甚至造成企业利益的损失。若企业经办人员在合同订立前运用风险评估的方法对整个交易过程进行系统的梳理，就极有可能有效降低企业所面临的法律风险，保障企业自身利益。

其次，履行条款是投资协议的重要组成部分。投资协议贯穿合同履行始终。对于合同中期履行阶段可能出现的问题，一般均应在合同中提前拟定对策，当这些问题出现时，各方仅依合同行事即可。投资协议是各方对中期履行阶段的风险进行系统评估后作出的一致安排。风险评估包括风险识别、风险分析和风险评价的全过程，其中风险识别是发现、确认和描述风险的过程；风险分析是理解风险性质、确定风险等级的过程；风险评价是对比风险分析结果和风险准则，以确定风险和其大小是否可以接受的过程。

最后，重视协商或按照协议解决合同履行中发生的争议。中期履行阶段是指在确定对某个项目形成投资决策后，至结算完成前的阶段，简单归纳就是在合同签订前和合同履行中的阶段。为有效落实项目执行，需与各方合作单位进行洽谈，并拟订一系列的合同。在合同履行期间，项目实施执行过程中，可能还会存在一些与合同约定内容不相符的现实情况。此时，各方要么相互协商解决问题，要么按照协议约定是否履行或解除合同。

法条链接

《中华人民共和国招标投标法》

第三条 在中华人民共和国境内进行下列工程建设项目包括项目的勘察、设计、施工、监理以及与工程建设有关的重要设备、材料等的采购，必须进行招标：

（一）大型基础设施、公用事业等关系社会公共利益、公众安全的项目；

（二）全部或者部分使用国有资金投资或者国家融资的项目；

（三）使用国际组织或者外国政府贷款、援助资金的项目。

前款所列项目的具体范围和规模标准，由国务院发展计划部门会同国务院有关部门制订，报国务院批准。

法律或者国务院对必须进行招标的其他项目的范围有规定的，依照其规定。

第十九条 招标人应当根据招标项目的特点和需要编制招标文件。招标文件应当包括招标项目的技术要求、对投标人资格审查的标准、投标报价要求和评标标准等所有实质性要求和条件以及拟签订合同的主要条款。

国家对招标项目的技术、标准有规定的，招标人应当按照其规定在招标文件中提出相应要求。

招标项目需要划分标段、确定工期的，招标人应当合理划分标段、确定工期，并在招标文件中载明。

知识拓展

企业在招标投标的项目投资前，首先应当确保信息对称，进行前期尽职调查。在企业投资之前尽可能收集关于项目及相关公司的所有信息，制定相对应的控制项目风险的尽职调查报告书。

1. 了解投资的目标公司的基本情况

了解被调查公司的基本情况，可以查阅该公司历年年检的企业法人营业执照信息、所从事业务所必需的许可证和执照；该公司的章程及验资报告，以及该公司上一会计年度的年度审计报告；公司的董事会（或执行董事）、监事会（或监事）的组成情况及姓名，以及该公司高级管理人员的姓名、任期、简历及聘任合同等相关文件，包括该公司董事、监事、高级管理人员最近1年从公司领取收入、在外兼职等相关情况。

为充分掌握目标公司的员工基本情况，可以了解该公司现有员工的名单以及公司与员工所签订的《劳动合同》或《劳务合同》的样本、公司与高级管理人员（包括但不限于营运经理、财务经理、商品部经理、市场拓展经理、人事及行政经理）签订的《聘用合同》；公司现持有的社会保险登记证；公司为员工所需缴纳的社会保险金种类清单（养老保险、医疗保险、失业保险、住房公积金、工伤保险）等。

2. 了解目标公司的股东及关联方的基本情况

涉及该公司股东及公司关联方的基本情况和文件，其中，公司关联方主要是指由关联自然人直接或者间接控制的，或者由关联自然人担任董事、监事、高级管理人员的企业。

3. 了解目标公司的财务、税务及政策优惠情况

包括该公司的税务、财政补贴；关于公司应缴纳的各项税项、适用的税率及其依据；公司现时享受的税收优惠政策情况及税务局的相关批准文件；公司现享受的财政补贴、财政扶持政策以及主管部门的批准文件；公司现存在的任何税款欠缴、税务争议或滞纳税金的情况说明及相关文件（包括但不限于公司未就企业借款利息交纳营业税的相关资料）等。

4. 根据目标公司资产等情况考察投资价值

涉及该公司名下的房产和土地，与该公司相关的租赁土地、房产建筑物等信息，包括但不限于该公司现时租赁的土地、房产建筑物清单；上述土地、房产建筑物的租赁合同及租赁登记证明文件；公司所租赁土地的国有土地使用证；公司所租赁房产建筑物的房产所有权证等。

涉及该公司可能涉及的知识产权，该公司拥有或获许可使用的所有商标、服务标识、专利和其他知识产权的清单（包括所有申请）及相关权属证明文件；公司自身拥有或获许可使用的所有专有技术、商业秘密、技术信息的清单及相关资料文件；公司所拥有的互联网站域名的注册登记证明。这部分内容是公司软实力的体现，可以看出其对于技术的开发是否具备相应的实力等。

5. 考察目标公司的诉讼情况

公司在最近24个月内若因违反工商、税务、土地、环保、卫生、安全、质检、消防、建筑、规划及其他法律、行政法规而受到行政处罚，则需要提供有关上述事件的详细资料，或提供与公司或其资产、业务有关的诉讼、仲裁案件的清单及详细资料等。

（二）个人信息的保护

庞某鹏与北京趣拿信息技术有限公司等隐私权纠纷案①

关键词

隐私权　个人信息　信息扩散

案情简介

2014 年 10 月 11 日，庞某鹏委托鲁某通过去哪儿网平台订购了 2014 年 10 月 14 日 MU5492 泸州至北京的东航机票 1 张，所选机票代理商为长沙星旅票务代理公司。去哪儿网订单详情页面显示该订单登记的乘机人信息包括庞某鹏姓名及身份证号，联系人信息、报销信息均为鲁某及其尾号 1850 的手机号。

同日，北京趣拿信息技术有限公司（以下简称趣拿公司）向鲁某尾号 1850 的手机发送短信："2014－10－14，泸州蓝天机场到北京首都机场 T2 的 MU5492 航班已出票……" 趣拿公司同时向鲁某发送了提醒短信："尊敬的用户，温馨提醒您：警惕以飞机故障、航班取消为诱饵的诈骗短信，请勿拨打短信中的电话……"

2014 年 10 月 13 日，庞某鹏尾号 9949 手机号收到号码来源不明的发件人发来的短信："……您预订 2014 年 10 月 14 日 16:10 起飞

① 北京市第一中级人民法院民事判决书，（2017）京 01 民终 509 号。

19: 10 抵达的 MU5492 次航班（泸州—北京首都）由于机械故障已取消，请收到短信后及时联系客服办理改签业务……”鲁某在知晓上述短信后拨打东航客服电话 95530 予以核实，客服人员确认该次航班正常，并提示庞某鹏收到的短信应属诈骗短信。关于诈骗短信为何发至庞某鹏本人手机，客服人员解释称，通过该机票信息可查看到开头 136、尾号 949 的手机号码及开头 189、尾号 280 的手机号码，可能由订票点泄露了庞某鹏的手机号码。鲁某在通话中向客服人员确认了尾号 949 系庞某鹏本人号码。

2014 年 10 月 14 日，东航客服 95530 向庞某鹏号码发送通知短信：“……由于飞机故障，您原定 10 月 14 日泸州蓝田机场飞往北京首都机场的 MU5492 次航班，时刻调整至 19: 50 泸州蓝田机场起飞，预计 22: 30 到达北京首都机场……”此后庞某鹏又两次收到 95530 发来的航班时刻调整短信通知。当日 19: 43，鲁某再次拨打 95530 确认航班时刻，被告知该航班已取消。

鲁某出庭证明了其代庞某鹏购买本案机票并沟通后续事宜，其认可购买本案机票时未留存庞某鹏手机号。

本案机票代理商星旅公司出具书面意见称，该公司通过去哪儿网平台接触到鲁某尾号 1850 的手机号，未接触到庞某鹏的手机号，该公司从东航购买本案机票时留存的是该公司刘某尾号 1280 的手机号，涉案机票最终从东航官网出票。

庞某鹏起诉要求趣拿公司和东航在各自的官方网站以公告的形式向庞某鹏公开赔礼道歉，并要求趣拿公司和东航赔偿庞某鹏精神损害抚慰金 1000 元。

判例分析

一审法院认为，趣拿公司和东航在本案机票订购时未获取庞某鹏的手机号码，现无证据证明趣拿公司和东航将庞某鹏过往留存的手机号与本案机票信息匹配予以泄露，且趣拿公司和东航并非掌握庞某鹏个人信息的唯一介体，法院无法确认趣拿公司和东航存在泄露庞某鹏隐私信息的侵权行为，故庞某鹏的诉讼请求缺乏事实依据，法院未予支持。

二审法院认为，首先，本案中，庞某鹏被泄露的信息包括姓名、尾号9949的手机号、行程安排等。庞某鹏被泄露的上述诸多信息中，其行程安排无疑属于私人活动信息，应该属于隐私信息，可以通过本案的隐私权纠纷主张救济。将姓名、手机号和行程信息结合起来的信息归入个人隐私进行一体化保护，符合信息时代个人隐私、个人信息电子化的趋势。

其次，关于根据现有证据能否认定涉案隐私信息是由东航和趣拿公司泄露的问题，法院最终认定本案中趣拿公司和东航存在泄露的高度可能：一是趣拿公司和东航都掌握着庞某鹏的姓名、身份证号、手机号、行程信息；二是其他人整体上全部获取庞某鹏上述信息的可能性非常低；三是2014年间，趣拿公司和东航都被媒体多次质疑存在泄露乘客隐私的情况。

最后，关于东航和趣拿公司是否应当承担责任的问题，法院认为，认定其是否应该承担责任归根结底还需审查其是否有过错。东航和趣拿公司作为各自行业的知名企业，在被媒体多次报道涉嫌泄露乘客隐私后，即应知晓其在信息安全管理方面存在漏洞，但该两家公司却并未举证证明其在媒体报道后迅速采取了专门的、有针对性的有效措施。本案隐私泄露事件的发生，正是其疏于防范导致的结果，因而可以认定其具有过错，理应承担侵权责任。

至于东航和趣拿公司所提出的中航信更有可能泄露庞某鹏信息的责任抗辩事由是否有效成立，法院认为，中航信的确与东航、趣拿公司一样存在泄露庞某鹏信息的高度可能。但是，庞某鹏并没有起诉中航信，而中航信也并非必须加入本案诉讼。对该项抗辩，法院未予采纳。

综上，法院判决东航和趣拿公司存在泄露庞某鹏隐私信息的高度可能，并且存在过错，应当承担侵犯隐私权的相应侵权责任。庞某鹏请求趣拿公司和东航向其赔礼道歉，应予支持。但现有证据无法证明庞某鹏因此次隐私信息被泄露而引发明显的精神痛苦，对于其精神损害赔偿的诉讼请求，法院未予支持。

风险提示

随着我国公民隐私保护意识的逐步提升，对于企业而言，使用用户对企业保护客户隐私的能力和意愿的重视程度越发提高。加强企业隐私保护，建立切实有效的企业内部信息保护体系，可以帮助企业避免由侵犯个人隐私所引发的民事责任、行政责任，甚至刑事责任，同时可以在一定程度上帮助企业树立在消费者心目中的良好形象，实现更进一步的发展。

1. 针对企业消费用户的个人信息

建立个人信息保护体系，首先，应当实现企业对用户个人信息的保障。一方面，企业应当制定向用户展示的隐私政策，实现对用户的告知以及用户同意的获取，包括但不限于告知用户信息收集者的相关信息、处理信息的目的和方式、存储期限、用户权利及实现方式等。另一方面，企业应当为用户提供提出权利诉求的路径，建立与用户的沟通交流渠道，以方便用户提出权利请求，并帮助企业及时处理和回应。

其次，企业应当构建数据管理制度。如本案中的东航公司和趣拿公司，其作为各自行业的知名企业，掌握了大量的用户个人信息，就应当对获得的信息进行有效管理，以保障用户信息的安全，是企业个人信息保护体系的重要组成部分。对于信息数据的储存，应当先对信息进行分类，进而设置不同的储存期限。当储存期限届满，抑或信息主体行使删除权、信息出现更迭等情况时，应当对相应的信息进行永久性删除等处理。同时，企业应当设置信息获取等权限，确保未经授权的工作人员无法取得用户的个人信息，保障用户的信息安全。

最后，由于不同企业主体之间的交流合作也可能涉及用户的个人信息，大大提高了用户隐私信息的泄露风险，因此，企业应当加强与第三方主体交互时的相关审查。在涉及数据购买的情况下，企业应对数据的来源与合法性进行审查，避免可能面临的法律责任；在委托第三方对数据进行处理的情况下，企业应对其数据安全能力进行审查，避免信息数据泄露带来的法律风险。企业进行相关的审查后，应当对相关文件进行留存，用以证明企业已尽到应尽的审查义务，以规避潜在的法律责任。

2. 针对企业内部员工的个人信息

在进行企业内部员工信息采集时，企业更应当以非经权利人同意不得采集个人信息为原则，避免企业与员工间可能发生的法律纠纷。

法条链接

《中华人民共和国民法典》

第一百一十条　自然人享有生命权、身体权、健康权、姓名权、肖像权、名誉权、荣誉权、隐私权、婚姻自主权等权利。

法人、非法人组织享有名称权、名誉权和荣誉权。

《中华人民共和国消费者权益保护法》

第二十九条　经营者收集、使用消费者个人信息，应当遵循合法、正当、必要的原则，明示收集、使用信息的目的、方式和范围，并经消费者同意。经营者收集、使用消费者个人信息，应当公开其收集、使用规则，不得违反法律、法规的规定和双方的约定收集、使用信息。

经营者及其工作人员对收集的消费者个人信息必须严格保密，不得泄露、出售或者非法向他人提供。经营者应当采取技术措施和其他必要措施，确保信息安全，防止消费者个人信息泄露、丢失。在发生或者可能发生信息泄露、丢失的情况时，应当立即采取补救措施。

经营者未经消费者同意或者请求，或者消费者明确表示拒绝的，不得向其发送商业性信息。

知识拓展

贵阳市大数据交易所官方网站显示，贵阳市大数据交易所公开进行交易的交易内容是对原始数据进行清洗、建模、分析，挖掘出数据价值后的结果数据，是对基础数据收集、加工处理、分析得出的结论或数据产品、可视化的数据结果，是在大量原始数据的基础上，通过新的科学技术得出的二次数据，反映出事物之间新的关联性。

2021 年 4 月，《信息安全技术人脸识别数据安全要求》国家标准征求意见稿出台，要求在收集人脸识别数据时应征得数据主体明示同意，同时应提供其他身份识别方式供用户选择，此外，该国家标准还对进行人脸识别的开发商提出了技术资质门槛。公民个人信息权益的侵犯问题热度不断攀升，随之引发的民事纠纷也不在少数。

在企业发展运营的过程中，由于账号注册、线上交易等业务的开展，企业掌握了大量的用户个人信息，随之而来的法律风险也不容小觑。对于企业而言，应当对敏感性信息作出界定。解决网络平台数据利用与个人信息权益保护之间的冲突，首先应该解决的问题就在于如何区分涉及隐私信息的个人信息数据。我国普遍认同以识别性标准作为区分方式，即以能否以识别个人身份的信息数据作为个人隐私信息的区分标准。但大多数相关的案件判决中都没有直接提及身份识别的认定问题，而是简单地作出了判定的结果。检索相关的法律判决书可以发现，法院并未对身份识别性给予足够的司法裁判视角的描述，多为引述关于个人信息的概念。对于互联网企业而言，应当以相较宽泛的个人信息范围作为敏感信息的判断标准。即使是姓名、联系方式等个人基础信息，也可能由于互相的结合而成为被认定为个人隐私的敏感信息。

对于企业而言，个人信息等数据的掌握和交易，既具有与之相应的经济价值，又伴随着侵犯个人信息权利的法律风险。鉴于此，企业有必要也有责任建立切实有效的企业个人信息保护体系，实现数据价值与个人信息保护之间的平衡。

（三）资金的结算方式

费县鑫豪源景发板材厂、临沂市兰山区欧瑞板材厂、阎某英等票据纠纷案①

关键词

民间票据贴现　票据无因性　票据权利

案情简介

费县鑫豪源景发板材厂（以下简称景发板材厂）、临沂市兰山区欧瑞板材厂（以下简称欧瑞板材厂）均系个人独资企业。景发板材厂与案外人江苏省苏中建设集团股份有限公司存在买卖建筑模板的业务关系，其间，江苏省苏中建设集团股份有限公司背书转让给景发板材厂电子商业承兑汇票一张，用以支付货款。该电子商业承兑汇票票据号码为210××××8201809182××××0709，票据金额为500000元，出票日期为2018年9月18日，到期日为2019年9月18日，出票人、承兑人为江阴名嘉房地产有限公司，出票人开户行为中国农业银行江阴要塞支行，收款人名称为江苏省苏中建设集团股份有限公司；该电子商业承兑汇票依次背书转让给景发板材厂、欧瑞板材厂、临沂飞佳建材有限公司，2019年9月18日，案涉承兑汇票已由临沂

① 山东省临沂市兰山区人民法院民事判决书，（2019）鲁1302民初14140号。

飞佳建材有限公司承兑。

2018 年 12 月 13 日，张某龙因欠王某平承兑款未付，向张某法借用案涉电子商业承兑汇票，用以偿还其欠王某平的欠款。案涉票据由景发板材厂背书转让给欧瑞板材厂的过程，系景发板材厂通过电子系统根据张某龙提供的欧瑞板材厂的名称转让背书给欧瑞板材厂，景发板材厂与欧瑞板材厂无实际业务往来及债权债务关系。张某龙在案涉电子商业承兑汇票打印件上向王某平出具证明一份，载明："张某龙负责张某龙借张某发的付欠王某平的承兑款。2018 年 12 月 13 日。"上述证明中的张某发即景发板材厂的投资人张某法。

景发板材厂向法院提出诉讼请求：依法判令欧瑞板材厂向景发板材厂支付商业汇票票面款 500000 元。

本案诉讼过程中，张某龙于 2019 年 9 月 21 日向王某平出具证明一份，载明："我叫张某龙，家住山东省临沂市，1971 年 11 月 22 日出生，身份证号为 3728011971 × × × × × × × ×。今有张某龙借张某法江阴名嘉房地产有限公司出具的电子商业承兑汇票 1 张 500000 元，2018 年 9 月 18 日出票，2019 年 9 月 18 日到期，票据编号：2103302264288、2018. 9. 182 × × × ×0709，由费县鑫豪源景法板材厂背书转让给临沂市兰山区欧瑞板材厂，张某龙用此票偿还欠王某平的欠款。本人保证所证明的内容真实，愿承担虚假陈述的不利后果。"

另查明，景发板材厂主张阎某英与王某平系夫妻关系，共同经营欧瑞板材厂，对此，三被告均未提出异议。

判例分析

法院认为，景发板材厂将案涉票据背书转让给欧瑞板材厂，但双方之间无基础关系，本案票据的实际流通转让过程是，张某龙借用景发板材厂的案涉电子商业汇票用以偿还张某龙欠王某平的款项，在票据的背书转让过程中，景发板材厂接受张某龙的指示将该票据通过电子签发背书转让给欧瑞板材厂。景发板材厂在为涉案票据签发电子背书时明知其与被背书人欧瑞板材厂无真实的交易关系。因此，欧瑞板材厂取得票据无恶意或重大过失，依法享有票据权利，且涉案票据已经于 2019 年 9 月 18 日提示付款完成承兑，票据权利义务关系已经消灭，票据债务人景发板材厂无权要求返还票据。景发板材厂变更诉讼请求要求欧瑞板材厂支付对价，对此，法院认为，本案中，张某龙与景发板材厂之间实质上是双方基于持有方通过转让票据、受让方给付对价这一真实意思表示而达成的民间私人票据贴现的合意行为；张某龙与王某平、欧瑞板材厂之间亦是民间票据贴现的行为。票据的取得，必须给付对价，即应当给付票据双方当事人认可的相对应的代价。票据的私人贴现或买卖，并非不给付对价，也不违背双方当事人的真实意思，而且票据的私人贴现或买卖本质上是一种债权债务关系，是一种真实的交易关系，没有法律规定将其排除在基础关系的范围之外。本案中，张某龙借用景发板材厂的票据用以偿还其个人债务，张某龙与景发板材厂之间形成了债权债务关系，景发板材厂按张某龙的指示向第三方交付了票据，张某龙应当向景发板材厂支付票据对价。张某龙未按双方的约定支付票据对价，构成违约，应向景发板材厂承担违约责任。

关于欧瑞板材厂、王某平、阎某英是否应当向景发板材厂支付票据对价的问题，法院认为，张某龙用案涉票据偿还其债务，债权人王某平和欧瑞板材厂取得票据后，其支付对价的方式是用其对张某龙的相应债权作为支付张某龙案涉汇票转让的相应对价，因此，应当认定欧瑞板材厂取得票据后已经向转让人张某龙支付了相应的对价。景发板材厂要求欧瑞板材厂、王某平、阎某英支付票面款 500000 元的诉讼请求，无事实和法律依据，应当予以驳回。

风险提示

票据，作为商事活动中的重要结算工具，是企业资金结算方式的重要组成部分，企业在进行资金结算方式的选择中，应当避免可能发生的法律风险。笔者以民间票据贴现为例，为企业主体在资金结算方式的选择和合规审查提供参考建议。

2019 年 9 月 11 日，最高人民法院审判委员会民事行政专业委员会第 319 次会议原则通过了《全国法院民商事审判工作会议纪要》（以下简称《九民纪要》）。关于民间票据贴现问题，《九民纪要》中明确规定："票据贴现属于国家特许经营业务，合法持票人向不具有法定贴现资质的当事人进行'贴现'的，该行为应当认定无效，贴现款和票据应当相互返还。"

《九民纪要》出台前，民间票据贴现行为盛行，在理论界，有学者认为，民间票据贴现行为符合票据行为的无因性原则，应当肯定其法律效力。在司法实践中，有法院认为，"贴现交易的本质是民间借贷、融通资金的活动"，应当认可票据贴现后持票人的票据权利，民间票据贴现的法律效力亦应当被认可。

而在《九民纪要》实施后，关于民间票据贴现的法律效力问题，几乎"一边倒"地被认定为无效，近乎一致的裁判理由为"票据贴现属于国家特许经营业务，合法持票人向不具有法定贴现资质的当事人进行'贴现'的，因其违反相关部门规章的强制性规定、损害金融秩序这一社会公共利益，应当认定无效，贴现款和票据应当相互返还"。

但也存在个别的判决文书中认可了民间票据贴现行为的法律效力，如本案中，法院认为，"票据的私人贴现或买卖，并非不给付对价，也不违背双方当事人的真实意思，而且贴现或买卖本质上也是一种债权债务关系，也是一种真实的交易关系，没有法律规定将其排除在基础关系的范围之外"。又如，在北京市西城区人民法院（2019）

京0102民初35985号民事判决书中，法院认为，“原告公司与被告公司之间进行的民间票据贴现业务，不足以扰乱金融市场秩序，涉案背书转让票据的法律行为应当有效”。

从《九民纪要》本身来看，其虽然并非部门规章这类正式的监管规则，不能直接作为裁判依据援引，但对于法官在实际案件中的裁判，同样具有极强的借鉴性和指导性。在《九民纪要》生效后，民间票据贴现的法律效力已然被否定。《九民纪要》在民事法律层面否定民间票据贴现的法律效力的同时，还进一步指出“因该行为涉嫌犯罪，应当将有关材料移送公安机关”。由于票据贴现应当以法定资质许可为前提，且民间票据贴现行为被认定为危害国家的金融管理秩序，损害社会公共利益的行为。因此，以民间票据贴现为业还可能具有刑事法律风险。

对于具有贴现需求的持票企业主体来说，应当尽量避免民间票据贴现行为的出现。在切实出现融资需求的情况下，应当到具有法定贴现资质的专业金融机构进行票据贴现的申请，依要求准备相关材料以供审查。在符合条件的情况下，可以持未到期的汇票向银行申请贴现，一般应当根据汇票填制贴现凭证，在第一联上按照规定签章后，连同汇票一并送交银行，等待银行信贷部门按照有关规定对贴现申请进行审查，审查通过后方可依银行的规定流程最终完成贴现，领取贴现款项。

此外，商事主体还可以通过背书的方式进行票据的合法转让。一般而言，票据的前后手之间，需通过合法有效的合同关系实现对价的支付，完成票据的背书转让。只有以真实的原因关系为基础，才可以实现票据的背书转让，抑或仅可向具有法定贴现资质的专业金融机构进行票据的贴现申请，方可以确保票据行为具有法律效力、持票人能够获取相应的票据权利，从而避免票据行为人承担相关法律责任。

法条链接

《中华人民共和国民法典》

第五百零九条　当事人应当按照约定全面履行自己的义务。

当事人应当遵循诚信原则，根据合同的性质、目的和交易习惯履行通知、协助、保密等义务。

当事人在履行合同过程中，应当避免浪费资源、污染环境和破坏生态。

第五百七十七条　当事人一方不履行合同义务或者履行合同义务不符合约定的，应当承担继续履行、采取补救措施或者赔偿损失等违约责任。

知识拓展

票据的无因性，作为票据制度的基石，对于票据的流通和发展起到了极其重要的作用。票据的无因性是指票据的基础原因关系与票据关系，在票据签发后即发生了分离。在此之后的票据行为的法律效力不再受票据的基础原因关系影响。也就是说，票据付款请求权和追索权是以持有票据为行使条件。通常来说，票据持票人可以在不需要任何票据权利证明的前提下，仅基于持有票据而向票据记载的任意票据债务人主张基于票据记载金额产生的票据权利。

应当明确的是，票据的无因性并不代表商业票据不以票据基础原因关系为基础，而是指票据的基础原因关系通常不对票据法律关系产生影响。交易是市场经济体制的本质行为，票据行为也是如此，商业票据的签发、承兑、转让等一系列票据行为，都是以真实的基础交易或债权债务关系为基础，包括买卖、赠与等法律关系。对于票据行为的当事人而言，票据的无因性使其可以极大地扫除票据交易障碍，保证票据的流通性。

票据的无因性这一特征，是以促进票据的交易流通、鼓励商品交易、推动市场经济发展为目的的。这一特征在实务中体现在，票据债务人无法以票据的基础原因关系作为理由来对抗持有票据的债权人，票据的无因性可以阻断票据债务人对于持票债权人的抗辩，将效率置于安全、稳定之上，体现了商法的精神与价值。

后记 Postscript

完善的企业合规体系，可以帮助企业及时了解并遵守相关法律法规，避免因违法违规行为面临法律责任，规范企业内部管理，提高运营效率，降低风险，增强创新能力，从而在市场竞争中占据优势地位。在当下复杂而不确定的商业环境中，企业合规建设的重要意义越发凸显。

有鉴于此，笔者律师团队结合多年来的律师执业经验，通过对企业经营过程中常见且尖锐的法律风险进行梳理分析，期冀为企业的合规建设提供具有参考价值的建议。

企业合规建设之路，任重而道远。

我辈勉之。